東洋史研究叢刊之六十三

清代アヘン政策史の研究

井上裕正 著

京都大学学術出版会

目次

序章　3
はじめに　4
第一節　イギリスの中国貿易　13
第二節　カントン体制　23
第一章　嘉慶期前半の「外禁」政策　33
はじめに　34
第一節　嘉慶四年の「外禁」　35
第二節　嘉慶十二年の「外禁」　41
第三節　嘉慶十四年の「外禁」　45
おわりに　50
第二章　「外禁」優先と「カントン・アヘン」論の誕生　57
はじめに　58
第一節　「査禁鴉片煙章程」の制定　60

第二節　葉恒澍事件　66
第三節　包世臣と程含章のアヘン論議　76
おわりに　85

補論一　呉蘭修とカントン社会　93
はじめに　93
第一節　呉蘭修の経歴と学問　94
第二節　呉蘭修と両広総督阮元　95
第三節　呉蘭修と嘉慶末・道光初期のアヘン論議　98
おわりに　101

第三章　両広総督李鴻賓のアヘン政策論　105
はじめに　106
第一節　李鴻賓の「外禁」困難・「内禁」優先論　107
第二節　「内禁」優先論の挫折　118
おわりに　130

第四章　アヘン政策と「失察處分」問題　137
はじめに　138
第一節　問題の所在　139
第二節　『失察鴉片煙條例』の制定　142

第三節　アヘン戦争直前の「失察処分」問題　153
おわりに　163
第五章　アヘン「弛禁」論　169
はじめに　170
第一節　「弛禁」論の形成　171
第二節　「弛禁」上奏　183
おわりに　210
補論二　「嘉慶元（一七九六）年アヘン外禁」説辨誤　222
はじめに　222
第一節　「嘉慶元年アヘン外禁」説の不当性　223
第二節　「嘉慶元年アヘン外禁」説の成立過程　226
第三節　「嘉慶元年アヘン外禁」説の展開　229
おわりに　235
第六章　「アヘン吸飲者死刑」論　243
はじめに　244
第一節　黄爵滋の「アヘン吸飲者死刑」上奏　245
第二節　「アヘン吸飲者死刑」論の本質　251
第三節　「アヘン吸飲者死刑」論をめぐる論議　260

おわりに　271

終章　「外禁」政策の断行　279

第一節　「アヘン吸飲者死刑」論に対する林則徐の賛成上奏　280
第二節　欽差大臣林則徐のカントン派遣　283

清代アヘン政策略史（アヘン戦争まで）　297
あとがき　303
索引（逆頁）　316
中文提要（逆頁）　325
英文目次（逆頁）　328

清代アヘン政策史の研究

序章

はじめに

道光十八（一八三八）年十一月十五日、道光帝に謁見した湖広総督林則徐は欽差大臣（特命全権大臣）に任命され、カントン（広州）に赴いてアヘン問題の解決に当たるよう命ぜられた。翌年正月二十五日にカントンに到着した欽差大臣林則徐は、ただちにアヘンを禁止する活動に着手し、二月四日にはイギリス人を始めとする外国商人に対して手持ちのアヘンをすべて提出すること、今後永久にアヘンを中国に持ち込まないという誓約書を提出すること、以上の二点を要求した。

手持ちのアヘンを提出する要求については、その後、林則徐がカントンの外国人居留区域を武力封鎖するなど、外国商人に対して圧力をかけたことが功を奏した結果、四月六日までに約二万箱のアヘンが外国商人から清朝当局に引き渡された。この大量のアヘンは、珠江河口の虎門に近い高台に造られた一辺が約五〇メートルの方形の人工池二つのなかで、四月二十二日から二十日あまりをかけて塩、石灰と混ぜられて化学的に焼却処分された。(1)

もうひとつの要求事項、今後永久にアヘンを持ち込まないという誓約書の提出については、イギリス商人は最後まで拒否し続けた。また、五月二十七日には九龍半島に上陸したイギリス船の乗組員が酔っ払って林維喜という村民を殴り殺す事件が発生したことなどもあって、遂に海上で武力衝突が起こり、中英関係は緊張の度を増していった。

他方、イギリス政府は、欽差大臣林則徐による一連の措置をイギリス臣民の生命・財産を危険にさらした不法な行動と非難し、清朝が設定していた対外関係の仕組みを打破することを大義名分として遠征軍の中国派遣を決定した。こうして、道光二十年五月二十九日、西暦では一八四〇年六月二十八日、中国海域に集結したイギリス遠征軍はカントンの海上封鎖を宣言し、ここに、清朝中国とイギリスの戦争、つまりアヘン戦争が勃発する。(2)

アヘン戦争は一般に、中国近代史の起点とみなされている。と述べると、ただちに反論が聞こえてきそうだが、アヘン戦争が中国近代史の起点かどうか、つまり時代区分の問題に深入りすることは本書の趣旨ではない。ここではさしあたって、アヘン戦争が中国史上の重大な事件であったこと、特に近代史のグローバルな展開の上で画期的な事件であったことを確認すれば充分である。(3)

そのような歴史的意義を有するアヘン戦争については、これまで少なからぬ研究が行なわれ、特に中国では近年、林則徐生誕二百周年の一九八五年、アヘン戦争一五〇周年の一九九〇年、香港返還の一九九七年の前後に研究が活発化した。また、近年の中国における麻薬汚染問題や「愛国主義」との関係からもアヘン戦争や「愛国者」林則徐に言及されることが多くなっている。(4)

このようにアヘン戦争については少なからぬ研究が行なわれてきたにもかかわらず、まだ充分には解明されていない問題もある。本書が取り上げる清朝のアヘン政策もそうした問題のひとつである。

さて、アヘン戦争勃発に至る清朝のアヘン政策に関する従来の研究史を整理すると、そこには大きく二つの問題がある。

第一の問題は、従来の研究がアヘン政策の全過程を必ずしも充分には明らかにしてこなかったことである。後述するように、清朝が福建省という地方独自の問題としてアヘン問題に初めて取り組んだのは雍正年間（一八世紀前半）であり、本格的に取り組むのは嘉慶初め（一八世紀末）のことである。したがって、清朝がこの問題に本格的に取り組んだ嘉慶初めからでも、アヘン政策史にはアヘン戦争勃発（道光二十年、西暦一八四〇年）に至るまで半世紀に近い歴史がある。

にもかかわらず、従来のほとんどの研究では、道光十六（一八三六）年に許乃済が所謂「弛禁」上奏でアヘン貿易の合法化などを提案して以来の経過、つまりアヘン戦争勃発のほぼ四年前からの経緯を中心に考察されている。アヘン問題発生の時点、少なくとも清朝がアヘン問題に本格的に取り組んだ嘉慶初め（一八世紀末）の時点にまでさかのぼって、アヘン政策の歴史を跡づけようとした研究はほとんどなかったのである。

その理由についてはいろいろと考えられる。まず、従来の研究においてはほとんどの場合、清朝のアヘン政策はアヘン戦争の勃発との関係で取り上げられ、アヘン戦争直前における清朝のアヘン政策を解明することに力点が置かれたからである。しかし、本書で明らかにされるように、アヘン戦争直前におけるアヘン政策を解明するためにも、一八世紀末までさかのぼってアヘン政策の歴史を跡づけなければならないのである。

次に、アヘン戦争直前におけるアヘン政策の解明に従来の研究が集中したもうひとつの理由には、史料状況の問題もあった。

最近まで、清朝のアヘン政策を含め、アヘン戦争に関する研究を行なう上で清朝側の基本史料だったのが『籌辦夷務始末（道光朝）』全八十巻（以下、『始末』と略記）である。この『始末』は、咸豊帝の即位（一八五〇年）直後に編纂が命ぜられ、咸豊六（一八五六）年に完成した。その内容は文字どおり、清朝が「夷務」、つまり夷狄に関する事務を、「籌辦」、つまり検討・処理した、その「始末」、つまり経緯についてであり、具体的にはアヘン戦争前後のイギリスを主とする欧米諸国との関係に関する清朝側における官僚の上奏と道光帝の上諭から成っている。

ところで、周知のように、アヘン戦争後の清朝政府は、敗戦という結果を受けて和平派の軍機大臣穆彰阿に指導された対外協調政策を取っていたが、道光三十年に道光帝が崩御して咸豊帝が即位すると、穆彰阿ら和平派が失脚させられると同時に、主戦派の林則徐らが再起用され、清朝政府の対外姿勢は再び排外色を強めていった。現に、『始末』が完成した咸豊六年の九月にはカントンでアロー号事件が発生し、翌年には第二次アヘン（アロー）戦争が勃発することになる。

そうした咸豊期の排外的、主戦的な対外姿勢は『始末』の編纂方針にも影響を与えた。すなわち、アヘン戦争中、清朝政府内部には戦争指導をめぐって主戦派と和平派の対立があったが、『始末』は編纂当時の対外姿勢を反映して林則徐ら主戦派に好意的な立場から編纂されたと言ってよい。

さて、『始末』は一九三〇年に故宮博物院文献館によって影印出版され、アヘン戦争史研究の基本史料として広く研究者の利用に供せられることになった。その結果、上述のような『始末』の史料的性格が研究にも反映することになる。たとえば、『始末』だけを見るかぎりでは、林則徐ら主戦派の活躍が際立ち、逆に和平派の琦善らは精彩を欠くことになる。従来の研究に見られた主戦派の過大評価、和平派の過小評価も、ひとつには上述のような『始末』の史料的な偏向に起因していたと考えられる。

さらに、『始末』の内容は、清朝のアヘン政策に関する研究にも少なからぬ影響を及ぼすことになった。すなわち、前述したように従来の研究がほとんど道光十六年の許乃済による「弛禁」上奏から考察を始めていた理由のひとつは、『始末』に収録された冒頭の史料、つまり収録されている最も古い時期に関する史料が、道光十六年の許乃済による「弛禁」上奏だったことにあると考えられる。

このような史料状況にも大きく左右されて、清朝のアヘン政策史に関する従来の研究は、道光十六年の許乃済の「弛禁」上奏以来の経過、就中、道光十八年の黄爵滋の「厳禁」上奏を契機に展開された所謂る「アヘン論議」を中心に行なわれてきた。

しかしながら、本書で明らかにされるように、それらの研究は一八世紀末以来のアヘン政策史を踏まえていないため、個々のアヘン対策論についての理解が不充分であるだけでなく、全体として「アヘン論議」が意味するところについても必ずしも充分な理解ができていなかった。

確かに、アヘン戦争直前の「アヘン論議」は、アヘン戦争の勃発に直結するという意味で重要な研究課題である。しかし、その極めて重要な「アヘン論議」を正当に理解するためには、一八世紀末以来のアヘン政策史を踏まえることがどうしても必要である。そうした立場から本書は、アヘン戦争に至るアヘン政策の全過程を明らかにしようとするものである。

ところで、一八世紀末以来のアヘン政策史を解明しようとするとき、非常に好ましい史料状況が近年、出現した。それは『鴉片戦争檔案史料』（以下、『史料』と略称）の出版である。この『史料』は、北京の故宮にある中国第一歴史檔案館（以下、一史館と略称）に所蔵されているアヘン戦争関係の檔案史料を編纂して鉛印出版したものである。

『史料』第一冊に付された「出版説明」と「編輯説明」によれば、こうした出版が計画されたのは一九五〇年代末にまでさかのぼるが、その後、種々の理由で中止を余儀なくされていた。ようやく一九八三年に一史館は出版計画に本格的に着手し、翌年に編纂を完了した。こうして一九八七年に第一冊が上海人民出版社から出版されたが、出版社の事情で第二冊以下の出版は中止されてしまったという。結局、一九九二年十二月に既刊の第一冊も含めて全七冊が天津古籍出版社から改めて出版されたのである。

それまで基本史料だった『始末』と比べて、この『史料』はまず、収録された檔案数が圧倒的に多い。たとえば、道光十六年から十九年までの檔案文件で比較すると、『始末』の一四四件に対して、『史料』ではその一四四件も含めて全部で四六一件が収録されている。要するに、『史料』の方が三一七件も多い。

筆者が数えたところでは、『史料』に収録された檔案件数は、第一冊（嘉慶十五〜道光十九年）に五八八件、第二冊（道光二十年）に六八八件、第三冊（道光二十一年の六月まで）に六四二件、第四冊（道光二十一年の七月以降）に六二四件、第五冊（道光二十二年の六月まで）に八四三件、第六冊（道光二十二年の七月以降）に六八五件、そして第七冊（道光二十三〜三十年）に九四一件、合計五〇一一件に上る。

こうした五千件を越える檔案のほとんどは、一史館に所蔵される「録副奏摺」「原摺」「上諭檔」といった、所謂る軍機檔と、所謂る宮中檔である「硃批奏摺」であるが、『史料』ではそうした出処が各檔案文件ごとに注記されている。

このように、『史料』の史料的価値はまず、収録された檔案文件数が多いという量的なものであるが、同時に質的にも優れている。まず、『始末』が道光十六年から二十九年までの時期を対象とするのに対して、『史料』では嘉慶十五年から道光三十年までの檔案が収録されている。これまで『始末』にない道光十六年以前の史料としては、主に『清代外交史料』（嘉慶朝）と同（道光朝）が利用できたが、『史料』は嘉慶十五年から道光十五年までの檔案一二七件を収録しており、収録対象時期という質的な面でも『始末』にまさっている。

さらに、『史料』は『始末』に見られた史料的な偏向を是正するという質的な意義をも有する。この点について編者も「編輯説明」で「客観的実事求是的態度」を編纂方針としたと強調するように、『史料』は『始末』に見られた偏向を克服している。『史料』を利用することによって、主戦派と和平派の歴史的役割はこれまでより公正に評価されるに違いない。

このように、『史料』の出版によってアヘン戦争史に関する清朝側史料の状況は量的にも質的にも大きく改善され、アヘン戦争史研究はまさに新しい段階に入ったといって過言でない。そして、一八世紀末以来の清朝のアヘン政策史を研究する本書においても、『史料』の価値は大きく発揮されるのである。(5)

次に、清朝のアヘン政策に関する従来の研究に見られる第二の問題は、清朝の「政策史」を充分には解明していないということである。たとえば、アヘン政策史に関する、いわば古典的研究とも言うべき于恩徳編著『中国禁煙法令変遷史』(中華書局、一九三四年)の第二章「初期禁烟時代之法令(一七二九―一八三〇)」を構成する節のタイトルを以下に挙げると、

一　清初鴉片之輸入
二　雍正七年及八年之禁烟条例
三　雍正禁烟法令之影響
四　嘉慶元年禁烟之法令
五　嘉慶十八年禁吸食之法令
六　嘉慶二十年査禁鴉片烟章程
七　嘉慶禁烟法令之認真執行
八　嘉慶禁烟法令之影響

九　道光初年禁烟法令及其施行之影響

十　結論

となっており、このような構成のもとで『中国禁煙法令変遷史』では、アヘン関連事件の発生→アヘン禁令の発布→アヘン禁令の無効化→アヘン関連事件の発生（アヘン問題の深刻化）→アヘン禁令の発布という悪循環が解明されており、まさに書名どおり「アヘン禁令変遷史」の研究となっている。このことは『中国禁煙法令変遷史』に限らず、従来の研究は一様に「アヘン禁令の変遷」を解明してはいるものの、「政策史」の次元まで突き詰めて考察されてはいない。

そこで本書では、従来の「アヘン禁令変遷史」研究を「アヘン政策史」研究の次元まで高めたいと考えている。そのために本書では、アヘン禁令を「内禁」と「外禁」に分けて考えるという視点に立って考察する。そうした視点に立つことの有効性に気づかせてくれたのが、魏源『海国図志』のある記述であった。

『海国図志』とは、アヘン戦争の敗北に危機感を抱いた魏源によって編纂された世界地誌で、道光二十四年にまず五十巻本が出版された。その巻二「籌海篇」、四「議款」のなかで魏源は清朝のアヘン対策の経過を振り返って、

　鴉片を禁ずるの議に二有り。一は内禁、一は外禁なり。

と述べている。

魏源が言う「内禁」とは国内におけるアヘン禁止であり、「外禁」とはアヘン貿易の禁止を指している。彼は

続けて、「外禁」は四つの「機会」に適切に対応できなかった結果、失敗に終わったとした上で、アヘン戦争敗北後の今後に採るべきアヘン対策としては「内禁」しかないとして、「内禁」実施に際して留意すべきことを提案している。

ところで、魏源は、「内禁」と違って「外禁」は外国（人）に関係するアヘン対策であると考えていた。その点については筆者も同様であり、筆者の所謂る「外禁」政策とは、アヘン貿易を禁止してアヘンの流入を水際で阻止しようとする政策であり、貿易の一方の当事者である外国（人）と関係する可能性、ひいては外交問題化・戦争勃発の可能性を本来的にもつ政策である。

他方、筆者の所謂る「内禁」政策とは、国内におけるアヘン関連の行為すべて（販売、吸飲、アヘン窟経営、アヘン吸飲用キセルの製造・販売、罌粟の栽培・アヘンの製造など）を禁止しようとする政策であり、外国人の内地旅行権が認められていなかった当時にあって、この政策が外国（人）に関係する可能性は本来的になかったのである。

このように、「外禁」と「内禁」とでは、同じくアヘンに対する禁止政策であっても、外国（人）との関係において大きく性格を異にしていたが、加えて筆者は魏源が言及しなかったもうひとつの異なる性格にも注目している。

それは、官僚の責任問題に関する相違である。後述するように、当時、欧米諸国との貿易が認められていたのはカントン（広州）だけであり、アヘンも当初はカントン周辺で密輸されていた。したがって、アヘン貿易を禁止しようとする「外禁」政策は主としてカントンでカントン官僚によって遂行され、その責任を負ったのもカントン官僚である。他方、国内におけるアヘン関連諸行為を禁止しようとする「内禁」政策は、カントンに限らず全国で遂行されたから、その責任も全国の官僚が一律に問われた。このように、「内禁」と「外禁」とでは、それを遂行して責任を負う官僚が異なっていた。要するに、「外禁」政策は主としてカントン官僚に深く関係する政策だったのである。(6)

以上のように、同じくアヘン禁止政策ではあっても、「内禁」と「外禁」とでは、外国（人）との関係、官僚の責任問題の二点においてその性格は大きく異なっていた。本書は、清朝のアヘン禁止政策を「内禁」と「外禁」に区別する視点から、一八世紀末（嘉慶初め）以来、アヘン戦争勃発に至る清朝のアヘン政策の全過程を解明することを目的としている。

第一節　イギリスの中国貿易

清朝中国とイギリスはなぜ、アヘン問題を原因として戦争することになったのか。そのことを理解するために、まずアヘン貿易を含むイギリスの中国貿易について概観しておきたい。(7)

イギリスのアジア貿易（中国貿易を含む）は三つの形態で行なわれていた。第一の形態は、イギリス東インド会社（British East India Company、以下、「東インド会社」と略記する）による貿易である。この東インド会社とは、エリザベス一世治下の一六〇〇年に当時の重商主義政策に沿って設立され、喜望峰とマゼラン海峡の間、つまりアジアにおける貿易の独占権を認められていた特許会社である。その後、一六九八年に新東インド会社が設立され、ついで一七〇九年に新旧の東インド会社は合併して合同東インド会社が誕生する。

第二の形態は、「私貿易（private trade）」とか「特権貿易（privileged trade）」と呼ばれた貿易である。これは、東インド会社船の船長や船医らの高級船員が東インド会社からライセンス（許可状）を得て、会社船の一部を使用して一定量の商品を取り扱った貿易であるが、イギリスのアジア貿易の全体のなかでは、さほど重要な役割を果たしてはいなかった。

第三の形態は、はじめは「地方貿易（country trade）」、のちには「自由貿易（free trade）」と呼ばれた貿易である。これは、インド在住のイギリス人またはインド人が東インド会社からライセンスを得て、会社船以外の船で「地方」に限って、この場合はアジア域内に限って認められた貿易である。要するに、イギリス本国との貿易は認められないものである。後述するように、この形態の貿易はイギリスのアジア貿易全体のなかで極めて重要な役割を果たすことになる。

さて、東インド会社船は一七世紀なかごろから中国南部海域に姿を現しはじめていたが、当時、マカオを根拠地として勢力を張っていたポルトガル当局の妨害にあって中国貿易になかなか参入できなかった。一七世紀の後半にはいると、当時、清朝に対する抵抗運動を続けていた鄭氏一族の支配下にあった厦門や台湾で東インド会社船は通商を行なうことになる。そして、清朝が海禁を解除して海外貿易を再開した直後の一六九九年に東インド会社はカントン（広州、外国人はCantonと呼んだ）にファクトリー（factory、中国側では「夷館」と呼んだ）を開設し、一八世紀の初めから中国との貿易を定期的、組織的に行なうことになる。

ところで、東インド会社船が中国に来航した当初の目的は、毛織物の販売だった。というのも、一七世紀イギリスの基幹産業は毛織物業であり、東インド会社はアジア貿易の独占権を認可された見返りとして、毛織物の海外輸出を義務づけられていたからである。しかし、毛織物は中国ではあまり売れなかった。

イギリスの中国貿易を発展させた原動力は、中国茶の輸入である。一六三〇年代なかごろにオランダ人によってイギリスに伝えられたと言われている中国茶は、まず宮廷を始めとする上流階級の間に広がり、一八世紀の初めに彼らの生活にティーとバターつきのパンで朝食をとる習慣が定着した。その後、喫茶の習慣は急速に一般大衆にまで普及し、一八世紀なかごろには、茶はポピュラーな飲み物として一日に何回も飲まれるようになった。なお、茶の種類は、はじめは緑茶が主だったが、一八世紀なかごろには紅茶が多くなり、以後、イギリス人の紅茶嗜好が定着していく。

イギリス本国における喫茶の普及につれて、東インド会社の茶貿易は順調に伸び、一七二〇年代には中国からの輸入額で、生糸、絹織物を抜いて首位を占める。さらに一七六〇年には、東インド会社のアジア貿易全体のなかでも、中国茶はインド・キャラコ（インド産綿織物）を抜いて輸入額で首位を占めるに至ったのである。

しかしながら、東インド会社の茶貿易は、当時のイギリス国内における茶の消費量の三〇―四〇パーセントを提供したにすぎず、残りはオランダ、デンマーク、スウェーデンなどヨーロッパ大陸諸国の業者が密輸していた。その原因は、イギリスにおける茶の輸入関税が極めて高かったことにあった。そこでイギリス政府は一七八五年に減税法（Commutation Act）を実施し、当時、一一九パーセントだった茶税を一挙に一二・五パーセントにまで引き下げた。

この措置は早速、効果を発揮し、大陸諸国の密輸業者たちは茶貿易から撤退していった。こうして東インド会社は中国茶の輸入をほぼ独占することに成功し、東インド会社の中国からの輸入総額中、中国茶は八割から九割を占めることになる。要するに、東インド会社にとって中国貿易とは中国茶の輸入にほかならなかったのである。

では、東インド会社は中国へ何を輸出したのだろうか。前述したように東インド会社は毛織物の海外輸出を義務づけられていたが、インドと同様に中国でもあまり売れなかった。そこで一七七五年から東インド会社は茶の買い付け量に比例して毛織物の購入を中国側商人に押し付けた結果、毛織物の輸出はかなり伸びたが、欠損覚悟の低価格で売るしかなかったのである。

結局、中国に対する東インド会社の商品輸出額は、中国茶の輸入額の約半分、輸入総額の約三分の一にすぎず、その差額は銀で埋めなければならなかった。そして、中国茶の輸入が急伸するにつれて、ますます巨額の銀輸出が必要となった。このようなイギリス側が一方的に中国茶を輸入する貿易の有り様は「片貿易」と呼ばれる。

一八世紀後半、イギリス国内で産業革命が進行するようになると、中国貿易で大量の銀を輸出する東インド会社は、産業資本家や議会の一部から厳しい批判にさらされることになる。こうして、銀に代わる手段で中国貿易を決済しなければならなくなった東インド会社が眼をつけたのが、インド産のアヘンである。

アヘンは、罌粟の子房からでる汁液が原料で、モルヒネを主成分とする麻薬である。罌粟は中近東が原産地とみなされ、すでにギリシア時代の文献には、罌粟の子房を食べること（opium eating）、アヘンを飲むこと（opium drinking）が出ている。アヘンを意味する英語のオピウム（opium）もその語源はギリシア語である。また、罌粟やアヘンはおそくとも唐代には中国に伝わっていたと考えられている。

ところで、本書が取り上げる時期におけるアヘンの摂取の仕方は、吸飲（opium smoking）である。通説によると、アヘンの吸飲は一七世紀のなかごろ、当時オランダの支配下にあったインドネシアのジャワ島で、はじめはタバコにアヘンを混ぜて吸ったが、ついで粘土状のアヘンだけを火であぶって蒸気をキセルで吸うようになったと言われている。

ジャワ島で始まったアヘン吸飲の習慣は、やはり当時オランダの支配下にあった台湾へ伝わり、台湾から大陸の福建省や広東省へ伝えられたと考えられている。あるいは、当時、東南アジアへ出稼ぎにいっていた中国人

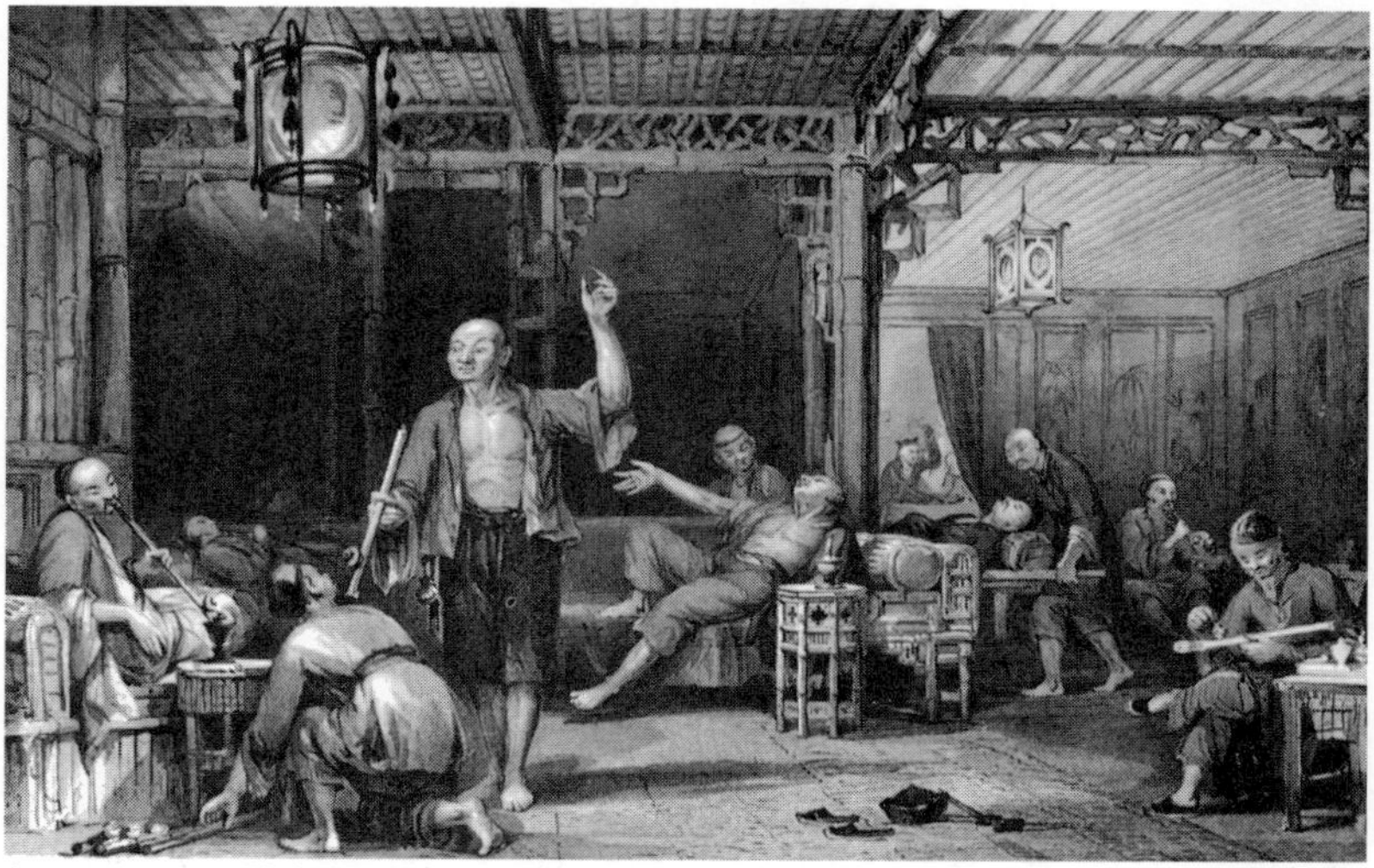

トーマス・アロム画（出典：*Foreign Mud*）

カントンのアヘン窟

アヘン吸飲用キセル

（のちに「華僑」と呼ばれる人々）によって故郷の広東省や福建省に伝えられたとも言われる。

こうして一七世紀のなかごろ、ちょうど中国では明朝と清朝の交替期に、アヘン吸飲の習慣は広東省や福建省という中国東南沿海地方に伝えられたが、そのころのアヘンはインド中部で生産されたアヘン（のちに「マルワ・アヘン」Malwa opium と呼ばれる）で、ポルトガル商人によってインド西岸にあったポルトガル領のゴアやダマーンなどの港から積み出され、ポルトガルの事実上の植民地であったマカオから中国に流入していた。一七世紀なかごろから一八世紀なかごろまでの約一世紀の間に、毎年約二〇〇箱のアヘンが中国に流入していたと言われる。

さて、銀に代わる中国貿易の決済手段として東インド会社が眼をつけたのは、ポルトガル商人が中国に運んでいたインド産のアヘンだったのである。一七七三年、ベンガル州の知事ヘイスチングズ（W. Hastings）は、ガンジス川下流域のベンガル、ビハール、オリッサの各州で生産されるアヘン、すなわちベンガル・アヘン（Bengal opium）を東インド会社の専売制下に置いた。のち一七九七年に東インド会社は、それまでの請け負い専売制を廃止し、会社みずからがアヘンを生産者から購入して、カルカッタでの競売までの一切の業務を独占することになる。

こうして、一七八〇年代からベンガル・アヘンは組織的に中国へ輸送されることになるが、ベンガル・アヘンを中国へ輸送したのは原則として東インド会社船ではなかった。なぜならば、当時、清朝中国がアヘン貿易を禁止していたと認識していた東インド会社は、アヘンという非合法品の貿易に従事することが茶貿易に支障をきたすことを恐れ、会社船にアヘンの中国輸送を禁止したからである。

そこで、東インド会社はアヘンの中国輸送を、前述したイギリスのアジア貿易における第三の貿易形態である「地方貿易」に委ねた。すなわち、地方貿易に従事する商人、つまり「地方貿易商人（country trader）」がカルカッタのオークション（競売）で東インド会社からベンガル・アヘンを仕入れて中国に輸送したのである。

さて、地方貿易商人はインド産の棉花やベンガル・アヘンを中国に輸出したが、輸入面では茶貿易を東インド会社に独占され、生糸以外には有望な中国産品もなかったから、彼らの中国貿易は大幅な輸出超過で、彼らの手元には大量の銀が残った。この銀は東インド会社のカントン財務局（Canton treasury）に払い込まれ、彼らは東インド会社のロンドン本店あて、またはカルカッタ支店あての為替手形（bill）を受け取り、為替送金を行なった。その際、地方貿易商人にとって現銀で輸送する（正貨送金）よりも有利なように為替率が操作されていたことは、言うまでもない。

このように地方貿易商人から得た現銀を、東インド会社は茶の買い付け資金に回した。一八世紀末に、東インド会社はこの方法で茶の買い付け資金の半分近くを調達した。こうして一八世紀末にイギリスの中国貿易は、それまでの「片貿易」から中国、イギリス、インドを結ぶ「三角貿易」に再編されたのである。

アヘンの中国への流入量は次第に増え、一七八〇年代後半に約二千箱、ついで一七九〇年には約四千箱となった。その後、東インド会社は供給過剰による値崩れを防ぐため、一八〇一年からカルカッタでのアヘンの総競売量を四八〇〇箱に制限した結果、一八二〇年までアヘンの中国への流入量は四千箱台で横ばいする。しかし、販売価格の騰貴によって東インド会社がアヘン専売から得る収益はその間に大幅に増大したのである。

なお、アヘンの一箱（chest）とは、長さ一メートル、幅と高さが各五〇センチのマンゴ材の箱で、なかにソフトボール大のアヘンが約四〇個つめられ、重さが約六〇キログラム（一〇〇斤）あった。ある試算によれば、この一箱のアヘンは、アヘン中毒者百人が一年間に消費する量に相当するという。だとすれば、四千箱のアヘンは中毒者四十万人分ということになる。因みに、アヘン戦争直前の一八三八年にアヘン流入量は約四万箱（四百万人分）まで増えることになる。

一八二〇年代に入ると中国へのアヘンの流入量は急増していく。その原因はマルワ・アヘン流入量の増加であった。マルワ・アヘンはもともと品質が悪く、中国への流入量もわずかだったが、一八一七年以来、品質が改良され、しかも安くて利益が多かったので、地方貿易商人は早速これを中国へ輸送し始め、その流入量が急速に増えた。

この新事態に対して東インド会社は一八二〇年にベンガル・アヘンの増産を開始し、翌二一年にはマルワ・アヘン四千箱を買い取ってボンベイで競売し、ベンガル・アヘンの値崩れを防ごうとした。同時に、東インド会社は地方貿易商人に対しても、東インド会社の専売制下以外のアヘン、つまりマルワ・アヘンを取り扱った場合にはライセンスを取り消すと迫ったのである。

しかし、地方貿易商人も黙ってはいなかった。マニャック商会（Magnac & Co.）とデヴィッドソン＝デント商会（Davidson, Dent & Co.）はボンベイのエイジェントと「マルワ・シンジケート（Malwa Syndicate）」を結成して東インド会社に対抗し、マルワ・アヘンの調達を確保した。一八二四年、東インド会社はやぶへびとなったベンガル・アヘンの増産を停止し、今度は、マルワ・アヘンを生産していた中部インドの土侯国に圧力をかけて減産させようとした。しかし、これも地方貿易商人が結成したマルワ・シンジケートの前にはなんの成果も生まなかった。なお、マニャック商会はその後、ジャーディン＝マセスン商会（Jardine, Matheson & Co.）に、デヴィッドソン＝デント商会はデント商会となるが、この二つの商会はアヘン戦争当時の二大アヘン商社となる。

結局、一八三一年に東インド会社は港湾税を課してボンベイからのマルワ・アヘンの積み出しを認めた。この措置はマルワ問題に対する東インド会社の事実上の敗北宣言にほかならなかった。こうして、インド産アヘンに対する独占権を東インド会社は失い、それまでベンガル・アヘンを介して存続していた東インド会社と地方貿易商人との相互依存・協力関係は崩壊したのである。

こうして一八二〇年代以降、中国へのアヘン流入量はマルワ・アヘンを中心に急増し、二六年に約一万箱、三〇年に約二万箱、そして、前述したようにアヘン戦争直前の三八年には約四万箱に達することになる。この間、二四年にアヘンはインド棉花の輸出額を抜き、非合法品ながらもイギリスの対中国輸出の首位を占めるに至ったのである。

アヘン貿易において東インド会社との相互依存・協力関係から脱却しえた地方貿易商人は、同時に金融面でも自立していく。

これまで地方貿易商人は、インド産の棉花やアヘンの売上金を東インド会社のカントン財務局に払い込んで為替手形を受け取っていた。ところが、一八二〇年代以降、アヘン貿易の急成長によって地方貿易商人の手元に入る売上金が急増すると、カントン財務局はそのすべてに対して手形を発行できなくなった。また、東インド会社の手形は長期手形で為替率も不利になりつつあったので、地方貿易商人は余剰資金の送金手段を別に確保しなければならなくなった。

ここに登場する新しい送金手段が「アメリカ手形」の取得であるが、その説明に入る前にまず、国際金融市場の成立について述べなければならない。

さて、一八世紀後半に始まるイギリス産業革命の推進役を果たした綿工業は、当初から海外市場への依存度が高かった。まず販売市場としては、一八三〇年代以降、非欧米市場、特にインド市場が重要となる。また原料（棉花）市場としては、インドとアメリカ合衆国（南部）が重要であったが、アメリカ市場との関係が緊密化した結果、一八二〇年代にロンドン金融市場は国際市場としての機能を果たすことになる。こうして、アメリカ商人は対イギリス棉花輸出の債権に基づいてロンドンあての手形を振り出した。これがアメリカ手形と呼ばれるものである。

一七八〇年代以来、中国茶を輸入して銀を中国へ供給していたアメリカ商人は、銀に代えてアメリカ手形で中国貿易を決済することになった。そして、中国市場に出回ることになったアメリカ手形を地方貿易商人が取得した。従来、為替送金を通じて東インド会社に依存していた地方貿易商人は、今やロンドン国際金融市場の成立で可能になったアメリカ手形の取得という、新しい送金手段を見いだすことによって金融面でも東インド会社から自立することができたのである。

以上で述べてきたアヘン貿易・金融の両面における地方貿易商人の東インド会社からの自立は、イギリスの中国貿易を支えてきた両者の相互依存・協力関係を崩壊させた。既に一八一三年に東インド会社のインド貿易独占権が撤廃されて地方貿易商人のアジア貿易への進出が活発化していたが、一八二〇年代から中国貿易における主導権も地方貿易商人の手へ移っていった。

その意味で、一八三四年に東インド会社の中国貿易独占権が撤廃されたことは、中国貿易における東インド会社の後退という一八二〇年代以来の既成事実を追認したにすぎなかったのである。

ここで、一八二〇年代からアヘン戦争勃発までの時期におけるイギリスの世界経済に果たしたインド産アヘンの役割をまとめておきたい。(一) アヘンは非合法品ながらも中国貿易において輸出額で首位を占め、中国貿易をイギリス側の輸出超過とした。(二) イギリスのインド植民地において、アヘンからの収益金はインド政庁の歳入の七分の一から六分の一を占める重要な財源であり、また、イギリス綿製品に対する購買力をインド農民に与えていた。（三）一八世紀末以来、イギリス―インド―中国を結ぶ三角貿易を成立させていたアヘン貿易は、一八二〇年代に入ると、国際金融市場の成立に伴って形成されたイギリスを中核とする資本主義の世界市場構造＝多角貿易構造のなかに不可欠な一環として組み込まれたのである。

第二節　カントン体制

乾隆二十二（一七五七）年、清朝はヨーロッパ船の来航をカントン（広州）一港に限定した。以後、アヘン戦争後に締結された南京条約で五港が開港されるまで、八十年あまりの間、カントンはヨーロッパ諸国（のちにはイギリスから独立したアメリカ合衆国も参入）に開かれた唯一の港であった。そうした貿易のあり方は「カントン体制」(Canton system）と呼ばれている。(8)

カントン体制を支えていた理念は、「華夷（中華）」思想と呼ばれる世界観である。この世界観にあっては、世界の中心に「中華」または「中国」があり、その周辺を「夷狄」が取り囲んでいると考えられていた。「夷狄」のうち、北に位置するものを「狄」、東を「夷」、南を「蛮」、西を「戎」とも呼んだ。

こうした「夷狄」の君主は、「中華」たる中国王朝の高い文化を慕って、その皇帝に対して挨拶するためにそれぞれの特産品を持参する使節を定期的に派遣した。それが「朝貢」である。これに対して皇帝は、「夷狄」の君主や使節に返礼として絹織物などを下賜した。これを「回賜」という。また、「夷狄」の王が死亡などの理由で交替する際には、皇帝の「冊封」を受けないと、正式には王として即位できなかった。

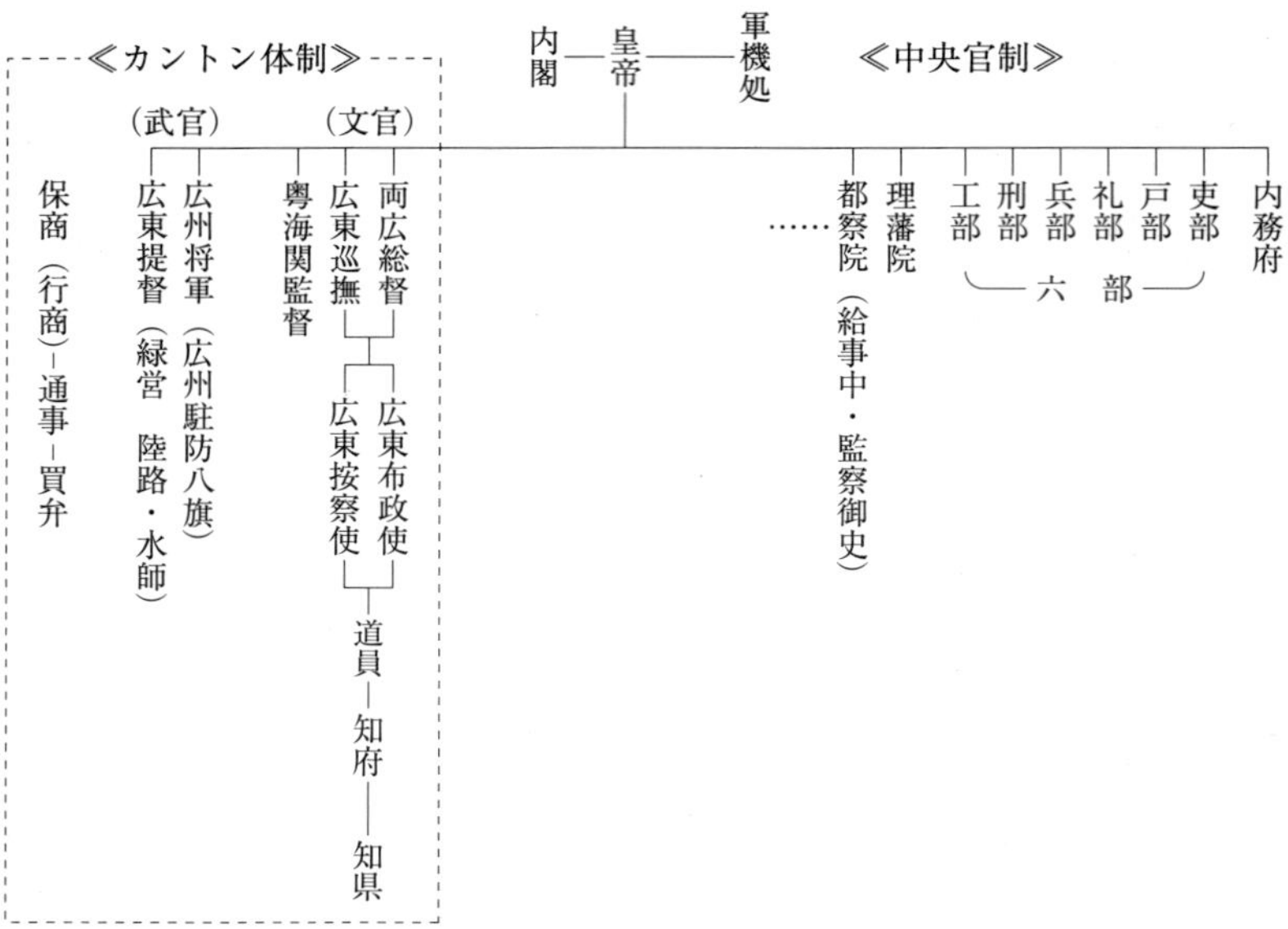

カントン体制概念図

このような東アジアにおける中国・周辺諸国間の伝統的な国際秩序は、「朝貢・冊封体制」と呼ばれている。したがって、一五世紀末以来、中国に来航したヨーロッパ諸国も朝貢国として扱われたし、一八世紀末にイギリスが初めて中国に派遣したマカートニー使節団も朝貢使節団として待遇された。また、朝貢に際しては、入国地点と北京での貿易が認められていたから、カントンにおけるヨーロッパ人による貿易、すなわちカントン体制も朝貢・冊封体制下における特例的なものとして認められていたのである。

このように理念面から見れば、朝貢・冊封体制の特例的対応であったカントン体制は、現実的には一種の外国貿易管理体制であった。明清両王朝が交替した一七世紀なかごろ、鄭氏一族による抵抗運動が東南沿海地域や台湾を根拠地として続いていたので、清朝は海禁を実施した。しかし、それらの抵抗運動を鎮圧した清朝は、康熙二十三

（一六八四）年に海禁を解除し、外国との貿易を再開した。そのために同年、閩海関（福建省の漳州）、粤海関（広東省の広州）、翌年には江海関（江蘇省の上海または雲台山）、浙海関（浙江省の寧波）、合計、四つの海関（沿海の税関）を設置して外国貿易を管理させた。

ヨーロッパ諸国との貿易は最初、カントン（粤海関）を中心に行なわれていたが、一八世紀なかごろ、関税が高いことなど、粤海関行政に不満を持ったイギリス船が北上して寧波に来航するようになった。そこで、カントン当局者がヨーロッパ船の来航をカントンに限定するよう朝廷に働きかけた結果、乾隆二十二（一七五七）年に清朝はヨーロッパ船の来航をカントン一港に限定し、ここにカントン体制が成立したのである。

カントン体制において外国貿易に対する管理の責務を担っていたのは、カントンの官僚と特許商人である。カントン官僚としてはまず、「粤海関監督」を挙げなければならない。粤海関はその正式名である「督理広東沿海等処貿易税務戸部分司」が示すように、広東省沿海の貿易税務を統括する税関であり、欧米船によるカントン貿易も管理した。また、正式名にあるように、粤海関は組織上、中央の戸部に属したが、その長官である監督には内務府に所属する上三旗包衣が任命され、その点では皇帝に直属する性格が強かった。

次に、両広総督（広東・広西両省の行政長官）と広東巡撫（広東省の行政長官）は、粤海関監督の不在時にそれを兼官し、粤海関行政の監査も行なった。また、外国との問題が発生すれば、総督、巡撫がその対応に当たった。そして、総督、巡撫以下の広東省の布政使（省の財務長官）、按察使（省の司法長官）、道員、知府、知県らの地方官僚も各々の管轄の範囲内で管理体制の一翼を担っていた。

以上の文官のほかに、広東省の武官、すなわち広州将軍が率いる広州駐防八旗と、広東提督（陸路、水師の二名）が率いる緑営も軍事面からカントン体制を支えていた。

ところで、ここで注意すべきことは、こうしたカントン官僚が直接に外国貿易を管理したのではなく、両者の中間に欧米諸国との貿易をなかば独占していた中国側の特許商人、つまり「行商」(「洋商」ともいう)が存在していたことである。その代表として一八世紀後半には潘氏の同文行、一九世紀前半には伍氏の怡和行があり、行商の数は時期により増減したが、だいたい数行から十数行であった。

さて、欧米船はカントンに来航すると、行商のなかから一行を取引相手として指名した。指名された行商は、その欧米船に関わる貿易、納税、清朝官憲との連絡など、一切を責任持って請負った。その意味で、行商は「保商」(英語では security merchant)とも呼ばれた。また、行商は「通事」(通訳)を雇い、さらに通事は「買弁」を雇った。買弁とは、カントン滞在中の外国人のために必需品を買いそろえるなどのサーヴィスを提供するものである。

次に、カントン体制を管理の仕方から見ると、そこにはヒト、すなわち外国人に対する管理と、モノ、すなわち貿易品に対する管理とがあった。

まず、ヒトに対する管理としては、カントン体制成立直後の乾隆二十四年に早くも「防範外夷規條」という外国人取り締まり規則が制定された。その内容はその後、嘉慶十四(一八〇九)年、両広総督百齢の「民夷交易章程」、道光十一(一八三一)年、両広総督李鴻賓の「防範夷人章程」の追加、変更を経て、道光十五(一八三五)年に両広総督盧坤が発布した「防範夷人章程」で一応の完成をみた。

その主な内容は、(一)カントンに来航した外国人は、貿易を認められた期間に限って広州府城外、西側の珠江沿いに設けられた「夷館」(英語では factory)区域に居住を許す。この外国人居留区域は、東西約二〇〇メートル、南北約三〇〇メートルの広さであった(後掲の「カントン周辺図」を参照)。

この規則を厳格に運用すれば、外国人は貿易が終わると夷館区域から退去しなければならなかったが、実際には年間を通じての居住が黙認されていた。ただ、外国との間で何らかの紛争が発生すると、カントン官僚はこの規則に基づいて外国人に退去を命じた。その際には外国人はマカオに移った。マカオは一六世紀なかば以来、ポルトガル人が特別居住権をもつ事実上の植民地となっていたのである。
（二）夷館区域には外国人女性は入れず、また、武器を持ち込むことも禁止された。（三）外国人は「轎」に乗ってはならない。轎とは肩でかつぐ籠のことで、当時の中国では官僚身分のものしか乗ることができなかった。（四）外国の軍艦は珠江を遡航できない。珠江の河口を虎門というが、外国の軍艦は虎門から珠江に入ることが禁止された。（五）外国人は珠江上でボート遊びをしてはいけない。乗馬については珠江中の砂州である河南島に限って制限付きで認められた。（六）外国人は清朝官憲に直接連絡することはできず、必ず保商を介して「稟」の形式の文書によること。なお、稟とは、最も丁寧な上行文書（下位のものが上位のものへ送る公文書）で、petitionと英訳されていた。

外国人取り締まり規則の内容はほぼ以上のとおりであるが、こうした規則によってカントンに来航した外国人はその行動を著しく制約され、特に紛争の発生時にはその遵守を清朝側から強く要求されたのである。

次に、モノに対する管理としては、輸出茶のカントンへの海上輸送が禁止されていた。始めは福建茶の厦門《アモイ》出港が禁止されたが、寧波出港は認められていた。しかし、それも嘉慶二十二（一八一七）年七月に禁止された。輸出生糸について、頭蠶湖糸という浙江省湖州府周辺で生産された最高級生糸の輸出が禁止され、土糸（広州周辺で生産された生糸）、二蠶湖糸は最大輸出量が各々、五千斤、三千斤と制限された。「白鉛」、すなわち銅銭鋳造の原料である亜鉛は、嘉慶十二（一八〇七）年十二月に最大輸出量が七十万斤に制限され、ついで道光十二（一八三二）年七月には全面的に輸出は禁止された。

その他、対外情勢の険悪化に伴って大黄の輸出や棉花の輸入が一時的に禁止されたり、イギリスによるマカオ占領事件（一八〇八年）やネーピア事件（一八三四年）の場合のように特定の外国との貿易が一時的に停止されたりしたこともある。

以上のように、現実のカントン体制とは、欧米船の来航をカントン一港に限定し、そこでの貿易をカントン官僚と行商（保商）によって、ヒトとモノの両面から管理しようとする貿易管理体制だったのである。

注

（1）来新夏『林則徐年譜新編』南開大学出版社、一九九七年、二七八、二九〇、二九九―三〇〇、三一〇、三一五、三三五頁。

（2）Chang Hsin-pao, *Commissioner Lin and the Opium War*, Cambridge, Massachusetts: Harvard University Press, 1964, pp.194, 209.

（3）時代区分について筆者は、今のところ次のように考えている。まず、時代区分とは、歴史を理解するという目的に対する手段にすぎない。また、時代を区分するに際しては基準が必要となるが、絶対的な基準はないという前提に立てば、絶対的な時代区分もないということにならざるをえない。そのような時代区分に対する理解に立って、対外関係や近代史のグローバルな展開との関連という基準から、アヘン戦争を中国近代史の起点とみなすことは、そうした側面を中心に中国の歴史的展開を理解する上で有効な手段として、中国近代史に関するひとつの時代区分であると考えている。

（4）主な研究書を以下に挙げる。寧靖編『鴉片戦争史論文専集続編』人民出版社、一九八四年。来新夏『林則徐年譜（増訂本）』上海人民出版社、一九八五年。福建社会科学院歴史研究所編『林則徐与鴉片戦争論文集』福建人民出版社、一九八五年。陳勝粦『林則徐与鴉片戦争論稿（増訂本）』中山大学出版社、一九九〇年。林慶元『林則徐評伝』河南教育出版社、一九九〇年。蕭致治主編『鴉片戦争与林則徐研究備覧』湖北人民出版社、一九九五年。朱慶葆他『鴉片与近代中国』江蘇教育出版社、一九九五年。茅海建『天朝的崩潰——鴉片戦争再研究』三聯書店、一九九五年。蕭致治主編『鴉片戦争史——中国歴史発展中第三次社会大変革研究』上下、福建人民出版社、一九九六年。蘇智良『中国毒品史』上海人民出版社、一九九七年。王宏斌『禁毒史鑑』岳麓書社、一九九七年。凌青、邵秦主編『従虎門銷烟到当代中国禁毒』四川人民出版社、一九九七年。来前掲『林則徐年譜新編』。馬模貞主編『中国禁毒史資料』天津人民出版社、一九九八年。蕭致治『鴉片戦争与近代中国』湖北教育出版社、一九九九年。龔晏『鴉片的伝播与対華鴉片貿易』東方出版社、一九九九年。

(5)『史料』の出版に加えて、『始末』を軍機檔で補った史料集として蒋廷黻編『籌辦夷務始末補遺』全九冊（北京大学出版社、一九八八年）が出版されたことも、史料状況を大きく好転させている。

(6) アヘン禁止政策を「内禁」と「外禁」に区別する視点に関わって、郭廷以『近代中国史』第二冊、「第二章、禁煙問題」（商務印書館、一九四一年）で、郭廷以氏は清朝のアヘン政策を「塞源」「遏流」「正本」の三つに分類して考察している。このうち「塞源」は筆者の「外禁」に、また「遏流」と「正本」は「内禁」に相当する。しかし、本書が行なうように各々の政策の異なる性格、すなわち外国（人）との関係や官僚の責任問題における相違に注目することは、郭氏の考察には見られない。

また、蕭致治他編『鴉片戦争前中西関係紀事（一五一七—一八四〇）』（湖北人民出版社、一九八六年）のなかで、「内禁」「外禁」と区別してアヘン政策を分析した拙稿「清代嘉慶・道光期のアヘン問題について」（『東洋史研究』第四一巻第一号、一九八二年）が引用・紹介された（三〇〇、三二三頁）。紹介された拙稿との関係がはっきりしないが、同書ではたとえば、三四〇頁において道光十年に清朝のアヘン政策の重点が「外禁」から「内禁」へ転換したと述べられるなど、筆者と同様の視点が見られる。しかし、「外禁」「内禁」の異なる性格への言及はない。

次に、中国国内におけるアヘン製造に関わる問題を中心に研究されている新村容子氏から、筆者における「内禁」「外禁」の視点などについていくつかの批判をいただいた。（「弛禁論の評価をめぐって——『カントン・アヘン論』批判」『近きに在りて』第三五号、一九九九年、同氏『アヘン貿易論争——イギリスと中国』汲古書院、二〇〇〇年に再録）

新村氏は国内におけるアヘン製造を重視する立場から、筆者の「内禁」について内容の「曖昧さ」を指摘されるとともに、「「内禁」の対象として国内における罌粟栽培やアヘン生産を含めるべきでない」（新村前掲書、二四六頁）と云われる。しかし、すでに述べたように、筆者の「内禁」とは、外国（人）と関係しない、全国の官僚が一律に責任を負うところの、中国国内におけるアヘン関連諸行為すべてを禁止する政策を指すのであり、決して「曖昧」ではない。また、そうした「内禁」定義によれば、国内における罌粟栽培・アヘン製造も当然、その対象に含まれるのである。

筆者の「内禁」をめぐっては、むしろ新村氏の誤解ないし不正確な理解を指摘しなければならない。「井上氏は清朝のアヘン密貿易対策を「外禁」「内禁」という枠組で分析することを提案している」（同、二四五頁）と氏は云われるが、筆者が「内禁」「外禁」と区別する対象は「清朝のアヘン密貿易対策」ではなく、清朝のアヘン禁止政策の全体である。同様の誤解は、「井上氏の言う「内禁」とは、密輸アヘンを、輸入の時点で取り締まるのではなく、国内での流通・消費段階において取り締まるアヘン密貿易対策として構想されている」（同、二四六頁）もそうである。なお、新村氏の批判に対する筆者の見解の詳細については、拙稿「アヘン戦争前における清朝のアヘン禁止政策について――新村容子氏の批判に答えて」（『人間文化研究科年報（奈良女子大学）』第一八号、二〇〇三年）を参照されたい。

また、新村氏の批判に関連して、岡本隆司氏は新村前掲書の書評（『東洋史研究』第六〇巻第四号、二〇〇二年）のなかで、筆者の「内禁」に対する新村氏の批判を支持されているが、岡本氏に対しても新村氏の場合と同様の回答をしたい。なお、岡本氏は前掲書評のなかで、魏源がアヘン戦争後に抱いた「内禁」「外禁」という考え方を戦争以前の時期にまで敷衍したり、魏源が言及していない罌粟栽培も含む「アヘン関連行為」を「内禁」の対象としたりしているとして、筆者を批判されている。すでに述べたように、魏源の考え方はあくまでもヒントになったにすぎず、筆者の「内禁」「外禁」は、アヘン禁止政策における外国（人）との関係、官僚の責任問題を明確化するために筆者が独自に設定した視点であり、その視点をアヘン戦争以前の時期へ適用することも、罌粟栽培・アヘン製造を「内禁」の対象に含めることも何ら問題はないと考えている。

（7）イギリスの中国貿易を概観するに際しては、主として以下の諸研究を参照した。田中正俊「中国社会の解体とアヘン戦争」同『中国近代経済史研究序説』東京大学出版会、一九七三年。本山美彦「イギリス資本主義の世界化とアジア――アヘンをめぐる東インド会社と広東商社の角逐」小野一一郎他編『世界経済と帝国主義』有斐閣、一九七三年。浜下武志『近代中国の国際的契機――朝貢貿易システムと近代アジア』東京大学出版会、一九九〇年。角山栄『茶の世界史』中公新書、一九八〇年。川北稔『砂糖の世界史』〈岩波ジュニア新書〉、岩波書店、一九九六年。

Chang, *op. cit.* M. Greenberg, *British Trade and the Opening of China 1800–42*, Cambridge: The University Press, 1951.

（8）カントン体制については、以下の諸研究を参照した。

郭廷以『近代中国史』第二冊、商務印書館、一九四一年。梁嘉彬『広東十三行考』上海商務印書館、一九三七年。彭沢益「清代広東洋行制度的起源」『歴史研究』一九五七年第一期。同「広州十三行続探」『歴史研究』一九八一年第四期。呉建雍「一七五七年以後的広東十三行」『清史研究集』三、一九八四年。章深「清代中西貿易保商制度初探」葉顕恩主編『清代区域社会経済研究』下冊、中華書局、一九九二年。陳国棟「清代前期粤海関監督的派遣（一六八三―一八四二）」『史原』一〇、一九八〇年。同「粤海関（一六八四―一八四二）的行政体系」『食貨月刊』十一-四、一九八一年。同「清代前期粤海関的税務行政（一六八三―一八四二）」『食貨月刊』十一-一〇、一九八二年。同「鴉片戦争以前清朝政府対進出口商品的管理」『大陸雑誌』六四-六、一九八二年。佐々木正哉「粤海関の陋規」『東洋学報』第三四巻第一・二・三・四号、一九五二年。同「清代広東の行商制度について」『駿台史学』六六号、一九八六年。寺田隆信「清朝の海関行政について」『史林』第四九巻第二号、一九六六年。坂野正高『近代中国政治外交史』東京大学出版会、一九七三年。劉序楓「十七、八世紀の中国と東アジア―清朝の海外貿易政策を中心に」溝口雄三他編『地域システム』〈アジアから考える〉2、東京大学出版会、一九九三年。村尾進「珠江・広州・澳門――英文および絵画史料から見た「カントン・システム」――」小野和子編『明末清初の社会と文化』京都大学人文科学研究所、一九九六年。岡本隆司『近代中国と海関』名古屋大学出版会、一九九九年。松浦章『清代海外貿易史の研究』朋友書店、二〇〇二年。H. B. Morse, *The International Relations of the Chinese Empire*, vol. 1, *The Period of Conflict, 1834–1860*, London: Longman, Green & Co., 1910. J. K. Fairbank, *Trade and Diplomacy on the China Coast: The Opening of the Treaty Ports, 1842–1854*, 2 vols., Cambridge, Massachusetts: Harvard University Press, 1953.

なお、中国の研究者の多くは、たとえば、胡思庸「清朝的閉関政策和蒙昧主義」（『吉林師大学報』一九七二年第二期）、張之毅「清代閉関自守問題辨析」（『歴史研究』一九八八年第五期）のように、カントン体制を「閉関」政策と理解するが、カントン体制はむしろカントンを「開」いて外国貿易を管理しようとする体制であるから、「閉関」という表現は必ずしも適切ではない。その点で、朱雍「洪仁輝事件与乾隆的限関政策」（『故宮博物院刊』一九八八年第四期）のように、「限関」と表現する方がよいと考えられる。

第一章　嘉慶期前半の「外禁」政策

はじめに

清朝が初めてアヘンに関する禁令を出したのは雍正七（一七二九）年のことで、

鴉片煙を興販するは、違禁の貨物を収買する例に照らし、枷号一個月、近辺に発して軍に充つ。若し私かに鴉片煙館を開き、良家の子弟を引誘する者は、邪教もて衆を惑わすの律に照らし、絞監候に擬す。従為るは、杖一百・流三千里。〔……〕

とあり、アヘン販売やアヘン窟経営などに対する刑罰が定められた。(1) 外国側がこの禁令の存在を承知していたことは、イギリス東インド会社が一七三三年以来、僅かな例外を除いて、(2) 会社船をアヘンの中国への輸送に従事させず、(3) また時折、中国のアヘン禁令に触れぬよう警告を発していたことからもわかる。(4)

ところで、当時の清朝はアヘンに関して次のような矛盾した態度をおそらく無自覚にとっていた。すなわち、雍正七年の禁令はアヘン貿易には直接言及していないものの、現に前述した東インド会社の自粛や警告に見られるように、また、かつて矢野仁一氏が指摘されたように、(5) この禁令によってアヘン貿易も禁止されたと判断すべきだろう。しかるに、明末以来、合法的な貿易品として課税の対象となっていたアヘンは、この禁令後も引き続き海関則例に名を列ねていたのである。(6)

なぜに清朝はこのような矛盾した態度をとっていたのだろうか。その理由は、一七二九年当時で年間約二百箱(7)

という、アヘン流入量の少なさにあったと思われる。そのことに関連して、一八世紀前半まではアヘン吸飲の習慣は福建、広東二省を中心とする東南沿海地方に限られていた。したがって、矢野氏も、雍正七年の禁令については、福建省、就中、台湾を対象として発せられた地方的な禁令とみなされている。(8)

そして、その福建省の当局者ですら、禁令発布直後に起きたアヘン関連事件の処理において、合法的な「鴉片」と非合法的な「鴉片煙」の区別云々で混乱し、みすみす禁令違反者を釈放してしまうという、後世しばしば笑い種とされる失態を演じていた。(9) このような実状こそが、アヘンを一方で禁じながら、他方で合法品として海関則例に載せるという清朝政府の矛盾した態度を惹起していたと考えられる。

いずれにせよ、当時はアヘン流入量も少なく、アヘン吸飲の習慣も東南沿海地方に限られていたという状況のなかで、雍正七年の禁令、すなわちアヘン販売やアヘン窟経営などに対する刑罰を定めるという「内禁」は、いわば地方的な禁止措置にすぎず、アヘン問題に対する清朝の本格的な取り組みではなかったのである。(10)

雍正七年の禁令以後、イギリス側史料によれば、一八世紀の三三、五〇、七一、八二、八三の各年に東インド会社の管貨人（supercargo）らが中国における禁令の存在に言及して、会社船によるアヘンの中国への持ち込みに警告を発していたが、(11) 管見の限りではアヘン政策に関して清朝側の史料は沈黙している。

第一節　嘉慶四年の「外禁」

一七九八年末、カントンの東インド会社管貨人は、清朝政府がアヘンの輸入を禁止しようとしているという情報をベンガル総督へ送った。[12] 翌年、この情報は現実のものとなり、アヘン貿易に対する禁令が発布される。すなわち、広東巡撫の指令を受けた粤海関監督は嘉慶四年十一月十一日（西暦一七九九・十二・七）、アヘン貿易の禁止を遵守することと、およびそれを管貨人に伝達することを行商（保商）に命じ、初めて明確に「外禁」を実施した。さらに、違反した外国船の保商にならないこと、違反船の貨物を取扱わないこと、以上に従わなかった場合には厳重に処罰することを監督は行商に命じたのである。[13]

当時、広東巡撫は陸有仁、粤海関監督は佶山であったが、外国側史料によれば今回の禁令は両広総督吉慶（嘉慶元年六月二十九日〜七年十一月二十三日在職）によって発議され、皇帝の裁可を経て発布されたものであった。[14]

ところで、前述した管貨人の報告では既に前年から禁令発動のうわさが流れていたようだが、なぜ嘉慶四年という時期に禁令が発議され、施行されることになったのか。その事情を次では解明することにしたい。

一八世紀後半にみられたアヘン流入量増加の影響は嘉慶期に入るや、当局者の眼にもはっきりと映ずることとなる。すなわち、アヘン吸飲者の増加と流行地域の拡大である。吸飲者の増加については、量的側面よりもむしろ、知識人階層や、官僚層にまで吸飲の習慣が及んでいるという質的側面を当局者は懸念した。流行地域については、広東、福建以外の地方にも拡がっていることが指摘されている。[15]

また、アヘン中毒者の肉体と精神がどのように蝕まれていくかという点についてもかなり具体的に知れ渡り、中毒者がアヘン購入のために生計を破壊させて盗人になる場合もあるという治安上の問題を当局者は特に危惧した。当時、アヘンはマカオないし黄埔経由で中国に流入していたが、それに対して海関の役人や処々の巡役らは賄賂をとって黙認していた。[16] さらには、粤海関監督がアヘン貿易によってかなりの利益を得ていたことを外国側史料は伝えている。[17]

嘉慶初期において広東の当局者の眼に映じたアヘン吸飲および流入の状況は以上のようであった。しかし、このような状況が嘉慶四（一七九九）年前後にとりわけ目立ったり、あるいは大きく変化したりしたわけではない。嘉慶四年の禁令発布はむしろ次にみるような当時の国内政治上の動静とより密接に関わっていたと考えられるのである。

退位後も太上皇帝として事実上の皇帝位にあった乾隆帝は嘉慶四年正月三日に崩御し、ここに嘉慶帝の親政が始まる。[18] 周知のように、親政開始直後の嘉慶帝は、乾隆末以来の権臣和珅を誅殺する。当時、清朝は白蓮教徒の反乱（一七九六―一八〇五年）に苦しんでいたが、親政まもない嘉慶帝は反乱鎮圧に意欲をもやすと同時に、和珅に代表される官界の腐敗を反乱の有力な原因とみなし、官界の綱紀粛正にのり出した。嘉慶四年は嘉慶帝の親政が始まり、伏誅した和珅の犯したとされる大罪が暴かれ、彼の党派とみなされた官僚たちが次々に処罰された年でもあった。[19]

このような情勢のなかで官界には一種の恐慌状態が生まれていたと想像される。[20] これに関連

出典：『香港歴史檔案圖録』 p.14（中國第一曆史檔案館所蔵）

嘉慶帝（1760―1820）像

する両広総督吉慶の動静について、嘉慶四年の『大清仁宗睿皇帝実録』のなかから若干の記事を紹介しよう。

（一）七月辛未の條。英徳県知県陳黄が故意に裁判を遅らせていたことが、新任の広東巡撫陸有仁の調査ではじめて判明した。このため吉慶は議處され、嘉慶帝から「吉慶は自分の田を放りだして他人の田を除草する」ものと叱責を受ける。

（二）八月庚寅の條。吉慶は広西布政使閒嘉言に花翎を賞給するよう懇請したが、悪しき先例を開くものとして裁可されなかった。

（三）九月甲申の條。（当時ベトナムでは阮光纘に対する反乱がおこっていたが）広東に漂着した反乱派の処置に関して、ベトナムの内乱に巻き込まれぬよう慎重に対処せよとの注意を受ける。

以上から、この時期の吉慶に対する嘉慶帝の評価は必ずしも芳しくはなかったことがわかる。そして同年十月二十六日、カントンの外国貿易に関する上諭が吉慶に下されたのである。上諭はおよそ次のように云う。

外国との貿易で少なからぬ銀が中国から流出していると聞いている。しかし、外国の「鐘表」（時計）や「玻瑠」（ガラス）などの「無用」なものと、中国の「有用」なものと交換すれば、中国の富が減少するわけで、これは由々しい問題である。カントンの外国貿易が物々交換で行なわれているのか、あるいは銀建てで行なわれているのかを調査せよ。後者の場合には銀の流出を防ぐ対策を答申せよ。(21)

この上諭に対して吉慶は覆奏し、外国貿易が原則として物々交換でなされ、価格に差額がある場合には「番銀」を用いており、中国の銀、つまり「紋銀」の流出はないと説明した。そして、外国の「無用」と中国の「有用」との交換が中国の富を減ずるという嘉慶帝の意見に同調した上で、中国側が外国商品を「要物」とみなさないことを対策として吉慶は答申した。(22)

この覆奏に対して嘉慶帝は自分が天性として「珍奇」なものを貴ばない人間であることをまず述べた上で、再び「鐘表」の「無用」性に言及し、「自鳴鳥」(自鳴鐘＝時報時計)に至っては「糞土の如し」と決めつける。結論として、外国人による「巧取」の防止、「淳樸の俗」の護持を嘉慶帝は強く命じたのである。(23)

以上、十月二十六日の上諭に始まる嘉慶帝と吉慶の外国貿易に関する遣り取りをみた。吉慶の覆奏とそれに対する上諭は十一月のものだが、何日かはわからない。またそのなかでアヘンには一言も言及されていない。しかし、前述のように十一月十一日にアヘン貿易に対する禁令が行商に伝えられていたことを考慮すれば、この遣り取りが今回の禁令と密接な関係にあったことは間違いない。なぜならば、アヘンこそは「無用」かつ有害で「糞土の如」く、外国人による「巧取」の一大手段、「淳樸の俗」の破壊者だからである。

ところで、のち道光十六(一八三六)年の両広総督鄧廷楨らの上奏に、

　嘉慶四年に迨び、前の督臣、覚羅の吉慶議するに、外夷の泥土を以て、中国の貨銀と易えるは、殊に惜しむ可しと為す。且つ恐るらくは、内地の人民、輾転として伝食し、時を廃して業いを失わんと。販売を許さず、犯す者、擬罪せんことを奏請す。(24)

とある。ここで言及されている嘉慶四年の吉慶の上奏こそ、まさしく今回の禁令を生み出したものであろう。特に「外夷の泥土を以て、中国の貨銀と易えるは、殊に惜しむ可しと為す」の部分は、前述した遣り取りの内容に通ずるものである。

しかし、右の史料によれば、吉慶はアヘン販売に対する処罰を奏請し、アヘン貿易の禁止には言及していない。現実には前者は裁可されず(販売の処罰が加重されるのは道光十九年のこと)、後者が裁可されたのである。

嘉慶四年の禁令の背景および経緯は以上のとおりである。親政開始直後における嘉慶帝の政治に対する意欲的な取り組み、就中、綱紀の粛正を強調する姿勢が官界に時ならぬ緊張感を生みだしていた。その嘉慶帝が外国貿易の現状に注目するに及び、減点続きの吉慶は自己の保身のため、さらには自分の評価を挽回するためにも、「糞土の如き」アヘンの流入を黙視し続けることはできなかった。少なくとも禁止の姿勢を示す必要が彼にはあったと思われるのである。

嘉慶七年、吉慶は博羅県でおきた添弟会の反乱の処置について責任を問われて革職され、ついで自殺した。(25) その際、嘉慶帝は「平日居官操守廉潔」「平日素有廉名」と云い、彼の清廉を高く評価した。(26) また宗室の昭槤によれば、吉慶は両広総督に在籍すること幾んど十年に亘ったにもかかわらず、他の総督経験者と違って一文なしで、机や腰掛も地味でまるで儒者のようであったと言う。(27) 多少割引いて考えなければいけないとしても、このように言われる彼の性格も亦、禁令の発布をもたらした一因と言えなくもないだろう。

さて、嘉慶四年の「外禁」はさしたる実効を伴わなかった。黄埔近辺でのアヘン取引がいくらか阻礙されはしたが、マカオでは以前にもましてアヘン貿易は活発に行なわれ、アヘンの消費量も増え続けたという。(28) そして一八〇四年、東インド会社の管貨人委員会は、禁令がその作者が去ると同時に失効し、再び黄埔でも従来どおりアヘンが取引されるようになっていることを報告した。(29) 禁令の作者、つまり吉慶は前述のように嘉慶七年十一月二十三日（一八〇二・十二・十七）に革職され、ついで自殺したのである。

最後に、「外禁」と行商（保商）の関係について若干述べておきたい。既述のように、当時、カントンに来航した欧米船は行商のいずれか一人を保商に立てなければ貿易できなかった。また保商は外国貿易に関わる一切を責任持って請負わされていた。したがって今回の禁令も行商を介して外国側へ伝えられ、外国船が違反した場合に結局責任を問われるのはまず行商である。実際には、僅かな例外を除いて行商はアヘンを取り扱わなかったのだが、かかる制度の下で禁令によって一番苦しい立場に置かれるのは彼ら行商だったのである。[30]

ところで、梁嘉彬氏が明らかにしたところによれば、当時の粤海関監督佶山は行商、就中、総商の同文行潘致祥と対立関係にあった。[31] このような場合、アヘン禁令の存在は粤海関監督にとって行商を圧迫する有力な武器となりうる。嘉慶四年の禁令において、実際そういうことがあったかどうかは確かめることができないが、その可能性は充分あったろう。それはともかく、アヘン禁令が現実に果たした役割にはそういう側面もありうるという問題の複雑さを指摘しておきたい。

第二節　嘉慶十二年の「外禁」

嘉慶十二年十一月二十一日（一八〇七・十二・十九）、粤海関監督常顕はアヘン貿易に対する禁令の遵守を再び行商に命じ、「外禁」を実施した。この禁令は嘉慶四年のものとほぼ同じ内容であるが、（一）外国船はカントン入港前に臨検を受けること、（二）アヘンは没収、焼却すること、（三）違反した場合、保商のみならず、通訳、外国人も処罰の対象となること、の三点は新しいものである。[32]

常顕の云うところによれば、今回の禁令再申は皇帝の上諭に従って広東の督撫が彼に命じたものであった。当時、両広総督は呉熊光、広東巡撫は孫玉庭である。

さて、今回の禁令はその約一ヶ月前に提出された御史鄭士超の上奏（嘉慶十二年十月二十六日受理）が直接の契機となって再申されたのである。鄭士超、字は卓仁、広東省連州直隷州陽山県の人、乾隆六十年の進士、当時は浙江道監察御史の職にあった。嘉慶十年、彼は「修墓建祖祠」のため休職帰郷したが、その時の見聞に基づいて今回の上奏に及んだのである(33)。

まず彼は、広東省の現状を「各府州県、盗賊充斥し、奸宄横行す。風俗敗壊し、民生窮蹙す」と云い、その原因を「地方官肯えて認真に整頓せず」という点に求めた。そして、(一) 海盜、(二) 会匪、(三) 賭博、(四) アヘン、(五) 包攬・浮収の五つを広東省における重要課題として提起したのである(34)。

他の四点について今は省略に従い、四番目のアヘン問題について彼の主張に耳を傾けてみたい。彼はまず云う。

鴉片烟は乃ち淫薬の一種にして、害を為すこと尤も烈し。例禁昭然なれば、豈に藐玩を容さん。近者、省城の内外、公然と烟館を開設し、工商士庶、靡然として風を成す。宴会すれば則ち之を以て客を款し、嫁娶すれば則ち用て妝奩と作す。廉恥喪尽するは、痛心を為す可し。現に閩粵より各省に延及し、以て京城内外に至るも亦た均しく私販・私銷の処有り(35)。

禁令にもかかわらず、広東の省城内外ではアヘン窟が公然と開設され、工・商・士・庶を問わずアヘン吸飲の習慣に染まっていた。宴会ではアヘンで客をもてなし、嫁入り道具にまでアヘンを入れる有様であった。そして、アヘンは福建、広東より他省へも拡がり、都の北京においてすら密売されていた。

鄭士超はアヘン流行の実態をこのように述べ、ついでその原因に説き及ぶ。

粵海関監督、洋船の貨物を稽査するは、是れその専責なり。聞くに、該処の把口の書役人等、遞年、坐に私税を抽し、千に盈ち万を累ぬ。因りて擅に放ちて入関せしめ、直行するも阻む無しと。該監督も亦た陋規を収受し、通同して放縦するの情弊無きを保し難し。[36]

広東各関口の書吏、衙役らが私税を取り（収賄し）、アヘンの流入を黙過していると聞いている。外国船の貨物を検査する責任のある粤海関監督も収賄して結託し、このような状態を看過していることはないと言い切れない。つまり彼は粤海関監督以下の官僚層による収賄、黙認こそがアヘン流行の原因であると主張したのである。最後にアヘン対策として、粤海関監督が自らの姿勢を正して真面目に防止に努め、僅かな流入も許さないようにすること、もし内地でアヘンの密売買事件が発覚したら、監督を行政処分すると同時に、監督以下の官吏に収賄などの事実があったかどうかを厳しく調査することを彼は奏請したのである。[37] なお付言すると、鄭士超は他の四つの課題でも同様に広東省における官僚層の綱紀紊乱を弾劾している。

鄭士超の上奏に対する上諭は彼の提起した問題をまず「広東省における吏治の廃弛」と総括し、そのことは「朕、早に聞く所あり」と述べる。また「鄭士超、籍は広東に隷す。また新たに本籍従り京に到れば、見聞自ら確かならん。所有る奏上せる五条は、倶に時弊を切中するに属す」と云って、彼が提起した五つの問題の正確さと切実性を高く評価した。[38] そしてアヘン問題については、

これ事の小なる者に属すと雖も、然れども地方の風俗に於て、殊に関繫有り。該省並えて実力に査禁せず。積習因循し、毫も整頓無きを見る可し。著して即ち一律に厳拏し、法を按じて懲治せしめ、並びに粤海関監督に責令し、洋船、口を過ぐる時に於て、稽査杜絶し、透漏を許して咎を干すこと毋からしめよ。[39]

と云う。ここでまず注目すべき点は嘉慶帝のアヘン問題に対する認識である。彼にとってアヘン問題は小さな問題だが、地方「風俗」との関係では放っておけないものであった。当時嘉慶帝を含む清朝上層部がこのようにアヘン問題を認識していたことは、問題の早期解決を遅らせ、さらには悪化への途を許したひとつの、しかし大きな原因であったと言わなければならない。

次に、嘉慶帝は禁令の遵守に加え、外国船が関口を通過する際に臨検してアヘンの流入を防止するよう粤海関監督に命じている。今回の禁令に外国船の臨検が新たに追加されたのはこの上諭に従ったものであろう。

上諭は最後に呉熊光、孫玉庭の広東督撫を叱責し、鄭士超が問題提起した各条について明白に回奏するよう二人に命じた(40)。

呉熊光らの覆奏は嘉慶十二年十二月七日に受理された。アヘン問題に関する覆奏の詳細は明らかでないが、この点に対する上諭には(41)、

該督等、現に已に通行して飭禁す。

とあるので、呉熊光らカントン官僚は上諭に従って禁令を再申したのである。日時の点からみて、それこそが今回の禁令であったと考えて差し支えないだろう。

以上、嘉慶十二年における「外禁」実施の経緯を跡づけた。今回の「外禁」は広東省出身の御史鄭士超の現地見聞に基づく上奏に端を発した。彼が提起した五つの問題はいずれも広東省の吏治廃弛に関わるものであった。アヘン問題もそれとの関連で取り上げられ、彼は特に粤海関監督以下税関官吏の収賄、黙認という腐敗を指摘し、それへの対処を要請したのである。

これに対して嘉慶帝は禁令を遵守してアヘンの流入を防止するよう粤海関監督に命じたが、鄭士超が提案した収賄などの事実調査にはなんら言及しなかった。御史が糾弾した粤海関監督の収賄を皇帝が深く追及しないという事例は、のち道光初めにもある。(42)それに関連して既に指摘されたように、粤海関の収賄に対する糾弾を皇帝が深く追及しないことは「粤海関監督が実際には皇帝が賄賂を収受するためにカントンに駐在させた一人の奴才」(43)であったことを前提にしなければ理解に苦しむ点である。

次に、広東省出身者ではあったが、中央政府の御史によってアヘン問題が取り上げられたこと、また都の北京におけるアヘンの密売が指摘されたことは注目すべきだろう。(44)このように、アヘン問題は次第に北京を含む全国的規模の問題として浮上し始めていたわけだが、嘉慶帝はじめ清朝上層部は依然としてこれを広東・福建など東南沿海地方の「風俗」問題として、しかも小さな問題としてしか認識していなかったのである。

第三節　嘉慶十四年の「外禁」

嘉慶十四年六月二十日（一八〇九・八・十七）両広総督兼粤海関監督百齢はアヘン貿易に対する禁令の遵守を行商に命じ、「外禁」を実施した。今回の禁令もその内容は先行する嘉慶四年、十二年のものとほぼ同じである。新しい部分は（一）違反船はカントンから追放して貿易を許さないこと、（二）保商は保証する外国船がアヘンを積んでいないという誓約書を総督と監督に提出すること、の二点である。(45)

さて、今回の「外禁」は前年におきたイギリス遠征軍のマカオ占領事件と密接に関連していたと考えられる。

中江健三氏の研究[46]によりながら、次にこの事件の概要を述べておこう。

一九世紀初め、ヨーロッパはナポレオン戦争の最中にあったが、英仏間の戦争は極東にまで波及した。すなわち、ポルトガルが特別居住権を得ていたマカオをフランスの攻撃より保護するとの名目でイギリスはマカオの占領を企図したのである。まず嘉慶七（一八〇二）年にイギリスは第一回の遠征軍を送ったが、清朝、ポルトガル人の反対をうけ、マカオ上陸を果たせなかった。ついで嘉慶十三（一八〇八）年にはドルリー提督の指揮する第二回目の遠征軍が派遣され、同年八月二日にマカオに強制上陸した。これに対して両広総督呉熊光が貿易の停止をもって対抗したため、イギリス軍は約六ヶ月後にマカオから撤退したのである。

以上が事件の概要である。中江氏によれば、嘉慶十三年のマカオ占領は主に東インド会社管貨人委員会の首席管貨人J・W・ロバーツの計画によって遂行され、その商業的目的はアヘン貿易の根拠地マカオを獲得することにあったという[47]。

ところで、アヘン貿易との関連でマカオについて考えるとき、マルワ・アヘンに言及しないわけにはいかない。東インド会社の専売制下にあるベンガル・アヘンに対して、マルワ・アヘンは会社の支配下に組込まれていない中央インドやラージプト地方で生産されるアヘンで、主にポルトガル人によってボンベイやポルトガル領の港（ゴアやダマーン）から積み出されていた[48]。

一八〇四年、東インド会社管貨人がベンガル・アヘンの競争相手としてマルワ・アヘンの存在に注目した結果、翌年に東インド会社はボンベイからカルカッタへ向かうポルトガル船に重税を課し、マルワ・アヘンの積み出しを事実上禁止した。これに対抗して、マカオのポルトガル当局はポルトガル船以外で運ばれてくるアヘンのマカオへの陸揚げを禁止したのである[49]。

マルワ・アヘンの存在がその後も東インド会社を悩ましたことについては、既に序章で述べたとおりである。ともかく、当時アヘン貿易をめぐって東インド会社とマカオのポルトガル当局は競争関係にあったのである。この意味からも、イギリスがマカオの占領を企図した商業的目的をアヘン貿易に求める中江説は妥当と言えるだろう。

第三節　嘉慶十四年の「外禁」

さて、両広総督呉熊光はこの事件の責任を問われて嘉慶十三年十一月二十一日に革職され、後任には広東巡撫の永保が選ばれた。(50) しかし彼が急に病死したため、山東巡撫であった百齢が嘉慶十四年正月七日（一八〇九・二・二十）に両広総督に任命されたのである。(51)

ところで、百齢はこれに先だち、嘉慶九年十一月二十九日から十年六月八日（一八〇五・七・四）の約半年間、広東巡撫の職にあったが、ある地方貿易商人のカントン発の手紙（一八〇五・七・二十六付）によると、「現在の巡撫は非常に厳しいので虎門内で〔アヘンを〕売ることは不可能であった」(52) という。百齢は西暦七月四日の上諭で広東巡撫から湖広総督へと昇任したが、(53) これはあくまでも上諭が下された日付であり、七月二十六日付の手紙が云う「厳しい巡撫」とは百齢を指したとみるべきだろう。そうだとすれば、百齢の広東巡撫在任中にアヘン禁令はある程度効力を発揮していたわけである。

およそ三年半ぶりに百齢は総督として再びカントンに赴任してきた。かつて巡撫離任の際にカントンの「士民は道を遮って肩輿を留めて」(54) 彼の離任を惜しんだが、今度は「百青天がやってきた」(55) と云って歓迎したという。

任命の経緯から当然予想されるように、百齢にとって最初の仕事は、呉熊光の対応如何を含むマカオ占領事件の調査、およびその後始末であった。また彼は嘉慶十四年四月から九月まで粤海関監督を兼職した。(56) その間の六月二十日に今回の禁令再申を行なったのである。

既に広東巡撫在任中にアヘン禁令を実行していた彼のことであるから、両広総督に任命され、しかも粤海関監督を兼ねたこの時期に禁令を再申したことは自然なことかもしれない。しかし、当時はマカオ占領事件の直後であり、呉熊光の革職に関連して嘉慶帝から「各省封疆の大吏、守土は是れその専責なり。遇ま外夷に関渉するの事有れば、尤も当に立時親往して勘辦し、務めて妥協に臻るべくんば、方めてその職を忝すこと無からん」[57]との注意を受けたばかりであったことこそは、百齢が「華夷交易章程」を酌定したこと（嘉慶十四年四月二十日上奏）[58]に加えて、アヘン禁令の再申にも及んだ直接の契機であったと言えよう。

以上、嘉慶十四年に実施された「外禁」の背景をイギリス軍のマカオ占領事件との関連のなかで考えた。ところで、今回の「外禁」についてはモース氏の興味深い推測があるので、次に紹介しよう。

マカオ占領事件の影響で東インド会社が中国へ輸送した錫が売れ残っていたが、やっと一八〇九年三月十九日に麗泉行潘長耀の保証でアルメニア人バブームに売れた。代金は数カ月後にマカオで紋銀で支払われる約束だったが、六月末に銀五万四千両が支払われただけで残金は翌年になっても支払われなかった。この錫の購入はもとアヘン投機と密接に絡んでいたが、百齢が禁令を再申したためにアヘン投機が思わしくなかったので、結局残金の不払いを招いたという。そして、この禁令再申こそは潘長耀とバブームに錫の独占的取引を奪われた行商たちがその仕返しのために百齢を焚きつけて出させたものである可能性があるというのである[59]。

モース氏もこの件について詳細はわからないと述べており、右の話はあくまでも推測の域を出ない。しかし、もし事実だとすれば、アヘン禁令が行商によって商取引上の競争に利用されたという一面を窺いうるものとして興味深い。

今回の「外禁」もアヘン貿易にはたいした障害とならなかったようである。保商が義務づけられたアヘンを積んでいないという誓約書の一件も空文となってしまったという。[60]その主な原因は相も変わらず官界の腐敗にあったと思われるが、禁令再申の当人百齢が総督着任以来、当時東南沿海地方における最大の問題であった海賊問題に忙殺され続けたことにもよっていたのではなかろうか。[61]

最後に、今回の「外禁」実施と同じ日に百齢が紋銀と金の流出を禁止する命令を行商に出していたことについて触れておきたい。[62]

まずこの二つの禁令が同日にいわばセットとして出されたことは、オーウェン氏も指摘したように、[63]清朝当局者がアヘン貿易によって紋銀と金が流出しているという事態を想定していたことを意味する。第一節で触れ、また百齢自身も言及したように、[64]かかる事態は嘉慶四年の「外禁」実施当時において既に問題とされていたのである。

周知のように、一八二七年ごろを転換点として中国の外国貿易は輸入超過となり、それに起因する銀の流出が始まる。[65]したがって、この時点では入超による銀の流出はまだなく、またアメリカ商人のもたらす銀が流入していた。[66]しかし、必ずしもアヘン貿易だけによるものではないにせよ、個々のケースとしては紋銀は密かに輸出されていたのである。[67]

このように事実は清朝当局者が想定したほど単純ではなかったが、一九世紀初めにおいて紋銀と金の流出がアヘン貿易との関連のなかで認識され始めていたことは注目に値しよう。

おわりに

以上、嘉慶四年、十二年、十四年に実施された「外禁」政策について検討したが、本章で明らかにされた点について整理しておこう。

「外禁」政策が実施される場所は当時唯一の開港場であったカントンである。三つの「外禁」はいずれも行商を介して外国側へ伝達された。禁令は違反船の保商にならないよう命じ、それに従わなかった場合には処罰すると云う。十四年の「外禁」に至ってはアヘンを積んでいない旨の誓約書を提出するよう保商に命じている。

このような保商制度の下では、「外禁」政策は誰よりも行商（保商）の肩に重くのしかかった。その程度は官僚による禁令運用の仕方次第で増減しただろうが、官僚は禁令で行商を圧迫することも容易だったに違いない。少なくとも四年の「外禁」はそういったケースであった可能性がある。行商がカントン官僚の恣意的需索によりその発展を阻害されたことは既に指摘されたところである(68)。「外禁」政策はかかるカントン官僚による恣意的需索の強力な武器となりえたのである。

しかし、行商を全くの被害者扱いにすることも性急すぎるかもしれない。十四年の「外禁」に関するモース氏の推測が正しければ、行商の方でも禁令を商取引上の手段として利用していたことになるからである。いずれにせよ、ここでは、「外禁」がその本来の目的とはおよそ無縁な役割を負わされうることを確認しておきたい。

次に、禁令発布の経緯から明らかなように、三つの「外禁」は、アヘン貿易を禁止しなければならないという現状認識から積極的に実施されたというよりも、むしろ両広総督の自己保身的理由から消極的に実施されたのである。もともと消極的理由から実施された「外禁」に積極的効果が約束されるはずはない。いずれの「外禁」もアヘン貿易を禁止するという本来の目的をほとんど果たすことができず、かえって関係者によって恣意的に運用された可能性の方が強かったのである。

「外禁」実施の経緯とも関連するが、官僚層の腐敗が「外禁」政策を空文化した。とりわけ御史鄭士超がやや遠慮がちに弾劾した粤海関監督の腐敗は、「外禁」政策の空文化を決定的にした。しかし腐敗していたのはなにも粤海関監督だけではない。当時の官界一般に構造的腐敗が巣喰っていたことは既に周知のとおりである。(69) アヘン貿易はかかる官界一般の腐敗に乗じて発展し、それがまた腐敗を助長したと言うべきだろう。

また、アヘン貿易の発展を支えた多数の下層民の存在を考慮に入れるならば、当時の社会矛盾の一表現としてアヘン問題を把握する視角も必要である。就中、広東省の場合には、抗租・抗糧闘争という他地域と共通する問題に加えて、海賊、会党、客家、華僑、苦力、蛋民、械闘、漢奸などの問題が既に指摘されている。(70) これらが社会矛盾の具体的表現として相互に密接に関連していたことは言うまでもないが、アヘン問題もまた、かかる視野のなかで理解されねばならない。

このように観てくるならば、アヘン問題は広東、福建における「風俗」上の小さな問題では決してなかった。しかし、そうとしか認識できなかった清朝政府は空文に等しい「外禁」政策を繰り返すだけで有効的に対応することができなかった。他方、東インド会社のアヘン政策に支えられてアヘン貿易は着実に発展し、アヘン問題もより深刻化の様相を呈していくのである。

注

（1）于恩徳『中国禁煙法令変遷史』中華書局、一九三四年、一六頁。
（2）D. E. Owen, *British Opium Policy in China and India*, New Haven: Yale University Press, 1934, pp. 54-58.
（3）*Ibid*., pp. 52-53.
（4）衛藤瀋吉「アヘン戦争以前における英国商人の性格」同『近代中国政治史研究』東京大学出版会、一九六八年、九七頁（原載『東洋文化研究所紀要』第三冊、一九五二年）。
（5）矢野仁一「支那の鴉片問題」同『近代支那の政治及文化』イデア書院、一九二六年、四〇一―四〇二頁。
（6）同右、四〇三頁。
（7）H. B. Morse, *The International Relations of the Chinese Empire*, vol. 1, *The Period of Conflict, 1834-1860*, London: Longman, Green & Co., 1910（以下、Morse A と略記）, p. 173.
（8）矢野前掲論文、三九八頁。
（9）同右、三九二―三九三頁。
（10）新村容子氏は「アヘン輸入禁止令は、雍正七年に始まる」と主張される（同『アヘン貿易論争――イギリスと中国』汲古書院、二〇〇〇年、二〇頁）。新村氏も指摘するように、雍正七年の禁令ではアヘンの上陸を防げなかった海関監督の「失察處分」が規定され、また、この禁令に対応してイギリス東インド会社も会社船にアヘンの中国への持ち込みを禁止し、さらに、後述する嘉慶四年の禁令においてアヘンは以前から交易が禁止されていたと述べられていることから判断すれば、アヘン貿易は事実上、禁止されていたと考えられる。しかし、雍正七年の禁令そのものはアヘンの国内販売とアヘン窟経営を対象とする禁令であり、筆者の分類に従えば、「内禁」に相当する。諸禁令における用例から判断すると、禁令中の「興販鴉片煙」とは、あくまでも「国内におけるアヘン販売」を指し、新村氏のようにアヘンの輸入も指すとするには無理がある。本章で明らかにするように、清朝が正式にアヘン輸入を禁止したのは、つまり正式な「外禁」は嘉慶四年の禁令が最初であると考えられる。
（11）Owen, *op. cit*., p. 62. なお、序章でも触れたように、イギリス政府は条約締結を主たる目的として一七九三年にマカートニー使節団を中国へ派遣したが、その際、首席全権のマカートニーには、アヘン貿易に関する訓令が与えられていた。その訓令のなかでイギリス政府は、茶貿易の安定的継続を最優先して、清朝側からアヘンの輸出禁止をはっきりと要求された場合には、それに従うよう指示していた。しかし実際には、清朝側はアヘン問題を持ち出さなかったのである。H. B. Morse, *The Chronicles of the East India Company trading to China 1635-1834*, Oxford : Clarendon Press, 1926（以下、Morse B と略記）, vol. Ⅱ, p. 239, Appendix G. 田中正俊「中国社会の解体とアヘン戦争」同『中国近代経済史研究序説』東京大学出版会、一九七三年、一三九頁。坂野正高「解説」マカートニー著・坂野正高訳注『中国訪問使節日記』〈東洋文庫〉平凡社、一九七五年、三一三頁。

(12) Morse B, vol. Ⅱ, p. 316.

(13) *Ibid.*, vol. Ⅱ, pp. 344-346, Appendix M.

(14) *Ibid.*, vol. Ⅲ, p. 74, Appendix S.

(15) *Ibid.*, vol. Ⅱ, pp. 344-345, Appendix M.

(16) *Ibid.*

(17) *Ibid.*, vol. Ⅱ, p. 316.

(18)『大清仁宗睿皇帝実録』（以下、『仁宗実録』と略記）、嘉慶四年正月壬戌の條。

(19) 蕭一山『清代通史』（修訂本）台湾商務印書館、一九六二年、巻中、二六〇—二七〇頁。鈴木中正『清朝中期史研究』愛知大学国際問題研究所、一九五二年、一八〇—一八二頁。

(20) 洪亮吉が「極言時政啓」で官吏の腐敗を弾劾し、帝の激怒を買って伊犂に流されたのも嘉慶四年のことである。鈴木前掲書、三六頁。

(21) 清代外交史料、嘉慶朝、第一冊。

(22)『仁宗実録』、嘉慶四年十一月、是月の條。

(23) 同右。

(24) 中国第一歴史檔案館編『鴉片戦争檔案史料』第一冊、天津古籍出版社、一九九二年、二〇五—二〇六頁。

(25)『仁宗実録』、嘉慶七年十一月庚寅の條。同、十二月癸丑の條。

(26) 同右、嘉慶七年十二月癸丑の條。

(27) 国朝耆献類徴初編、巻三十五。
(28) Morse B, vol. II, p. 365.
(29) *Ibid.*, p. 430. Owen, *op. cit.*, p. 64.
(30) Morse B, vol. II, p. 78. M. Greenberg, *British Trade and the Opening of China, 1800-42*, Cambridge: The University Press, 1951, p. 110. 梁嘉彬『広東十三行考』上海商務印書館、一九三七年、十一頁。
(31) 梁前掲書、一一八—一二一頁。
(32) Morse B, vol. III, pp. 74-75, Appendix S.
(33) 碑伝集、巻五七、呉応逵「監察御史鄭公伝」。
(34) 同右。
(35) 同右。
(36) 同右。
(37) 同右。
(38) 『仁宗実録』、嘉慶十二年十月甲午の條。
(39) 同右。
(40) 同右。
(41) 『仁宗実録』、嘉慶十二年十二月甲戌の條。
(42) 来新夏「鴉片戦争前清政府的〈禁烟問題〉」列島編『鴉片戦争史論文専集』三聯書店、一九五八年、九二頁（原載『南開大学学報』一九五五年第一期）。
(43) 同右、九一頁。なお、寺田隆信「清朝の海関行政について」『史林』第四九巻第二号、一九六六年、一〇三—一〇五頁を参照。
(44) 田中正美「危機意識・民族主義思想の展開——アヘン戦争直前における」野沢豊他編『講座中国近現代史』一、東京大学出版会、一九七八年、五六頁を参照。

（45）Morse B, vol.Ⅲ, pp. 127-128, Appendix U.

（46）中江健三「嘉慶年間の澳門占領について」（一）（二）（三）『歴史学研究』第九巻第一二号、第一〇巻第一～三号、一九三九—四〇年。

（47）同右（二）、一〇七—一一一頁。

（48）Owen, *op. cit.*, p. 69.

（49）*Ibid.*, pp. 69-70. Greenberg, *op. cit.*, p. 114.

（50）『仁宗実録』、嘉慶十三年十一月壬午の條。

（51）同右、嘉慶十四年正月丁卯の條。

（52）Greenberg, *op. cit.*, p. 117.

（53）『仁宗実録』、嘉慶十年六月庚申の條。

（54）国朝耆献類徵初編、巻三十五、張維屏撰「百齢伝」。

（55）（光緒）広州府志、巻八十一、「前事略」七。

（56）粤海関志、巻七、「設官・職官表」。

（57）『仁宗実録』、嘉慶十四年四月戊午の條。

（58）清代外交史料、嘉慶朝、第三冊。

（59）Morse B, vol. Ⅲ, pp. 106-107.

（60）Owen, *op. cit.*, p. 66.

（61）勝田弘子「清代海寇の乱」『史論』第一九集、一九六八年、四三—四五頁。

（62）Morse B, vol. Ⅲ, pp. 128-129, Appendix U.

（63）Owen, *op. cit.*, pp. 66-67.

（64）Morse B, vol. Ⅲ, p. 129.

（65）Chang Hsin-pao, *Commissioner Lin and the Opium War*, Cambridge, Massachusetts: Harvard University Press, 1964, p. 40.

(66) 百瀬弘「清代に於ける西班牙弗の流通」同『明清社会経済史研究』研文出版、一九八〇年、八四―八七頁（原載『社会経済史学』第六巻第二号、一九三六年）。Owen, *op. cit.*, p. 67.
(67) Morse B, vol. Ⅲ, p. 102.
(68) 梁前掲書、一一三頁。佐々木正哉「粤海関の陋規」『東洋学報』第三四巻第一・二・三・四号、一九五二年。
(69) 湯象龍「十八世紀中葉粤海関的腐敗」『中国近代史論叢』第一輯第三冊、正中書局、一九五六年（原載『人文科学学報』第一巻第一期、一九三二年）来前掲論文、九一―九六頁。鈴木前掲書、四六―五二頁。田中前掲論文、五三―五四頁。
(70) 勝田前掲論文。前田勝太郎「清代の広東における農民闘争の基盤」『東洋学報』第五一巻第四号、一九六九年。可児弘明『近代中国の苦力と「豬花」』岩波書店、一九七九年。田中正美「阿片戦争前における「漢奸」の問題」『東京教育大学文学部紀要』第四六号（史学研究）、一九六四年、など。

第二章　「外禁」優先と「カントン・アヘン」論の誕生

はじめに

嘉慶期前半、アヘン問題を広東、福建二省における「風俗」上の小さな問題と認識し、当時唯一の開港場カントンでアヘンの流入を防止するため、嘉慶四、十二、十四の各年に「外禁」政策を実施していた清朝は、嘉慶後期に入ると、アヘン問題がすでに深刻化していることに、つまり小さな問題ではないことに気づき、嘉慶十八（一八一三）年七月、アヘン吸飲者に対する刑罰を初めて制定するという「内禁」政策を打ち出すのである。すなわち、同年、首都北京において、しかも一般民間人のみならず、「侍衛・官員等」もアヘンを吸飲しているという実態が明らかになったことを受けて、刑部の検討(1)を経て、アヘン吸飲に対する刑罰が初めて定められた。その内容は民間人の場合、杖一百・枷号一カ月であり、「侍衛・官員等」の場合は「革職」の上、杖一百・枷号二カ月である(2)。なお、刑部の提案を裁可した上諭で特に「太監」（宦官）の吸飲者については「立ちどころに査拿を行ない、枷号両個月、黒龍江に発往して該処の官員に給し奴と為す」こととされた(3)。

こうして、ここに「内禁」「外禁」併用時代が始まるのである。しかし、「内禁」が併用されたとはいえ、清朝のアヘン政策は基本的にはやはり「外禁」であった。すなわち、アヘン吸飲に対する刑罰の原案を提案した上奏(4)で刑部は、

再らに、内地の鴉片煙、未だ浄絶する能わざるは、皆な各海関、査察疏懈の致す所に由る。政は源を清くす

るを貴ぶ。応に請うらくは、沿海の各督撫及び各海関監督に勅交し、遇ま海船進口すること有れば、認真に捜査し、犯すこと有れば必ず懲らすべし。

と云い、「外禁」の重要性に言及することも忘れていない。また、嘉慶十九年五月四日の上諭(5)において、

其の来源を杜ぐは、之を内地で紛紛と査拏するに較べ、実に事半ばにして功倍すと為す。

との判断を示して、清朝は「来源を杜ぐ」=「外禁」を、「内地で紛紛と査拏する」=「内禁」に優先させたのである。

以下、本書で明らかにされるように、アヘン吸飲の刑罰を定めた嘉慶十八(一八一三)年からアヘン戦争まで清朝は「外禁」と「内禁」を併用することになるが、その間、ほぼ一貫して「外禁」政策を優先した。そして、その理由は前述したカントン体制にあったと考えられる。

すなわち、既に序章で述べたように、現実のカントン体制とは、欧米船の来航をカントン一港に限定し、そこでの貿易をカントン官僚と行商(保商)によってヒトとモノの両面から管理しようとする貿易管理体制であった。したがって、アヘンというモノを管理しようとする、すなわち、この場合は禁止しようとする「外禁」政策は、カントン体制から必然的に導き出された政策と言うことができる。

清朝の本格的なアヘン禁止政策が嘉慶四年に「外禁」政策で始まり、嘉慶十八年から「内禁」政策を併用することになっても、ほぼ一貫して「外禁」政策を優先させたことは、アヘン戦争前の清朝がカントン体制の護持を対欧米政策の基本としていたことを物語っている。

第一節　「査禁鴉片煙章程」の制定

さて、清朝は嘉慶十五年、十六年、前掲の十九年と、しばしば上諭を発して「外禁」政策の励行を命じた。[6]また嘉慶十九（一八一四）年以来、清朝の対外関係は次第に緊張の度を高めていた。[7]そのような背景のなかで、嘉慶二十年に「外禁」政策として「査禁鴉片煙章程」（以下「章程」と略記）が制定される。次に、従来明らかにされていなかった「章程」制定に至る経緯をまず解明することにしたい。

「章程」は、嘉慶二十（一八一五）年にマカオでおきたアヘンに関連する事件（以下「マカオ事件」と呼ぶ）を直接の契機として制定された。マカオ事件を伝える史料はほとんどが外国側、具体的にはイギリス東インド会社（以下「東インド会社」と略記）の記録である。管見の限りでは、清朝側の史料は非常に少ない。したがって、東インド会社の記録に主に依拠しながらマカオ事件の全貌を可能なかぎり明らかにしていきたい。

当時、外国側に流布していた情報によれば、かつて海賊の首領で、その頃アモイ近海の水師長官であった「アポツ」（Apotsi）がマカオのアヘン業者を告発したことがそもそも事件の発端であった。以前の経験からアポツはアヘン貿易の実態に精通していたが、利益を得るために何隻かのアヘン密輸船の拿捕に踏み切った。逮捕者への訊問の結果、マカオにおけるアヘン元締グループの存在が浮上した。そして、このアポツ情報は閩浙総督から両広総督へ伝達されたのである。[8]

右の外国側情報が云うアポツとは張保（仔）のことと思われる。張保は嘉慶十四〜十五年、広東沿海を荒らし回った海賊の首領で、十五年二月に両広総督百齢に投降した。[9] その後、彼は水師に職を得て、マカオ事件の五年後、嘉慶二十五年二月二十七日の時点で福建省澎湖協水師の副将であったことが確認できる。[10] 因みに、彼はアヘン吸飲の常習者であったという。[11]

さて、福建情報に基づいて一八一五年春、「チョ・ミィ・クワ」（Choo-mie-Kwa、後出の清朝側史料によれば「朱梅官」のこと）ら、マカオの主なアヘン業者六人が逮捕された。マカオを管轄する香山県の役人は釈放する代金として八万ドルを要求したが、彼らは拒否した。そこで彼らは広州府へ移送され、苛酷な拷問によってアヘン販売の事実を自白させられたのである。[12]

東インド会社の記録が伝えるマカオ事件の内容は以上のとおりである。ところで、この事件は両広総督蒋攸銛（嘉慶十六年九月二十日〜二十二年九月十二日在職）によって上奏されていた。[13] また、東インド会社の記録にも彼の上奏がほぼ同内容で残されているが、清朝側史料の方がやや詳しい。この上奏は事件について次のように報告している。

朱梅官（朱作寧）らは嘉慶十九年三月以来、布匹や茶を持ってマカオへ行き、ポルトガル人アントニー（晏哆唎、Antony）の胡椒や海参と交易したが、アントニーは朱梅官に対して洋銀三千四百八十ドルの借りを作った。アントニーは嘉慶十九年九月末に帰国の予定で、彼が乗り込む船は既に香山県外の海上に停泊していた。そこで朱梅官が不足額の返済を求めると、アントニーはたまたま居合わせたポルトガル船のある船長に借金を申し出た。その船長はカネはないがアヘンならあると云い、結局、朱梅官はアヘン百二十個（一個の重量は約二斤七、八両）を受け取った。しかし、禁制品の荷揚げを恐れた彼は、たまたま小舟で通りかかった見知らぬ連中にアヘンを売却して三千八百四十ドルを得た。[14] なお、マカオ事件の結末として、「朱梅官等、著して革職せしめ、先ず事を犯すの地方に於て、枷号すること一箇月、満つるの日、黒龍江に発して苦差に充当せよ」[15]との処分・処罰が行なわれた。

以上が、中外双方の史料が伝えるマカオ事件の顛末である。この事件はマカオにおけるアヘン業者の大物を逮捕した事件であったが、両広総督蔣攸銛の事実を歪曲した上奏により、結局は瑣細なアヘン密売買事件として処理された。しかし、マカオ事件を契機にアヘンをめぐって事態は動きだし[16]、その結果、「章程」の制定が蔣攸銛によって奏請され[17]、嘉慶二十年三月二十三日の上諭で裁可されたのである[18]。

さて、嘉慶前期に発布された一連の禁令と同様に「章程」も、アヘン貿易を禁絶しようという積極的動機というよりも、むしろマカオ事件で動き出した事態に対する両広総督蔣攸銛の自己保身的な動機によって提案・制定されたと言えるだろう。マカオ事件を歪曲して上奏するという彼の行為がそのことを如実に物語っている。香山県の役人が釈放金八万ドルを要求したことと合わせて、「外禁」政策をめぐるカントン官僚の実態を垣間見た思いがする。

さて、「章程」の内容は既に明らかにされているが[19]、その要点を記すと、(一)マカオに入港するポルトガル船は荷揚げにさきだち清朝官憲の臨検を受け、アヘンを積んでいた場合にはその船による一切の貿易を禁じて退去せしめること、(二)アヘン禁令に関わる「議處」と「議敍」、すなわち行政上の処分と賞功の制定、の二点である。(二)については後述に譲り、まず(一)について考察しよう。

アヘンの取り締まりのためにマカオに入港するポルトガル船を臨検することは、明らかに「外禁」政策の強化を意味した。ところで「章程」はなぜマカオのポルトガル人を対象として限定したのだろうか。もちろん、直接の原因はマカオ事件である。しかし、当時の情勢を注意深く視野のなかに入れたとき、「天主教」、すなわちカトリック教の問題がそこに微妙な影を落としていたことに気づくのである。

嘉慶十六年の大禁圧以来、すでに「邪教」視されていた天主教に対する取り締まりは、嘉慶十八年の天理教徒の反乱を契機にますます強化された。[20] 嘉慶十九年二月、給事中李可蕃は広東における天主教の存在を告発したが、[21] これに対する上諭に、[22]

香山の嶴門一帯に至りては、地、外洋に迫り、夷人寄居の所為り。近ごろ復た天主教を伝習す。之を久しくすれば、亦た恐るらくは患を滋くせん。[23]

とあり、「嶴門」、すなわち澳門《マカオ》が天主教との関連で注意されている。この上諭で命ぜられた両広総督蒋攸銛の覆奏はその内容を詳らかにしえないが、それに対する上諭に、

天主教は本より外洋自り伝わる。該夷人、嶴門に居住し、自ら其の教えを習うは、原より必ずしも過問せざる可し。惟だ該夷人、若し内地の民人に向かいて伝授すれば、則ち其の煽惑して毒を流すを恐る。此れ厳切に申禁せざる可からず。一たび査出を経たれば、但に内地習教の人を将て、律を按じて懲辦するのみならず、其の伝教の西洋人も亦、一併に厳懲せよ。[24]

とあり、マカオおよびそこに居住するポルトガル人を天主教流布の元凶とみなしていた。

そして、天主教とアヘンは結びつけられて問題とされることになる。すなわち、前掲の嘉慶十九年の上諭は、「内禁」より「外禁」の方が有効であることを指摘した後、すぐに「再に天主教は倫理を絶滅すれば、乃ち異端にして害の尤なる者なり。云々」[25] と続けて天主教問題にも言及していた。同じ上諭のなかでアヘンと天主教の問

題が取り上げられ、両者の取り締まりが両広総督蔣攸銛に命ぜられたのである。

このように観てくるならば、「章程」がマカオに入港するポルトガル船を狙い撃ちした誘因として、天主教の問題があったと考えて差し支えないだろう。はたして「章程」を裁可する上諭に、

爾等〔ポルトガル人〕澳に在りて居住するの人に至りては、既に天朝の地方に在れば、即ち応に天朝の法度を遵奉すべし。若し敢えて私かに自ら〔アヘンを〕製造するに於て、近きに就きて利を牟めんと希図すれば、則ち法律具在す。即ち中国に在りて私かに天主教を伝えると異なる無し。必ず重く爾等の罪を治め、寛恕する能わず。[26]（傍点筆者）

とあるのである。

翻って考えれば、嘉慶以来、道光前期まで清朝はアヘン問題を一貫して「風俗人心」上の問題と認識していたのである。[27]その他、清朝が「風俗人心」上の問題とみなしたものには、「賭博」[28]、「奢侈」[29]などもあったが、やはり「邪教」[30]こそはその最大のものであった。したがって第一に、「章程」制定の場合のように同じ「風俗人心」上の問題としてアヘンと天主教（＝「邪教」）の二問題を清朝が同列で論じたとしてもなんら不思議ではない。また第二に、アヘン問題を「風俗人心」上の問題と認識したことは、清朝がこの問題を軽視していたことを必ずしも意味しない。なぜならば、「邪教」問題のなかに見ざるをえなかった社会秩序の紊乱、ひいては清朝支配体制の弛緩という危機感を、清朝はアヘン問題のなかにも懐いていたことになるからである。

さて、「章程」にはもうひとつ重要な決定が含まれていた。それは前述した内容の(二)アヘン禁令に関する「議處」「議敍」の制定についてである。特に「議處」のひとつである「失察處分」（監督不行届きに対する行政処分）

については、嘉慶十六年の上諭に、

当に〔アヘンの〕売放を失察するの監督及び委員、吏役人等を将て、一併に懲辦して貸さざるべし。(31)

とあり、「處分」の具体的な程度は未定ながらも厳しく臨むことが既に命ぜられていた。これについて蔣攸銛は上奏のなかで、

惟だ流弊已に一日に非ず。或るいは地方の文武、従前の失察處分に慮及し、拏獲せる販売の匪徒到案し、歴年の旧案を供出すれば、是れ未だ獲犯の功を受けざるに、先ず失察の咎を受けるを恐れ、瞻顧因循するは、勢いとして免れ難き所なり。(32)

と述べ、地方の文武官僚が「失察處分」を恐れて真面目に取り締まりをしないという実情を訴えた。その上で、「失察處分」を軽減すると同時に、アヘンを拿獲した場合の「議敍」をも明定するよう彼は奏請したのである。(33)

これに対して上諭は、

其の僅かに失察に止まる者、竟に当に概して處分を寛免するを行なうべし。(34)

と云い、単なる「失察」に対する「處分」は一概に免除することが「章程」で認められたのである。なお、「議敍」についても蔣攸銛の奏請どおり裁可された。(35)

アヘン禁令に伴う「失察處分」について、ここでは以上の事実経過を述べるに止め、この問題の意味については第四章で考えることにしたい。

最後に「章程」制定の影響について述べておこう。マカオのみならず黄埔においてもアヘン取引が短期間阻礙されたことのほかに、[36]「章程」は次のような二つの重要な結果を生み出した。

第一は、「章程」で狙い撃ちされたマカオのポルトガル当局の対応に関するものである。まず、清朝官憲の黙認をえるための贈賄財源として、ポルトガル当局はマカオに運び込まれるアヘンに対して一箱につき四〇ドルを徴収し始めた。[37]ある推計によると、その徴収額は年間十万ドルにも達したという。[38]また、ポルトガル船以外で運ばれるアヘンのマカオ陸揚げを禁じた旧例（一八〇五年）をポルトカル当局は復活させた。[39]その結果、イギリスの地方貿易商人はアヘンを黄埔へ集中的に運ぶことになったのである。[40]

第二は、「章程」が要求するポルトガル船の臨検に対するイギリス側の反応である。清朝官憲が臨検をイギリス船にも適用しようとするのではないかと東インド会社の管貨人委員会は予想し、それに対する拒絶を会社船の船長に命じた。[41]実際、清朝がイギリス船にも臨検を要求したか否かは詳らかでない。しかし、二年後にアメリカ船ウォーバッシュ（Wabash）号の事件がおこると、[42]清朝官憲はイギリス船に対して臨検を要求した。[43]これに対して管貨人委員会が強く抵抗し、また軍艦オルランド（Orlando）号を川鼻まで呼び寄せて威嚇した結果、清朝側はイギリス船の臨検を断念することになる。[44]

第二節　葉恒澍事件

嘉慶末期以来、清朝は「内禁」面ではアヘンを吸飲した官僚を処罰するとともに、[45]特に「外禁」政策を強化していった。そして、道光初期に「外禁」政策はひとつの頂点に達し、その結果、アヘン密輸船は黄埔を離れて外海の零丁洋に停泊することになる。アヘン取引の所謂る零丁洋時期[46]がここに始まるのである。

零丁洋時期を生みだすことになった直接の契機は、道光元（一八二一）年にマカオで葉恒澍が逮捕された事件（以下「葉恒澍事件」と呼ぶ）である。葉恒澍事件に関しては中外双方に史料が存在するが、両者が伝える内容は著しく相違している。

まず、清朝側史料としては道光二年三月二十八日付の両広総督阮元（嘉慶二十二年九月十二日～道光六年五月十七日在職）の上奏がある。この上奏では道光元年に検挙されたアヘン密売買事件五件が一括して報告されているが、そのひとつが葉恒澍事件であり、その内容は次のようであった。

葉恒澍（州同の虚銜を捐納で得ていた）はマカオ地方で繒船一隻を所有して漁業を営んでいた。道光元年七月、彼の繒船が娘媽閣に停泊していたところ、マカオに貿易のため来ていた顔見知りの福建人陳五にたまたま出会った。陳五は彼に毎斤洋銀十二ドルでアヘンを買わないかと話を持ち掛けた。そこで彼は仲間と一緒に洋銀千三百二十ドルを集め、アヘン百十斤を陳五から買った。そして、名前を知らない墟客（市場の客商）に一斤十六ドルで売った後、逮捕された[47]。

以上の上奏によれば、葉恒澍事件とはなんの変哲もないアヘン密売買事件ということになる。しかし、外国側諸史料によれば、葉恒澍事件は次のようにかなり重大な内容を含む事件であった。

一八二一年九月、葉恒澍（ポルトガル人は彼を「アシー（Asee）」と呼んだ）は殺人事件に関連して逮捕された。彼自身が手を下したとも[48]、あるいは殺し屋を雇ったとも[49]言われるが、いずれにしても殺し方が残虐であったようだ[50]。被害者は彼の個人的な対立者とも[51]、両広総督に近い人物で下級役人[52]とも言われる。また、葉恒澍も下級役人とされている[53]（阮元の上奏で云う「州同」であろう）。

しかし、彼はただの下級役人ではなかった。すなわち、前節で述べたようにマカオのポルトガル当局はアヘン貿易を黙認してもらうために毎年清朝官憲に贈賄していたが、葉恒澍こそはこの贈収賄を仲介していた人物で、しかも、マカオにおける代表的なアヘン業者であったという[54]。

おそらくは香山県の役人によって逮捕された葉恒澍はかなり酷い拷問を受け、それに対する報復としてアヘンをめぐってマカオで行なわれている贈収賄の実態を暴露した[55]。あるいは、役人たちを巻き込めば自分が無実になるかも知れないと考えて暴露したとも言われる[56]。また、暴露した先は広州府とも[57]北京とも言われ[58]、後者という史料では、いずれ北京から真相究明のために特使が派遣されるだろうとも述べられている[59]。

外国側諸史料が伝える事件の内容は以上のとおりである。いくつかの点で異同があったり、殺人の動機など細かな点で不明なところもあるが、事件の大筋はだいたい一致している。就中、葉恒澍がアヘン業者でマカオにおける贈収賄の仲介者であったことはどの外国側史料も認めるところである。

このように中外の史料が伝える葉恒澍事件の内容は大きく食い違っている。しかし、外国側には事件を歪曲する必要もなかったのに対し、清朝官憲には歪曲の動機が充分考えられること、また事件を契機に当時粤海関監督を兼任していた両広総督阮元が「外禁」政策をかなり積極的に推進したことから判断すると、葉恒澍事件が単なるアヘン密売買事件であったとは考えにくく、やはり外国側諸史料が伝える内容を真相に近いものとみなさざるをえない。しかし、阮元は葉恒澍をアヘンの販売一回という罪だけで告発し、枷号一カ月の上、近辺に発して軍に充てる（配所に到着後、杖一百）という処罰を奏請したに過ぎなかったのである[60]。

ところで、阮元が歪曲したのは葉恒澍事件の内容に止まらなかった。これにさきだって阮元は、アヘン貿易が

（財）東洋文庫所蔵

カントンの外国人居留区域＝夷館

終息しないのは行商が禁令を遵守しないからだという理由で当時総商の筆頭だった伍敦元を弾劾し、彼が得ていた三品頂戴を摘去するよう奏請して裁可されていた[61]。この上奏のなかで阮元は一言も事件に触れていないが、外国側史料によれば、葉恒澍事件こそは伍敦元弾劾の直接的原因だったのである[63]。また、東インド会社の記録によれば、その背景には次のような経緯があったという。

前述したように嘉慶二十二年にウォーバッシュ号事件がおきた際、伍敦元は保商として事件に巻き込まれたが、多額の罰金を当局に納めてことなきをえた。他方、香山県知県は事件の責任を問われて危うく参劾罷免されるところだった。以来、伍敦元を恨んでいた知県は四年後の当時、廣州府知府に昇任していた。そこへ葉恒澍の暴露である。彼はこの機会を捉えて伍敦元への復讐を企図した。それが今回の弾劾に繋が

ったというのである。(64)

かつて香山県知県で当時の広州府知府とは鍾英のことと思われる。(65)ただし、清朝側史料によれば、彼はウォーバッシュ号事件当時、澳門同知であり、(66)東インド会社の記録ではこれを香山県知県と勘違いしたようだ。言うまでもないが、澳門は香山県に属している。

右の興味深い話の真偽はともかくとして、当面の関心事は葉恒澍事件と伍敦元弾劾とが密接に関連していたことである。したがって阮元が両者を関連づけず別々に、しかも伍敦元弾劾を先に上奏したことは、葉恒澍事件の上奏ほどではないとしても、やはり重大な歪曲と言わざるをえない。

このようなカントン官僚の歪曲についてはのちにも触れるが、ここでは情報の問題について一言指摘しておきたい。すなわち、カントン官僚が責任回避のために事実を歪曲して上奏する結果、北京の中央政府に充分かつ正確な情報が伝わらなくなってしまう。要するに、情報の量と質において中央と地方との間に極めて深刻な乖離が生じてしまうのである。このことは、アヘン禁令も含めてあらゆる政策の策定と遂行にとって危険な障害となっただろう。

さて、葉恒澍事件を契機に両広総督阮元は、アヘン商人チャールズ・マニャック（Charles Magniac）の云う「記憶のかぎり最も激しい〔アヘン禁令の〕遂行」(67)を余儀なくされるが、その手始めが行商伍敦元の弾劾であった事実に注目したい。

既に嘉慶二十四年十一月十日の上奏で御史黄大名が「粤東の積弊」を条陳するなかでアヘン問題にも言及した(68)結果、翌二十五年の二月と五月の二度にわたって阮元はアヘン禁令の遵守を行商に厳命していた。(69)その際、黄大名は、粤省の夷船、鴉片烟泥を帯来す。一たび海口に至れば、輒ち海関監督の家人に銀両を餽送すること有り。歳毎に約十余万、或るいは二、三十万不等なり。名づけて私税と曰う。(70)

と云い、粤海関監督の「家人」による「私税」徴収を告発したにもかかわらず、その点は曖昧にされたまま、結局は行商に対して禁令の遵守が厳命されたのである。

今回の葉恒澍事件においても阮元は前例どおりに対応していく。彼は伍敦元弾劾の上奏のなかで、

惟うに向来、臣と監督衙門の各国大班に伝諭する事件は、倶に洋行商人に発交し、夷字を照繕し、転じて伝諭を為さしめ、全て該商等の欽遵して辦理するに藉り、敬みて天朝の法度を布き、畏懼するを知らしむ。宜しく但に奉文転行のみを以て事を了わるべからず。蓋し洋商は夷人と最も切近為り。夷船私かに鴉片を帯すれば、即い能く臣等の耳目を瞞すも、断じて該商等の耳目を瞞す能わず。(71)

と述べ、禁令を含む一切の連絡事項が行商を介して外国側へ伝達されていること、違反船の摘発が行商でなければ事実上不可能なことを説明している。ついで、

廼ち頻年以来、従つて未だ洋商一船を稟辦するを見ず。其の祇だ夷人に見好することのみを図り、内地の害を受くるを顧みざるを為すは、顕らかにして見ること易し。洋商内の伍敦元、総商居首の人に係れば、責任尤も専らなり。各国夷情も亦、最も熟すと為す。今、衆商と通同して徇隠するは、殊に悪む可しと為す。(72)

とあり、行商が禁令を励行せず、外国人の御機嫌を伺うばかりで、中国がアヘンの害を受けていることを顧慮し

ないと指摘した上で、指導的立場にいる伍敦元が負うべき責任を問うている。

この伍敦元弾劾の上奏が裁可されたことからも想像されるように、今回の責任追及は行商にとってかなり厳しいものであった。一八二一年十一月十二日、伍敦元を始めとする行商は外国側に対して、（一）黄埔に停泊するアヘン密輸船は即刻退去すること、さもないと官憲に報告せざるをえないこと、（二）以後アヘンを積んでいないという誓約書を提出しなければ、その船の保商になることはできないことを通告した(73)。

まず第一点について、黄埔に停泊中の四隻の外国船がアヘンを積んでいることを行商は結局告発せざるをえなかった(74)。四隻とはメロープ（Merope）号、フーグリ（Hooghly）号、ユージニア（Eugenia）号のイギリス船三隻、およびアメリカ船エミリ（Emily）号である(75)。因みにイギリス船三隻はいずれもかのアヘン商人ジェームズ・マセソン（James Matheson）に関係していた(76)。

一八二一年十一月から十二月まで清朝官憲が退去を強く要求した(77)結果、四隻の外国船は黄埔を離れた。しかし、そう遠くまでは退去せず、零丁洋まで退いて投錨した(78)。アヘン取引の所謂る零丁洋時期はここに始まるのである。

他方、第二点の誓約書提出の件は難航した。当時、行商は全部で十一家あり、伍敦元と盧棣栄が総商、残りの九家が散商であった。このうち総商二人と散商の潘紹光と劉東の四人が「身家殷実」であり、広州では「前四家、後七家」と称されていた(79)。しかるに、葉恒澍事件を報告する阮元の上奏に、

> 嗣後、該夷船進口すれば、散商は旧に照らして認保し、頂真に稽査するを除くの外、仍お伍敦元、盧棣栄、潘紹光、劉東の四人に飭し、依次輪流して査察せしめ、保を加えて以て責成を重くせん(80)。

とあり、散商が保証した上に「前四家」が輪番で「加保」するという、いわば二重の保商制度がここに始まる。

そして、「前四家」が義務づけられた「加保」のひとつが保証する外国船にアヘンは積まれていないという誓約書の提出であった。そこで彼らは自衛手段として外国船に対しても誓約書（東インド会社側の所謂るカウンター・ボンド Counter Bond）を提出させることを提案し、官憲の承認を経て今回の要求となった次第である。[81]

一般にアメリカ船は誓約書の提出に同意した。[82]しかし、責任が及ぶことを恐れた東インド会社の管貨人委員会は、会社船についてはアヘンを取り扱っていないという理由で峻拒すると同時に、地方貿易船に対してもライセンスの取消しで威嚇し、誓約書の提出を拒否するよう命じた。[83]結局、阮元が一八二二年三月の布告で東インド会社船に対して誓約書の提出を免除したので、[84]この問題は一応の決着をみたのである。

葉恒澍事件はアヘン取引の零丁洋時期を生みだした事件として特筆されねばならない。しかし、それは単にアヘンの取引場所が黄埔から零丁洋へ移ったという表面上の変化だけを捉えた評価では決してない。以下で述べるように、零丁洋時期の到来が「外禁」政策の構造的変化を意味するが故に、葉恒澍事件は画期的たりえたのである。

ところで、筆者は清朝のアヘン政策を考察するにあたって「外禁」か「内禁」かという点に着目した。それは内、外という形式で単純に便宜上分けたのではなく、どちらを採るか、あるいは重視するかによって政策遂行に伴う責任の所在と大小が異なると考えたからである。もちろん、「外禁」の場合には当時唯一の開港場をかかえるカントン官僚が、「内禁」の場合には全国の官僚が各々責任を問われることになる。アヘン政策が実際どのように運用されたかを考えるとき、官僚制につき纏う責任問題はきわめて重要である。

前述のように、清朝の本格的なアヘン政策は「外禁」から始まり、「内禁」が併用されてからも「外禁」が優先された。このように「外禁」政策が重視されたということは、他地域の官僚よりもカントン官僚の責任がより強く追及されたことを意味する。既に見たように、嘉慶四年、十二年、十四年とアヘン問題が浮上するたびに、時の両広総督は素早くアヘン禁令を発して自己の保身を図った。(85)蔣攸銛と阮元はそれぞれマカオ事件と葉恒澍事件を歪曲して上奏し、その後「外禁」政策を強化して自己保身に努めたのである。

このようなカントン官僚にとって、前述したように嘉慶二十年の「章程」で「失察處分」が免除されたことは、彼らの負担をかなり軽くする効果があっただろう。しかし、責任問題についてはそれ以上の切り札をカントン官僚は持っていた。それは保商制度である。すなわち、当時中国に来航する外国船は行商のいずれか一人を保商に立てなければ貿易できず、その保商は外国貿易に関わる一切を責任持って請負わされていた。特に嘉慶十四年の「外禁」以来、保商は外国船にアヘンが積まれていないという誓約書を提出していた。そして、阮元の伍敦元弾劾上奏に端的に表明されていたように、このような保商制度の存在はカントン官僚にとって責任回避の口実となっていたのである。

「外禁」政策で責任を問われるのは本来カントン官僚であるはずだが、かかる状況のもとでは、とどのつまり行商（保商）に対する責任の追及に帰着してしまうのである。要するに、「外禁」政策が優先された当該時期は、行商が実際上誰よりも責任を強く問われた時代であり、そのピークが葉恒澍事件のおきた道光初期だったのである。

筆者の所謂る「外禁」政策の構造とは以上のような観点からの謂である。この構造が零丁洋時期の到来とともに変化し始める。すなわち、アヘンを積んできた外国船は零丁洋に停泊する「躉船」（外国のアヘン商人所有のアヘン専用貯蔵船）にアヘンを降ろした。一方、中国側のアヘン輸入業者はまず、「夷館」区域にある外国のアヘン商会にアヘン代金を支払って領収書をもらった。そして、輸入業者に雇われた命知らずの無頼漢たちはその領収書

出典：中國近代史資料叢刊『鴉片戰爭』

零丁洋に停泊する躉船（アヘン貯蔵船）

カントン周辺図

を持って武装した快速船で「躉船」に赴いて支払い済み分のアヘンを受け取った。零丁洋におけるアヘン取引の実態はほぼ以上のとおりである。

したがって、外国船はアヘンを零丁洋の「躉船」に降ろした後、合法品だけを積んで珠江をさかのぼって黄埔に入港した。[86]そこで、行商が保証し、アヘンは積まれていないという誓約書を出した外国船にアヘンは確かになかった。また、「躉船」はアヘン専用の貯蔵船で通常の貿易はしないから、保商を必要としない。このような事態は誓約書の提出を義務づけられていた保商にとって明らかに好ましいものであり、逆にその分だけ責任の比重はカントン官僚の方へ傾き始めた。また、詳細は本書の第四章で考察するが、道光三年に「失察鴉片煙條例」[87]が制定され、嘉慶二十年の「章程」以来免除されていた「失察處分」が復活したことも、カントン官僚が負うべき責任を増大させた。

要するに、アヘン政策史上から観れば、アヘン取引の零丁洋時期の開始は、責任の比重が行商からカントン官僚へ移り始めるという「外禁」政策の構造的変化をもたらしたのであり、その意味において葉恒澍事件の歴史的意義もはじめて正当に評価されるのである。

第三節　包世臣と程含章のアヘン論議

嘉慶二十五（一八二〇）年、包世臣は「庚辰雑著二」[88]のなかでアヘン厳禁論を主張した。包世臣、字慎伯、安徽省涇県の人、嘉慶十三年の挙人。[89]彼が農政、漕運、河工、塩政などに通じた経世済民学者で、朱珪、百齢、陶澍ら地方大官の幕友として嘉慶・道光期の諸改革を推進した人物であることは既に大谷敏夫氏によって明らかにされている(90)。また、包世臣のアヘン厳禁論についても大谷氏による言及があるが(91)、ここでは前二節で考察した清朝の「外禁」政策との関連のなかで詳細に検討することにしたい。まず、アヘン問題に対する彼の認識をみよう。

鴉片は外夷に産す。其の人を害するは酖毒と異ならず。故に販売する者は死し、買食する者は刑す。例禁最も厳なり。然るに近年、転た禁じて転た盛んなり。其の始めは惟だ閩粤のみに盛んなり。近ごろは則ち処として有らざるは無し。即ち蘇州一城を以て之を計るに、鴉片を吃する者、十数万人を下らず。

とあり、禁令にもかかわらず、アヘンが全国的に流行し、蘇州府城の吸飲者数は十数万を下らないという。次にアヘンに消費する金額について、

鴉片の価、銀に較べて四倍す。牽算するに、毎人毎日、至少《すくなくとも》、銀一銭を需むれば、則ち蘇城、毎日即ち銀万余両を費やす。毎歳即ち銀三、四百万両を費やす。各省の名城大鎮を統べれば、毎年の費やす所、万万を下らず。

とあり、中国全体で年間銀一億両をアヘンに消費しているという。また、

近来、習尚は奢靡なり。然れども奢靡の費やす所、尚お貧苦工作の家に散ずれば、所謂る楚人弓を亡うも、楚人之を得るなり。惟だ鴉片を買食すれば、則ち其の銀は皆な外夷に帰す。毎年国家の正供、并びに塩関の各課、四千余万に過ぎず。而るに鴉片の一項、銀を外夷に散ずる者、且に正賦に倍差せんとす。

とあり、普通の贅沢による消費があくまでも中国内部でのカネの移動を意味するのに対し、アヘン購入に費やされる銀はすべて外国人の手へ流れてしまう。しかもその額は国家歳入の二倍になんなんとするという。そして、アヘンの弊害を次のように結論する。

夫れ銀幣周流し、鉱産息まざるに、何を以て近来、銀価日に高く、市銀日に少なきや。厥の漏卮を究むるに、実に此れに由る。況んや外夷、泥を以て来たり、内地、銀を以て往くをや。中を虚しくして外を実たす。関わる所、細に匪ず。所謂る鴉片は銀を外夷に耗らす者、其の弊、此くの如し。

すなわち、銀価の騰貴や市場の銀不足はアヘン購入による銀の流出に起因すると包世臣は理解した。管見の及ぶ限り、また後述する程含章との先後関係を留保すれば、アヘン問題を経済問題とみる認識を明言したのは包世臣が初めてである。

ところで、外国貿易による紋銀の流出については嘉慶四年以来しばしば問題とされ、時にはそれが暗にアヘンと結びつけられたこともあったが[92]、嘉慶十二年の両広総督呉熊光[93]、同十九年の戸部左侍郎蘇楞額[94]、道光二年の御史黄中模[95]の各上奏にみられるように、紋銀流出の原因は洋銀（＝洋銭＝番銀＝スペイン・ドル）の購入にあるというのが一般的な見解であった。

このような見解は事実の一面を確かについていた。なぜならば、当時スペイン・ドルが特に長江以南の地域で通行し[96]、またそれにプレミアムが付いた結果、外国貿易の決済手段に紋銀が用いられたからである[97]。しかし、決済される外国貿易の内実を知れば、アヘン貿易の存在が紋銀流出の主因としてみえたはずである。それまで四千箱代で横這いしていたアヘンの流入量は嘉慶末・道光初期を転機として次第に漸増し[98]、道光四（一八二四）年にはインド棉花を抜いてイギリス側輸出品の首座につくのである(99)。しかるに、アヘンを紋銀流出の原因とする見解が一般に定着するのが道光九（一八二九）年の御史章沅の上奏(100)以後であることを考えれば、包世臣の洞察力と先見性は高く評価されねばならない。

このように、清朝がアヘン問題を「風俗人心」上の問題と認識していたとき、包世臣は銀流出という経済問題として認識した。では、これに対する解決策を彼はどのように考えていたのだろうか。

まず、現行禁令の無効性については前出の引用文中でも既に指摘していたが、より詳しく次のように云う。

　鴉片の禁已に厳なり。而るに愈よ禁じて愈よ盛んなり。其の毒に中たる者を以てすれば、則ち以て自ら止め難し。而して司禁の人、早に其の毒に中たらざるは無く、又た復た肥規を受けるを得。即い再び厳法を加うるも、終に具文と成らん。

とあり、中毒患者による更生の困難さと官僚の腐敗が禁令を骨抜きしているという。そして、彼は次のような抜本塞源策を提唱する。

　此の物、内地種うること無し。（嘉慶十年自り後、浙江の台州、雲南の土司も亦、罌粟を種えて膏を取る者有り。然れども必ず転販して澳門に至り、加うるに薬料を以てし、方めて吸食す可し。是れ内土も亦、成を夷薬に待てば、仍お内物為りと謂うを得ず）但だ夷船を絶つのみは、即ち自ら本を抜きて源を塞がん。一切の洋貨、皆な内地の必ず須むる所に非ず。各海関を裁撤するも、税銀二百余万両を収むるを少《か》くに過ぎざるのみ。国家歳に二百万を減ずると雖も、而れども民財は即ち歳に万万を増す。富を民に蔵むるの政、是れより大なるは莫し。（括弧

内は原文では割註)

すなわち、包世臣によれば、アヘンは厳密にはすべて外国産であるから、外国貿易の断絶こそは抜本塞源策であり、その結果生じる海関税銀二百万両の減収などは確保される民財一億両に比べれば取るに足らないという。要するに、清朝が「外禁」政策でアヘン貿易だけを禁絶しようとしたのに対し、包世臣は外国貿易そのものの断絶を提唱したのである。

以上、包世臣のアヘン厳禁論をみてきたが、彼の立場をより鮮明にさせるために、ここでもう一人の論者に登場してもらおう。その人物は程含章、號月川、雲南省景東庁の人、乾隆五十七年の挙人である。[101] 彼の「論洋害」[102] については、つとに矢野仁一氏が「始めて支那に於て鴉片の銀流出の原因であることを認めたものは、私の今日まで調べた所では程含章の様である」とその意義を指摘されている。[103] ただ、「論洋害」が道光三年以前に書かれたことは確かなのだが、[104] 包世臣の「庚辰雜著二」との先後関係は今のところ確定できない。それはともかく、両論文がほぼ同じ時期に書かれたことは間違いない。[105]

さて矢野氏が指摘されたように、程含章も包世臣と同じようにアヘン問題を経済問題として認識したが、対策面では両者ははっきりと対立していた。すなわち、彼は包世臣の所謂る抜本塞源策を次のように批判する。

一然れども試みに思え、其の人の能く焉を絶つや否やを。彼の諸番の中国と交易するは、已に数百年なり。一旦之を絶てば、則ち必ず心を同じくして力を合わせ、我れと難を為さん。兵連なり禍結び、数十年に非ざれば定まらず。而して沿海の奸民、素より其の利を食えば、且に将に陰かに彼の用を為さんとす。海浜僻静、勝げて防ぐ可からず。且つ勝負は兵家の常なり。但だ中国をして小も挫敗有らしむれば、則ち謡諑紛乗し、群起して之を攻めん。天下の事、我れ自り之を発すれば、須らく我れ自り之を収むべし。豈に兵を以て戯と為して浪りに辺釁を開く可けんや。

要するに、外国貿易を断絶すれば必ず外国との戦争を招来すると程含章は批判したのである。ところが、かかる批判があることを包世臣も重々承知していた。すなわち、彼は云う。

説者或るいは以為く、回市已に久しくして驟かに之を絶てば、恐るらくは他患を生ぜんと。従来、外患は必ず内奸に由る。通商の各国、英夷を以て強と為す。然れども其の地、其の民、中華の百の一に当たるに足らず。此れより前、屢次驕蹇するは、皆な洋商、之を嗾し、而して辺鎮の文武、之に和せばなり。夫れ海防は大政なるも、亦た常政なり。回市の後、司防の者、上下据りて利藪と為し、本職を廃弛す。而して反って夷威を張りて以て中外を恫喝す。

すなわち、イギリスを最強とする「外患」は恐れるに足らず、むしろ外国人を使嗾する「内奸」＝「洋商」（＝行商）、およびそれに付和雷同するカントンの文武官僚こそが問題であると包世臣は反論した。さらに、外国貿易を断絶すれば戦争を誘発する危険があると警告するが如きは「夷威を張りて以て中外を恫喝す」るものと決めつけたのである。

ところで、程含章が、包世臣が反論する「説者」のひとりであることは明らかである。つまり、両者のアヘン論は単に時期を同じくしていたばかりでなく、互いに議論を闘わせていたのである。なお、包世臣は程含章流の批判を論駁した上で、さらに自説を補強して、現今、東西両洋、皆な中華と回市す。西洋は来市し、東洋は往市す。西洋夷民の必ず須むる所者、内地の茶葉、大黄なれば、則ち宝蘇局が洋銅を採買するの例に照らし、商人禁ぜざる貨物を携えて彼れに赴いて回市するを准せば、彼の貨も仍お通行す可し。西夷更に何の詞か之れ有らん。且つ関撤されれば則ち洋商罷め、夷目は漢奸の謀主と為すこと無ければ、自ら必ず馴貼せん。

と云い、西洋人が中国の茶と大黄を必要とするならば、長崎貿易のように中国側から出向いて交易すればよく、しかも洋商（行商）が廃止されれば、「夷目」（東インド会社の首席管貨人を指すか）も頼みとする主謀者を失って自然と従順になるだろうと述べている。包世臣の立論が行商に対する徹底した不信感に基づいていたことを知るのである。

　さて、政策論における包世臣と程含章との対立は何処に由来するのであろうか。まず、包世臣の「庚辰襍著二」は、煙草や酒の生産が「本富」（＝穀物）を減らし、アヘンが「末富」（＝銀）を減らした結果、民衆が困窮して災害を乗り切れないという現状に対する危機感に根ざして書かれている。就中、アヘンによる銀流出については、

是の故に銀少なければ則ち価高し。銀価高ければ則ち物値昂がる。又た民戸、賦を完うするに、亦た銭を以て折す。銀価高ければ則ち折銭多く、小民重ねて困しむ。

とあり、銀高銭安が物価騰貴と事実上の増税となって民衆生活を二重に苦しめている点を彼は特に問題としたのである。

　このような現状認識に基づけばこそ、その原因たるアヘン貿易は彼にとって厳禁すべきものであった。しかる

に、現行禁令には少しも期待できず、とりわけカントン官僚の腐敗と行商の「漢奸」的策謀が「外禁」政策を骨抜きにしている。このように彼は考え、結論として外国貿易そのものを断絶するという抜本塞源策を提唱したのである。

このような包世臣の立場を如何に評価すべきだろうか。それに答えるには彼の思想全般への理解が不可欠の前提となるため、本章で深く検討する余裕はない。ここでは、民衆の困窮化に対する危機感と、官僚や行商に対する不信感を懐いていた経世済民学者のアヘン問題への必然的解答、それが包世臣の抜本塞源的厳禁論であったことを指摘するに止めたい。

他方、程含章は明らかにカントン官僚と行商の立場を代弁していたと思われる。まず、彼は根っからのカントン官僚であった。すなわち、嘉慶六年の署理封川県知県を皮切りに、広東省内のポストを歴任した後、包世臣が「庚辰襍著二」を著した嘉慶二十五年の七月から十一月まで広州府知府であった。[106] ついで山東省へ転任したが、道光二年六月には再び広東巡撫に任命されたのである[107]（同年十二月に山東巡撫へ調任）。

広州府知府在職中に彼は羊城書院を創立し、また粤秀、越華、龍渓の各書院の重修を指導した。[108] 広州の書院が行商と密接な関係にあったことは既に指摘されたところである。[109] また、彼が『（光緒）広州府志』巻一〇八、「宦績録」五に名を列ね、しかもそのなかで「善政勝げて挙げる可からず」と功績を称えられ、その死後、広州府学に付設される名官祀に祀られたことに、[110] 当地に対する彼の貢献がいかに高いものであったかを窺うことができる。

彼がカントン官僚と行商の利益を代弁していたことは「論洋害」の随所に現れている。まず、その冒頭で、

天下の大利は洋に在り、而るに大害も亦た洋に在り。

と述べ、外国貿易に「天下の大利」もあると主張することを忘れなかった。また、

或るひと曰く、海口を厳にし関津を謹み、但だ海関をして其の税を収めざらしむれば、便ち其れを禁じて来らざらしむ可しと。沿海数千万里、処処皆な登岸す可く、十万兵有りと雖も、守る能わざるを知らざるなり。利の在る所、脛あらずして走り、羽あらずして飛ぶ。豈に必ず定めて関津に由らん。海関向きに鴉片の税無く、皆な伝聞の訛に係る。

と云い、沿海地方における「外禁」政策実施の難しさを指摘し、海関がアヘンから私税を徴収しているという御史層の告発[11]に対しても伝聞に基づく誤りであると反論している。ついで採るべきアヘン政策を論じて、

今の計を為すに、止だ厳しく各国に諭し、鴉片を夾帯するを許さざる可し。某船犯す者有れば、即ちに其の艙を封じ、貿易を許さず。而して沿海の口岸、及び城市鎮集に於て、厳密に察訪し、屯売・大販有れば、即ち法に置き、其の財産を没して官に入れ、妻孥も辺に配す。其の関津・口岸の査禁は、自ら言うを待たず。又た広く教戒を為し、民をして心を回らして道に向かわしむれば、或るいは其れ稍や止まんか。

とあり、要するに現行のアヘン政策の継続を主張している。そして、「論洋害」の最後は、

事には、明らかに其の害を知るも即ちに去ること能わず、必ず姑く之を異日に俟ち、以て其の幾の乗ず可きを待つ者有り。此の類いは是れなり。

と締め括られている。アヘン問題の解決は将来の好機到来を待って行なうべしという彼の意見は、前節でみた

「外禁」政策の構造的性格を考慮すれば、カントン官僚と行商の双方に対する援護射撃といえる。就中、それは零丁洋時期の到来によって責任の比重が増大しつつあったカントン官僚の意向を見事に代弁していたのである。果たせるかな、道光二年に両広総督阮元はアヘン貿易について「暫く羈縻を事とし、徐に禁絶を図らんことを奏請」[112]した。前述のように程含章はこの年の六月から十二月の間、広東巡撫だったのである。

前節で述べたように、「外禁」政策から生じる責任問題をめぐってカントン官僚と行商はある意味で対立関係にあった。しかし、カントンにおける外国貿易の存続という点においては両者の利害は完全に一致していた。したがって、包世臣から外国貿易断絶論を突きつけられたとき、両者は小異を捨てて大同につき、これに反論した。それが程含章の「論洋害」であり、欧米諸国に開かれた唯一の港であるカントンの利益を踏まえた「カントン・アヘン」論だったのである。

おわりに

嘉慶後期から道光前期、清朝はアヘン問題を「風俗人心」上の問題と認識し、「内禁」を併用しつつ「外禁」政策を優先した。「外禁」政策とは本来アヘン貿易の禁絶を企図する政策だが、実際には両広総督を頂点とするカントン官僚の自己保身策として運用されていた。また、「外禁」政策に伴う責任は保商制度によって最終的に行商（保商）が負わされていた。

「外禁」政策は道光初期の葉恒澍事件を契機にひとつの頂点に達し、行商に対する責任追及も極めて強化された。しかし、皮肉にも事件の結果、アヘン取引の零丁洋時期が到来すると、「外禁」政策に伴う責任の比重はカントン官僚へ傾き始めた。ちょうどそれに対応するかのように、両広総督阮元はアヘン貿易の漸進的禁絶を奏請したのである。

このような「外禁」政策の現実に失望し、またアヘン問題を経済問題として認識した包世臣は、抜本塞源策として外国貿易断絶論を提議した。それに対して程含章は、外国貿易の存続を共通の利益とするカントン官僚と行商の立場を代弁し、外国貿易断絶論に反論した。欧米諸国に開かれた唯一の港であるカントンの利益を踏まえた「カントン・アヘン」論はまず、外国貿易断絶論批判という形でその姿を現したのである。

注

（1）中国第一歴史檔案館編『鴉片戦争檔案史料』第一冊、天津古籍出版社、一九九二年（以下、『史料』と略記）、五—六頁。
（2）同右、七頁。
（3）同右、七頁。
（4）同右、六頁。
（5）同右、十二頁。
（6）『大清仁宗睿皇帝実録』（以下、『仁宗実録』と略記）、嘉慶十五年三月丙辰の條。同、嘉慶十六年三月己酉朔の條。
（7）一八一四年、米英戦争の影響で珠江口外においてアメリカ船がイギリス軍艦によって拿捕されたり、追跡されたりする事件がおきた。また同年、東インド会社の管貨人委員会の通訳をしていた中国人李耀が逮捕されたが、この事件を処理する過程で、清朝はイギリス人通訳G・T・ストーントンを危険人物視するようになる。そして一八一六年、アマースト訪中使節団が叩頭問題で清朝と衝突し、中英関係は一挙に険悪化した。

H. B. Morse, *The International Relations of the Chinese Empire*, vol 1, *The Period of Conflict, 1834-1860*, London: Longman, Green & Co., 1910（以下、Morse Aと略記）, pp. 55-56. H. B. Morse, *The Chronicles of the East India Company trading to China 1635-1834*, Oxford: Clarendon Press, 1926（以下、Morse Bと略記）, vol. Ⅲ, pp. 211-223. 清代外交史料、嘉慶朝、第四冊。

（8）Morse B, vol. Ⅲ, pp. 208-209.

（9）勝田弘子「清代海寇の乱」『史論』第一九集、一九六八年、四三―四五頁。

（10）『仁宗実録』、嘉慶二十五年二月癸丑の條。なお、この上諭は御史林則徐の張保弾劾上奏に対するものである。林崇墉『林則徐伝』（普及本）、台湾商務印書館、一九七六年、五二―五三頁。楊国楨『林則徐伝』、人民出版社、一九八一年、三五頁。

（11）『仁宗実録』、嘉慶二十五年二月癸丑の條。

（12）Morse B, vol. Ⅲ, pp. 208, 236.

（13）『史料』、一五―一八頁。

（14）同右、一六頁。Morse B, vol. Ⅲ, pp. 236-237.

（15）李揚華『公餘手存』「海防」巻一、中国史学会主編『鴉片戦争』第一冊、神州国光社、一九五四年、所収。

（16）Morse B, vol. Ⅲ, pp. 236-237.

（17）清代外交史料、嘉慶朝、第四冊、嘉慶二十年二月二十一日。なお、蔣攸銛の上奏では「査禁鴉片煙條規」とあるが、ここでは上諭中の「査禁鴉片煙章程」をとった。

（18）清代外交史料、嘉慶朝、第四冊。『仁宗実録』、同日の條。

（19）于恩徳『中国禁煙法令変遷史』中華書局、一九三四年、二八頁。郭廷以『近代中国史』第二冊、商務印書館、一九四一年、四〇―四三頁。

（20）矢沢利彦「嘉慶十六年の天主教禁圧」『東洋学報』第二七巻第三号、一九四〇年。

（21）清代外交史料、嘉慶朝、第四冊、巡視中城御史嵩安等の上奏、嘉慶十年十一月初十日。

（22）『仁宗実録』、嘉慶十九年二月乙巳の條。

（23）同右。

(24)『仁宗実録』、嘉慶十九年三月癸丑の條。
(25)同右、嘉慶十五年三月丙辰の條。同、嘉慶十六年三月己酉の條。
(26)清代外交史料、嘉慶朝、第四冊、嘉慶二十年三月二十三日の上諭。
(27)嘉慶前期については本書第一章を参照。嘉慶後期については『仁宗実録』の以下の上諭を参照。嘉慶十五年三月丙辰の條、同十六年三月己酉朔の條、同十八年六月己酉の條、同十九年五月甲午の條、同十九年十二月甲戌の條。道光前期については、清代外交史料、道光朝、第一冊所収の以下の上諭を参照。道光元年十一月十九日、同二年二月十五日。
(28)『仁宗実録』、嘉慶二十四年十一月戊寅の條。
(29)同右、嘉慶十八年十一月庚寅の條。
(30)同右、嘉慶十七年六月丁巳の條、同二十二年六月己丑の條、同二十三年六月壬午の條、同二十四年三月丙申の條。
(31)同右、嘉慶十六年三月己酉朔の條。
(32)清代外交史料、嘉慶朝、第四冊、嘉慶二十年二月二十一日。
(33)同右。
(34)(18)に同じ。
(35)同右。
(36)Morse B, vol. Ⅲ, p. 238. D. E. Owen, *British Opium Policy in China and India*, New Haven : Yale University Press, 1934, p. 74.
(37)Morse B, vol. Ⅲ, p. 323.
(38)Ibid., p. 323.
(39)Ibid., pp. 250-251.
(40)M. Greenberg, *British Trade and the Opening of China 1800-42*, Cambridge : The University Press, 1951, p. 120.
(41)Morse B, vol. Ⅲ, p. 238.
(42)一八一七年、アメリカ船ウォーバッシュ号が蛋民李奉広らに襲われた。その後彼らは拿獲されたが、ウォーバッシュ号にアヘンが積まれていたことが判明し、弁償問題がこじれた。

Morse B, vol. Ⅲ, p. 318-320. C. C. Stelle, "American Trade in Opium to China, Prior to 1820", *Pacific Historical Review*, vol. IX, 1940, p. 438. 清代外交史料、嘉慶朝、第六冊。紹溪『十九世紀美国対華鴉片侵略』三聯書店、一九五二年、一九頁。

(43) Owen, *op. cit.*, pp. 74-75.

(44) *Ibid.*

(45) 『仁宗実録』、嘉慶二十三年二月己卯の條、同二十四年閏四月癸巳の條、同二十四年閏四月乙未の條。

(46) 郭前掲書、五二頁。

(47) 『史料』、四〇頁。

(48) Morse B, vol. Ⅲ, p. 14.

(49) S. W. Williams, *The Middle Kingdom*, revised edition, New York : Charles Scribner's Sons, 1883, vol. Ⅱ, p. 379.

(50) Morse B, vol. Ⅳ, p. 41, Appendix Z.

(51) Williams, *op. cit.*, p. 379.

(52) Morse A, p. 379.

(53) Morse B, vol. Ⅳ, p. 14.

(54) Ibid., p. 41, Appendix Z. Williams, *op. cit.*, p. 379. Greenberg, *op. cit.*, p. 121.

(55) Williams, *op. cit.*, p. 379.

(56) Morse B, vol. Ⅳ, p. 41, Appendix Z.

(57) Ibid., p. 14.

(58) Greenberg, *op. cit.*, p. 121.

(59) Ibid., p. 121.

(60) (47) に同じ。

(61) 『史料』、二七―二八頁。

(62) 同右、三二頁。

（63）Morse B, vol. Ⅳ, p. 40, Appendix Z. Williams, *op. cit.*, p. 379.
（64）Morse B, vol. Ⅳ, p. 14.
（65）（光緒）広州府志、巻二三、職官表七。
（66）清代外交史料、嘉慶朝、第六冊、嘉慶二十二年六月初六日の蔣攸銛上奏。
（67）Greenberg, *op. cit.*, p. 121.
（68）『仁宗実録』、嘉慶二十四年十一月戊辰の條。
（69）Morse B, vol. Ⅲ, pp. 385-388, Appendix W.
（70）（68）に同じ。
（71）（61）に同じ。
（72）同右。
（73）Morse B, vol. Ⅳ, p. 15.
（74）Ibid., p. 44, Appendix Z.　清代外交史料、道光朝、第一冊、道光二年三月二十八日の阮元上奏。
（75）同右。
（76）Morse B, vol. Ⅳ, p. 15.
（77）Greenberg, *op. cit.*, p. 121.
（78）Ibid., p. 121. Owen, *op. cit.*, p. 78. Chang Hsin-pao, *Commissioner Lin and the Opium War*, Cambridge, Massachusetts : Harvard University Press, 1964, pp. 20-21.
（79）清代外交史料、道光朝、第一冊、道光二年三月二十八日の阮元上奏。
（80）同右。
（81）Morse B, vol. Ⅳ, p. 50, Appendix Z.
（82）Ibid., p. 17.
（83）Ibid., p. 17.

(84) Ibid., p. 18.
(85) 本書第一、二章を参照。
(86) Owen, *op. cit.*, p. 79.
(87) 大清宣宗成皇帝実録(以下、『宣宗実録』と略記)、道光三年八月戊戌の條。
(88) 安呉四種、巻第二六、斉民四術、巻第二(『近代中国史料叢刊』所収の同治刊本)。以下、包世臣の議論はこれに拠る。
(89) 清史列伝、巻七三。続碑伝集、巻七九。
(90) 大谷敏夫「包世臣の実学思想について」『東洋史研究』第二八巻第二・三号。一九六九年(同『清代政治思想と阿片戦争』同朋舎出版、一九九五年に再録)。
(91) 同右、五七—六一頁。
(92) 本書第一章を参照。
(93) 清代外交史料、嘉慶朝、第二冊、嘉慶十二年十一月十六日の上奏。
(94) 『史料』、八—九頁、嘉慶十九年正月二十五日の上奏。
(95) 同右、三七—三八頁、道光二年二月十二日の上奏。
(96) 佐々木正哉「阿片戦争以前の通貨問題」『東方学』第八輯、一九五四年、一一〇—一一三頁。百瀬弘「清代に於ける西班牙弗の流通」同『明清社会経済史研究』研文出版、一九八〇年、九〇—一〇八頁(原載『社会経済史学』第六巻第二号、一九三六年)。
(97) 百瀬前掲論文、一一六頁。
(98) Chang, *op. cit.*, p. 21.
(99) Owen, *op. cit.*, p. 62.
(100) 『史料』、五四—五五頁、道光九年正月二十四日の上奏。
(101) 彼の伝記は、清史稿、列伝巻一六八、清史列伝、巻三五、国朝耆献類徴初編、巻一九六にある。なお、彼は当時、羅姓であったが、のち道光二年に先姓の程に改姓した。本章では都合上、すべて「程含章」と統一して記した。
(102) 皇朝経世文編、巻二六、戸政一、理財上。なお、以下の程含章の議論はこれに拠る。

(103) 矢野仁一「支那の鴉片問題」同『近代支那の政治及文化』イデア書院、一九二六年、四一九頁。
(104)「論洋害」が収められている『皇朝経世文編』は、清初より道光三年までの経世文を集録していた。百瀬弘「清末の経世文編に就いて」百瀬前掲書、一九五頁（原載『池内博士還暦記念東洋史論叢』一九四〇年）。
(105) 程含章の『嶺南続集』に彼が広東巡撫在職中の「観風策問」が収録されているが、それに「西洋諸番、為粤東之大利、実天下之大害。暗買紋銀、夾帯鴉片、流毒中国、破耗財源、且時有桀鶩之事」とあり、「論洋害」と同じ考え方が示されている。
(106)（101）に同じ。
(107) 同右。
(108)（光緒）広州府志、巻六六、建置畧三。
(109) 田中正美「アヘン戦争時期における抵抗派の成立過程――アヘン対策をめぐって」大塚史学会編『東アジア近代史の研究』御茶の水書房、一九六七年。國岡妙子「朱嶟・許球の禁煙奏議」『東洋学報』第四四巻第一号、一九六一年。
(110)（108）に同じ。
(111) 前出の黄大名、黄中模、及び尹佩棻（『宣宗実録』、道光二年十二月戊申の條）。
(112) 李圭『鴉片事略』巻上。

補論一　呉蘭修とカントン社会
——特に嘉慶末・道光初期において

はじめに

前章で明らかにしたように、嘉慶末・道光初期、西暦で一八二〇年前後に、アヘン問題の抜本的解決策として包世臣によって提議された外国貿易断絶論に対して、カントン官僚程含章は、外国貿易の存続を共通の利益とするカントン官僚と行商の立場を代弁して反論した。

ところで、この論争はどのように行なわれたのだろうか。実は、包世臣と程含章は直接に論争していたのではなく、互いに相手の主張を知って間接的に論争していたのである。それでは、両者の間接的な論争を成立せしめていたのは、どのような状況だったのだろうか。この課題についてここでは、呉蘭修というカントン（広州）を代表するひとりの知識人に焦点を合わせて考察することにしたい。

第一節　呉蘭修の経歴と学問

（一）　経歴

呉蘭修、字は石華、広東省嘉応直隷州の人、嘉慶十三年の挙人。[1]乾隆五十四年に生まれ、道光十七年に没す。[2]享年四十九歳。その出身地から想像されるように、彼は客家の出である。[3]

管見の限りにおいて明らかになった彼の経歴は次のとおりである。まず、嘉慶二十五（一八二〇）年の時点で広州の名門書院のひとつである粤秀書院の監院であった。[4]翌道光元年、署番禺県学訓導、[5]二年、高州府信宜県学教諭銜訓導事、[6]六年、学海堂学長兼粤秀書院監院。[7]

以上の経歴からわかるように、呉蘭修は嘉応州出身の挙人で、嘉慶末以来、粤秀書院監院、署番禺県学訓導、学海堂学長としてカントンに在住する知識人であった。

（二）　学問

呉蘭修の伝記は、（光緒）嘉応州志、巻十三、人物に、

詩文に工みにして、尤も考據に精し、兼ねて算術の学を擅にす。〔……〕書巣を粤秀書院に搆え、蔵書数万

巻、経を枕とし、史を葄く。自ら云う、喚びて詞人と作さば、死すとも瞑目せずと。とあり、散文、韻文、算術、経学、史学に通じた幅広い学殖の持ち主であった。[8] 主な著作に『南漢紀』五巻、『南漢地理志』一巻、『南漢金石志』二巻、『端渓硯史』三巻などがある。

第二節　呉蘭修と両広総督阮元

（一）『広東通志』の編纂など

阮元（江蘇儀徴の人、乾隆五十四年の進士）は、嘉慶二十二年から道光六年まで九年間という長期にわたって両広総督の任にあった。[9] この阮元と呉蘭修の出会いは嘉慶二十三年に着手された『広東通志』の編纂に始まったようである。この時、呉蘭修は「分纂」のひとりとして挙人の資格でこの編纂事業に参加している。[10]

ついで道光元年、阮元は郷試の試験場である貢院号舎の修築について地元知識人の意見を求めたが、彼も粤秀書院の監院という立場から意見を述べている。同時に意見を求められたのは、李清華（順徳の人、嘉慶十二年の挙人、越華書院監院）、劉彬華（番禺の人、嘉慶六年の進士、在籍編修）、謝蘭生（南海の人、嘉慶七年の進士、在籍庶吉士）の三人である。[11]

このように、嘉慶末・道光初期において呉蘭修は挙人の資格保持者で、粤秀書院監院、署番禺県学訓導としてカントンを代表する知識人のひとりであり、両広総督阮元にもその存在を知られる人物だったのである。

（二）　希古堂と学海堂

阮元が両広総督在任中に行なった代表的な事業のひとつに学海堂の設立がある。学海堂は当地の知識人を結集したカントンを代表する書院となり、のち、その卒業生の中から幾多の著名な知識人や官僚を送り出すことになる[12]。

ところで、阮元は道光元年の春ごろに学海堂設立の構想を公表したが、あたかもそれに応ずるかのように、その年に結成されたのが希古堂という文社である。その構成員のひとり、曾釗の手になる「希古堂文課序」に、

嘉応の呉君石華、同志十余人を邀え、月ごとに希

出典：『清代學者象傳合集』 p.361

呉蘭修（1789―1837）像

出典：同上 p.253

阮元（1764―1849）像

古堂に会す。堂に常所無く、二人、之を主る。(13)

とあり、呉蘭修こそは希古堂結成の発起人であり、彼と曾釗の二人が主としてその運営にあたっていたことがわかる。

希古堂への参加者の総数は確定できないが、以下の十八人の参加が確認できる。(14)（1）呉蘭修、（2）曾釗（南海人、当時は生員、以下、同じ）、（3）林伯桐（番禺人、挙人）、（4）呉応逵（鶴山人、挙人）、（5）張維屏（番禺人、挙人）、（6）黄培芳（香山人、副榜）、（7）張杓（番禺人、挙人）、（8）鄧淳（東莞人、生員）、（9）熊景星（南海人、挙人）、（10）馬福安（順徳人、挙人）、（11）徐栄（広州駐防漢軍正黄旗人、挙人）、（12）謝念功（南海人、?）、（13）黄子高（番禺人、生員）、（14）楊時済（嘉応人、挙人）、（15）楊炳南（嘉応人、?）、（16）劉天恵（南海人、生員）、（17）温訓（嘉応人、?）、（18）胡調徳（南海人、生員?）。

以上、十八名の顔触れから判断すれば、希古堂の構成員はカントン在住の挙人、生員層であったと考えられる。呉蘭修を含めて（4）（14）（15）（17）の五名は広州府以外の出身者であるが、たとえば（15）が東莞県学訓導であったように、(15)他の三名も何らかの理由でカントンに在住していたとみてよいだろう。ついでに言えば、呉蘭修に加えて（14）（15）（17）と嘉応州出身者が四名も参加している。

次に（12）（15）（17）の三名は希古堂結成当時の資格を知り得なかったが、（12）は前出の謝蘭生の次子で道光二年に挙人、（15）は道光十九年に挙人、（17）は道光五年に抜貢と各々なることから判断すれば、(16)恐らく三名とも当時、生員であった可能性が高い。また、（16）（18）の二名については、何年に生員になったかわからなかったが、彼らもまた当時既に生員であったろう。

さて、希古堂結成の目的は「古文を以て砥礪」[17]することとされ、また、構成員が挙人、生員である以上、各々科挙の上級合格者たらんことを目指して切磋琢磨することも当然ながら意図されていたと思うが、結成の時期からみて、阮元の学海堂構想の受け皿となることが考慮されていたと思われる。

実際、道光六年に選出された学海堂の初代学長八名のうち、実に七名（1）（2）（3）（4）（9）（10）（11）が希古堂の構成員のなかから出ている事実がその推測を裏づけてくれる。加えて、（5）（6）（7）（12）（13）の五名ものちに学長となるのだから、結局、確認できた構成員十八名のなかから十二名の学長を送り出したことになるのである。[18]因みに、『広東通志』の編纂に参加したのは、（1）（2）（4）（8）（9）の五名であった。[19]

かつて浙江巡撫在任中に杭州に設立した詁経精舎がそうであったように、阮元にとって学海堂はカントン知識人との重要な連絡役の役割を果たしたのであり、著名な『皇清経解』千四百巻の刊刻もここで行なわれた。そのような阮元の意向をカントン知識人の側から受け止め、希古堂結成という形でそれに応じたのが、ほかならぬ呉蘭修だったと言えよう。

第三節　呉蘭修と嘉慶末・道光初期のアヘン論議

本書第五章で詳述するように、呉蘭修は許乃済の「弛禁」上奏（道光十六年）の原型となった「弭害」の作者として、アヘン戦争直前のアヘン論議に深く関わることになる。しかし、彼がアヘン論議に関わったのはそれが初めてではなく、既に嘉慶末・道光初期に行なわれたアヘン論議に間接的に関わっていた可能性がある。

前章で明らかにしたように、嘉慶末・道光初期のアヘン論議は江南を主な活動舞台としていた経世学者包世臣（安徽涇県の人、嘉慶十三年の挙人）と、広東省内のポストを歴任して当時は広州府知府だった、根っからのカントン官僚程含章（雲南景東庁の人、乾隆五十七年の挙人）との間で行なわれた。

ところで、このアヘン論議は包と程、二人の論者によって直接になされたのではなく、第三の介在を通して各々に代表されるアヘン論の存在を知り、各々がそれを批判するという間接的な形で行なわれた。その第三者のなかに呉蘭修が含まれていた可能性がかなり高いと考えられるのである。

まず、呉蘭修と程含章との関係について見ると、嘉慶二十五年に広州府知府程含章の指導のもとで粤秀書院の修築が行なわれたが、それを担当したのが当書院の監院だった呉蘭修である。[20]管見の限りでは、史料上で二人の関係を具体的に指摘できるのはこれだけであるが、カントンを代表する知識人である呉蘭修と根っからのカントン官僚で、しかも当時、広州知府だった程含章との間に何の交流もなかったと考える方が不自然である。

また、別の見方をするならば、程含章のアヘン論はカントン社会の有力な輿論を代弁したものであるから、それはまた呉蘭修のアヘン論でもあったと言えよう。いずれにせよ、呉蘭修は程含章に代表されるアヘン論を十分伝達しうる立場にあったのである。

次に、程含章に代表されるカントンのアヘン論がどのように包世臣に伝わり、また、包世臣に代表されるアヘン論がどのようにカントンの程含章に伝わったのかという問題である。

この連絡役を果たした可能性のある人物の一人に李兆洛（江蘇陽湖人、嘉慶十年の進士）がいる。李兆洛が包世臣と親しく交流していたことは周知のことであり、[21]彼は包世臣に代表されるアヘン論を充分知りうる立場にあったと考えられる。この李兆洛は当時、康紹鏞（山西興県の人）の幕友であり、康の広東巡撫就任（嘉慶二十四年から道光元年まで在任）に伴い、李兆洛も嘉慶二十五年から翌道光元年の間、カントンに滞在した。[22] 因みに、当時の両広総督阮元は、康が進士となった嘉慶四年の会試の副考官を務めており、両者は所謂る座師―門生の関係にあった。[23]

前述のように、当時カントンでは『広東通志』の編纂中でもあり、来粤した当代一流の歴史・地理学者である李兆洛をカントン知識人たちが放っておくはずはなかったろう。はたして、現に呉蘭修は李兆洛と交遊していた。すなわち、李兆洛は「海国紀聞序」（『養一斉文集』巻三）のなかで、謝清高の『海録』[24]に関連して「広州に遊び、呉広文石華を識る」と述べている。また、李は呉蘭修の『南漢紀』の序文を書いており、そのなかで呉を「吾友石華博士」と呼んでいる。李兆洛の来粤を機に二人の親しい交流が始まったのである。

以上の考察から明らかになったように、程含章と包世臣のアヘン論議を可能にした第三者には他の人物の存在も考えられるが、呉蘭修と李兆洛の介在もひとつの可能性として想定できるだろう。つまり、当面の関心に引き付けて言えば、呉蘭修が嘉慶末・道光初期のアヘン論議に間接的に関与していた可能性はかなり高いと見て差し支えないだろう。

当時の中国において知識人たちの人的・思想的な交流がどのようになされていたかという問題は極めて重要なテーマであるが、各地域を代表する知識人がいわばアンテナ役、中継基地的な役割を果たしていたことは想像に難くない。その際、現職の官僚が本籍回避の制度の結果、出身地にいなかったことを考えると、休職・退職の官僚と並んで、挙人・生員層が地域社会に果たした役割は決して小さくなかっただろう。小論が明らかにした、カントン社会における呉蘭修の在り方もその具体的な事例のひとつである。

おわりに

呉蘭修は嘉応州の出身（カントン出身ではない）で、終生、挙人の資格に止まったが、幅広い学問の持ち主としてカントン社会を代表する知識人であり、特に両広総督阮元の知遇を得たことによって、カントン社会における彼の知識人としての地位は確立した。

嘉慶末・道光初期は「カントン・アヘン」論の形成期に当たっていたと考えられるが、嘉慶末・道光初期のアヘン論議において、呉蘭修はカントンを代表する知識人として、程含章の「論洋害」に代表される「カントン・アヘン」論を発信すると同時に、「カントン・アヘン」論以外のアヘン論、とりわけ、外国貿易断絶論のようにカントン社会の利益を損なうようなアヘン論を受信する役割を果たしていた。

その後、呉蘭修は「弭害」という「カントン・アヘン」論を作成し、アヘン戦争直前のアヘン論議に大きな影響を与えることになるが、その詳細は本書第五章に譲ることにしたい。

注

（1）（光緒）嘉応州志、巻二三、人物。

（2）汪宗衍「広東人物疑年余録」『広東文物叢談』中華書局、一九七四年。

（3）羅香林『客家研究導論』第六章「客家的文教下」、希山書蔵、一九三三年。
（4）陳昌斉「重修粤秀書院記」程含章『嶺南集』巻七、所収。
（5）容肇祖「学海堂考」『嶺南学報』第三巻第四号、一九三四年。
（6）（光緒）高州府志、巻二二、職官五。
（7）容前掲論文。
（8）同右。
（9）魏秀梅『清季職官表　附人物録』（下）、中央研究院近代史研究所、一九七七年。
（10）「重修広東通志職名」、（道光）広東通志に所収。
（11）阮元「改建広東郷試闈舎碑記」『揅経室三集』巻二。
（12）容前掲論文。
（13）（光緒）広州府志、巻一六二、雑録三。
（14）容前掲論文。（光緒）広州府志、巻一六二、雑録三。
（15）容前掲論文。
（16）同右。
（17）（光緒）広州府志、巻一六二、雑録三。
（18）容前掲論文。
（19）「重修広東通志職名」、（道光）広東通志に所収。
（20）陳前掲「重修粤秀書院記」。
（21）大谷敏夫「包世臣の実学思想について」『東洋史研究』第二八巻第二・三号、一九六九年。（のち同『清代政治思想と阿片戦争』同朋舎出版、一九九五年に再録）、同「清末史地学研究の背景――李兆洛の学との関連において」『鹿児島大学人文学科論集』第一七号、一九八二年。（のち同『清代政治思想史研究』汲古書院、一九九一年に再録）
（22）蒋彤『武進李先生年譜』巻二。

（23）銭実甫編『清代職官年表』第四冊「会試考官年表」、中華書局、一九八〇年。
（24）『海録』については、拙稿「『海録』小考」『研究年報（奈良女子大学文学部）』第二九号、一九八六年を参照。

第三章　両広総督李鴻賓のアヘン政策論

はじめに

道光元（一八二一）年に発生した葉恒澍事件の結果、アヘンの取引が珠江河口外の零丁洋という洋上で行なわれるようになると、「外禁」政策の責任問題に大きな変化が見られた。すなわち、来航した外国船はあらかじめアヘンを零丁洋に停泊する「躉船」に積み降ろした後、合法品だけを積んで黄埔に入港した。そこで、行商（保商）が保証し、アヘンは積まれていないという誓約書を出した外国船にはもはやアヘンはなく、また、「躉船」はアヘン専用貯蔵船で通常の貿易をしなかったから、保商を必要としなかった。したがって、カントン官僚はこれまでのように「外禁」政策に伴う責任を行商に転嫁することができなくなった。要するに、一八二〇年代以降、「外禁」政策の責任はカントン官僚の肩に重くのしかかることになる。筆者は、こうした変化を「外禁」政策の構造的変化と理解したのである。

それでは、こうした変化によって生まれた新しい状況に対してカントン官僚はどのように対応したのか。また、彼らの対応は清朝のアヘン政策にいかなる影響を及ぼしたのか。こうした課題を本章では、道光十（一八三〇）年前後に両広総督の任にあった李鴻賓のアヘン政策論を中心に解明することにしたい。

第一節　李鴻賓の「外禁」困難・「内禁」優先論

李鴻賓（?～一八四六年）は江西省徳化県の人、字は鹿苹、嘉慶六年の進士である。(1) 彼は道光六年五月十七日から十二年八月二十日までの約六年間、両広総督の任にあった。彼と広東省との関わりはこれが初めてではなく、かつて嘉慶二十三年四月二十日から翌年閏四月一日の間、広東巡撫であった。当時の両広総督は阮元（嘉慶二十二年九月十二日から道光六年五月十七日まで在任）であり、その阮元の後任として李は両広総督に任命されたのである。(2)

なお、李の総督在任中、広東巡撫は成格（道光五年八月五日～八年八月十二日）、盧坤（道光八年八月十二日～一〇年八月二十七日）、朱桂楨（道光十年八月二十七日～十三年七月二十五日）である。(3) このうち盧と朱はいずれも嘉慶四年の進士で、その会試の副考官は阮元であったから、阮と二人は所謂る座師-門生の関係にあった。(4) この事実は、かつての阮総督-李巡撫関係と合わせて、道光六（一八二六）年の総督離任後も阮元の影響力が広東省に残っていたことを示唆している。

ところで、昭槤の『嘯亭續録』巻二、「李鴻賓」の條に、

海疆の禍、鴻賓が両広総督為りし時、貪りて之を縦し、該夷をして肆に行ないて忌むこと無からしむるを致す。癰を養いて患いを貽すこと、鴻賓自り始まるなり。

とあり、両広総督李鴻賓の貪欲で放縦な対外姿勢が「海疆の禍」、つまりアヘン戦争の遠因となったと指摘されている。

そこで指摘されたような李の対外姿勢については、まず『清史稿』巻三六六（列伝一五三）の彼の伝記のなかに、行商たちの反対にもかかわらず、彼は外国人から賄賂を受けて新しい行商の補充を認めたことが記されている。また、洋上でのアヘン取引を取り締まるために彼が設置した「巡船」が、かえって中国側のアヘン業者から賄賂を取ってアヘンの密輸を黙認した事実もすでに明らかにされている。(5)

しかし、指摘された李の貪欲で放縦な対外姿勢とは、そのような事実に限ったことではなかった。むしろ、それは本章で明らかにされるように、彼のアヘン問題に対する基本姿勢に深く根ざしていたのである。

（一）「外禁」困難論

既に序章で概観したように、一八二〇年代に入るとイギリスの地方貿易商人がイギリス東インド会社の専売制下に組み込まれていないマルワ・アヘンを大量に中国へ輸送し始めた結果、それまで四千箱台で横ばいしていたアヘン流入量は増加に転じ、一八二六年に約一万箱、三〇年に約二万箱と急増していった。また、二〇年代にはロンドンに国際金融市場が成立し、地球上で行なわれる貿易がロンドンで多角的に決済される構造が誕生した結果、カントン市場においてもこれまで茶貿易を銀で決済していたアメリカ商人が所謂るアメリカ手形で決済するようになった。そして、こうしたアヘン貿易の急成長と国際金融面での変化によって、一八二七年ごろから銀が中国から流出し始めたのである。

このような銀流出の問題に対して公式な場で初めて警鐘を鳴らしたのが、道光九（一八二九）年正月二十四日の福建道監察御史章沅による上奏[6]だったことは、既に指摘されたとおりである[7]。

　鴉片烟の一物に至りては、流毒滋すます甚だし。該処にて他物の名色と偽標し、夾帯して粤に入る。歳毎に銀に易えること、数百万の多きに至る。此れ豈に尋常の偸漏の比す可けんや。

御史章沅はこのように述べ、アヘン密貿易によって毎年数百万両の銀が中国から流出していると指摘した。これまでアヘン問題を「風俗人心」上の問題とみなしてきた清朝中枢部はこの上奏以後、この問題をなによりも銀流出に伴う経済・財政上の問題と認識することとなる。

　当時、中国に流通していた貨幣は、銀と銅銭である。当時はまだ銀貨は鋳造されず、銀はいろいろな形状のものが目方と純度を量って秤量貨幣として流通していた。馬のひずめに似た形をしているので「馬蹄銀」、文様があるので「紋銀」とも呼ばれた。他方、銅銭は伝統的な「円形方孔」の形をした鋳造貨幣である。そして、銀一両（約三七・三グラム）が銅銭千文（枚）に相当するのが両者の基準的な交換比率であった。この比率がアヘン流入量の急増に起因する銀の流出の結果、「銀貴銭賎」（銀高銅安）になった。

　納税者は納税に際して、日常的に使用している銅銭を銀に両替して納税したから、納税者にとって銀高は事実上、増税に他ならなかった。ということは、納税できないものが増えたから、結果として清朝の税収は減少した。このように、アヘン貿易の急成長による銀の流出は銀高銅安をもたらし、銀高銅安は結局、事実上の増税となって納税者の生活を脅かし、ひいては税収減となって清朝の財政にも大きな打撃を与えた。アヘン問題が経済・財政上の問題であるということは、そういうことであった。

　さて、章沅の上奏を受理した道光帝は、銀流出に対する防止策の具体的な検討を両広総督李鴻賓らに命じた[8]。

その結果、李は道光九年六月初一日の上奏で「査禁官銀出洋及私貨入口章程」を答申した。この上奏はまず銀の流出について、行商は外国商人に「番銀」、つまりスペイン・ドルで支払うことはあっても、中国の銀である「官銀」（＝「紋銀」）を用いることはないと述べる。またアヘンについては、章沅が指摘したように他物と偽って密輸することはなく、「近年以来、各国の夷船、粤に到るに、咸な禁令を知れば、並えて敢えて鴉片を夾帯するの情事有らず」と述べている。[9]

このように李は全体として「官銀」の流出とアヘンの流入を否定しながらも、同時に、

夷商は物を売るに敢えて官銀を強いざるも、内地の奸民、一、二、微利を貪図し、密かに偸送を為すこと無きを保し難し。夷商は粤に来たるに、敢えて禁物を私帯せざるも、夷船の水手、一、二、法を設けて巧みに蔵し、暗に販売を為すこと無きを保し難し。

とも述べ、「内地の奸民」による官銀の流出や「夷船の水手」によるアヘンの流入が少しはありうることを示唆している。

ところで、この上奏で最も問題とすべきは、零丁洋でのアヘン取引の実態を李が正確には報告していないことである。前述したように、当時、アヘンを積んできた外国船はまず零丁洋に停泊する「躉船」にアヘンを積み降ろした。そして、中国側のアヘン輸入業者は広州府城外西側に設けられていた外国人居留区域（「夷館」）内の外国商会にあらかじめアヘンの代金を支払い、その領収書（「票単」）を持って快速船（「快鞋」「快蟹」「扒龍」）で零丁洋上の「躉船」へ赴いてアヘンを受け取った。そして、外国船は合法品だけを積んで黄埔に入港していたのである。[10]

したがって、これまでアヘンが取引されていた黄埔やマカオでは、確かに李が言うように「鴉片を夾帯するの情事有らず」という状況になった。しかし、外国商人は「咸な禁令を知」ってアヘンを密輸しなかったのではもちろんなく、ただアヘンの取引場所が沖合いの零丁洋へ移ったにすぎなかった。また、その取引は「夷船の水手、一、二、法を設けて巧みに蔵し、暗に販売を為す」と李が言うような小規模なものでは決してなかった。ただ、この上奏で答申された「章程」の第七条に、

夷船が粤に来たりて洋面に湾泊するの時に於て、厳密に巡査し、倘し民船の攏近すること有らば、立即に拏解して究辦し、以て鴉片及び違禁の貨物を代運するを防がん。

とあり、この部分は零丁洋でのアヘン取引を暗に示唆したとも考えられる。しかし、そこでは「倘し……」と表現され、あくまでも洋上でのアヘン取引が将来にありうる、または、たまにはありうる事態としてしか言及されていない。このように、李のこの上奏が、零丁洋で行なわれている大規模なアヘン取引の実態を正確に報告していないことは明らかである。

前述したように、アヘンが零丁洋で取引されるようになると、「外禁」政策の責任は行商に転嫁できなくなり、カントン官僚が負わなければならなくなった。したがって、カントン官僚にとって、アヘンの取引場所が零丁洋へ移ったことは清朝中枢部に知られたくない事実だった。

今回の上奏が暗にそうした事実を示唆しながらも、全体としてはアヘン貿易の存在を否定しながら、それを正確に伝えなかった背後には、「外禁」政策の責任を出来る限り回避したいというカントン官僚の思惑があったと推察される。しかし、こうしたカントン官僚の事実秘匿に対して、この時点では清朝中枢部から何も疑念は挟ま

れず、道光帝もこの上奏に対して、

奏を覧たり。均しく周妥に属す。実力に奉行し、日久しくして懈り無きを要と為せ。

と硃批[11]を下したにすぎなかった。

ついで、李鴻賓は道光九年十月二十八日の上奏[12]のなかで、

該夷船は未だ進口せざるの先きに当たる毎に、外洋に停泊し、雨夜に兼乗し、潜かに快艇を用い、分途して偸運す。

と述べている。その内容は、外国人がアヘンを外洋から内地へ運んでいるかのようにも読みとれる書き方をしている点で正確さを欠くが、前回の上奏中の示唆的な言及に比べれば、アヘン取引の実態にやや近づいた説明となっている。おそらく李は、清朝中枢部も早晩、実態を知ることになるだろうから、いつまでも事実を隠しつづけることはかえって自分のためにならないと判断し、今回の上奏で一歩踏み込んだ説明に及んだものと推察される。

しかし、そのこと以上に重要なのは、右の引用に続く次の部分である。

縦い沿海巡査の員弁、碁布星羅し、断じて敢えて稍も疎懈有らざるも、港汊紛歧なれば、以て週察し難きの勢い有り。

すなわち、洋上を拠点とするアヘンの密輸に対して、沿海での取り締まりを厳しく実行したとしても、入り組んだ海岸線に散在する港をすべて監視することは難しいと李は言うのである。

いずれ実態が明らかにされれば、零丁洋でのアヘン取引を禁止することが「外禁」政策の具体的内容となり、その責任は両広総督を始めとするカントン官僚が負わなければならないことになる。誰よりもそのことを理解していた李は、一方ではアヘン取引の実態を少しずつ明らかにしながら、他方では、将来予想される「外禁」実施の命令に先手を打って、その困難さをあらかじめ弁明して自己保身を図った。それが今回の上奏に潜む彼の意図ではなかったか。いずれにせよ、この上奏で李鴻賓の「外禁」困難論が初めて吐露されたのである。

(二)「内禁」優先論

道光九年十二月十六日の李鴻賓に対する寄信上諭[13]は、まず「洋銭」(=「番銀」、つまりスペイン・ドル)による「収買」で「紋銀」が流出していると述べ、ついでアヘン貿易の弊害を「洋銭の害に較べて尤も甚だしと為す」と重大視した上で、

鴉片烟泥に至りては、則ち又た外夷の腐穢を以て、潜かに内地の銀両を耗らす。〔……〕該督等、治体に通達し、深く積弊を悉くし、必ず須らく如何に其の来路を截ち、如何に其の分銷を禁ずるかを将てすべし。

と云い、アヘン取り締まり策の検討を命じた。この上諭で云う「其の来路を截」つことが「外禁」に、また「その分銷を禁ずる」ことが「内禁」(この場合は販売禁止)にあたることは言うまでもない。すなわち、この上諭は「外禁」と「内禁」の具体的検討を李に命じたのである。

これに対して李は道光十(一八三〇)年正月二十八日の上奏[14]で、流毒きわまりないアヘンに対しては「誠に聖諭の如く、必ず須らく其の来路を截ち、その分銷を禁ずべし」とまず述べ、「外禁」「内禁」双方の検討を命じた

上諭に同意の姿勢を見せながらも、

惟だ分銷は内地に在るに係れば、密かに之が防を為し、与に厳制するに法を以てすれば、尚お随時に処置す可し。来路は則ち外夷自り出で、相い大海を隔てること、数万里の遥かに至れば、其れを阻みて至らざらしむるに従し無し。越南、暹邏等の国の如く、如し法に違うこと有れば、尚お厳切に該国に照会し、飭して禁止せしむ可きに非ず。是れ来路は未だ截ち易からざるに似たり。仍ち惟だ分銷を厳禁し、其の輾転と偸売するの地をして在在に堵禦せしむること有るのみ。該夷等、発販行なわれず、重利の図る可きこと無きを致すを見れば、或るいは遂に其の満載して来たるの念を抑えん。是れ仍ち分銷を禁ずるを以て、来路を截つと為すの策なり。

と述べている。要するに、「内禁」が比較的に容易であるのに比べて、「外禁」は難しく、また、国内で販売できなくなれば、外国人もアヘンを密輸しなくなるだろうから、「内禁」によって「外禁」の効果をもたらしたい、と彼は「内禁」優先を主張したのである。

ところで、前回の上奏で初めて「外禁」困難論を吐露した際、李はその理由として洋上・沿海における取り締まりの難しさを挙げていた。今回も彼は「外禁」困難論を述べているが、その理由は前回と違って、ベトナムやシャムなどの国であれば、各々の国にアヘン輸送の禁止を照会できるが、アヘン輸送に従事するものたちの国は中国から遥か遠くにあるのでそうした措置を取ることができないと云い、対外的な事情を挙げている。

このように李は今回の上奏で別の理由を挙げて「外禁」困難論を再び主張すると同時に、さらに一歩進んで「内禁」優先論を提議した。その意図は前回と同じく、カントン官僚が負うべき責任を何とか軽減させることにあったと考えられる。既に述べたように、「内禁」政策を遂行して責任を負うのは全国の官僚であり、「外禁」政策の場合のようにカントン官僚だけが突出して責任を負うものではなかった。要するに、官僚の責任問題から見れば、清朝のアヘン政策が「外禁」よりも「内禁」を優先させることは、カントン官僚にとって好ましい状況を意味したのである。

さて、「外禁」困難・「内禁」優先論を提議した李のこの上奏に対して、道光帝は同年三月初五日に「知道了」との硃批を下して承認した[15]。そこで李は五月初十日の上奏[16]で「査禁紋銀偷漏及鴉片分銷章程」を答申し、紋銀の流出とアヘンの国内販売を禁止するための具体策を提案した。

この「章程」全六条の内容は、第一条で「洋商」(行商)による紋銀での支払いを禁止すること、第二条で洋上におけるアヘン密輸・紋銀流出の防止策、第三条で沿海の「関口」におけるアヘン密輸・紋銀流出の取り締まり強化策、第四条で「洋商」「通事」「買弁」によるアヘン密輸・紋銀流出の査察が各々提議されており、以上の四条はアヘン密輸にも言及しているが、主として「紋銀の偷漏」に対する防止策である。

ついで、第五条で「内地分銷」、つまりアヘンの国内販売に対する禁止策、第六条で国内「関卡」でのアヘン取り締まり強化策が各々提議され、この二条が「鴉片の分銷」に対する防止策である。こうして、全体六カ条が「紋銀の偷漏」と「鴉片の分銷」を「査禁」する「章程」となっている。そして、彼は「章程」の第五条において、

只だ厳しく内地の分銷を禁ず可くんば、以て漸く来路を塞ぐに庶からん。

と述べ、国内におけるアヘン販売(「内地の分銷」)の厳禁、つまり「内禁」を優先すべきことを繰り返し主張し

ている。[17]

ところで、李はこの上奏のなかで、

内地の奸民、夷船初めて外洋に停泊する毎に、即ち深宵・雨夜に乗じ、私かに洋面に赴き、潜かに夷船に向かいて接買し、偏僻なる港汊由り各処に偷運して售売し、又た或るいは商漁の船隻、攏近して偷銷し、吏役・兵丁等、規を得て庇縦するは、皆な免れざる所なり。

と述べ、零丁洋でのアヘン取引について、これまでで最も実態に即した説明を行なっている。

なぜ李はこの上奏でアヘン取引の実態をこれまでよりも正確に報告したのだろうか。

その理由については、前回の上奏で主張した「外禁」困難・「内禁」優先論が清朝中枢部の承認を得たという、カントン官僚にとっては好ましい状況の推移のなかで、これまで曖昧にしてきたアヘン取引の実態をやや正確に報告する余裕が今回の李に生まれていた結果であると推察したい。あるいは、これまでと同様に、アヘン取引の実態を少しずつ詳しく報告するのは、今後の状況変化――つまり、いつまた「外禁」優先に戻るかもしれない――をにらんでの彼一流の自己保身術と考えるべきかもしれない。

そのことはさておき、この上奏に対して道光帝は六月十七日の上諭[18]で、

該督等、既に経に章程を釐定すれば、自ら応に認真に査察すべく、務めて当に所属を厳飭し、実力に奉行せしむべし。犯有れば、必ず懲らす。視て文告故事と為し、日久しくして又た有名無実を致すを得る無かれ。

と云い、答申された「章程」を裁可し、その実施を厳命したのである。

郵便はがき

料金受取人払

左京局
承認

9100

（差出有効期限
平成 17 年
12月31日まで）

606-8790

（受取人）
京都市左京区吉田河原町15-9　京大会館内

京都大学学術出版会
読者カード係 行

■ご購読ありがとうございます。このカードは図書目録・新刊ご案内のほか、編集上の資料とさせていただきます。お手数ですが裏面にご記入の上、切手を貼らずにご投函ください。

お手数ですがお買い上げいただいた本のタイトルをお書き下さい。

本書についてのご感想・ご質問、その他のご意見など、ご自由にお書きください。

お名前

（　　　　歳）

ご自宅住所

〒

ご職業

■ご勤務先・学校名

所属学会・研究団体

ご購入の動機

A．店頭で現物をみて　B．新聞広告（紙名　　　）
C．雑誌広告（誌名　　　）　D．小会図書目録
E．小会からの新刊案内（DM）　F．書評（　　　）
G．人にすすめられた　H．テキスト　I．その他

ご購入書店名

都道　市区
府県　町　書店

京都大学学術出版会 TEL（075）761-6182
FAX（075）761-6190

さて、この上諭の一週間後、六月二十四日に江南道監察御史邵正笏は国内における罌粟の栽培・アヘンの製造を禁止すべきことを奏請し[19]、その結果、そうした行為に対する刑罰が同年十二月十八日に初めて明定される[20]。ついで、翌十一（一八三一）年五月十五日の兵科給事中劉光三の奏請を受けて[21]、同年六月十六日にアヘン吸飲に対する刑罰が加重される[22]。また、同年五月十六日の上諭は、陝甘総督楊遇春の奏請に従い、煙具（アヘン吸飲用のキセル）の製造・販売に対する刑罰を初めて明定する[23]。

これら一連のアヘン禁令そのものについては既に明らかにされているので[24]、ここで詳しくは述べない。ただ、これまでの研究には、筆者のように清朝のアヘン政策を「外禁」と「内禁」に区別する視点がなかったから、これら一連の禁令がすべて「内禁」であることに特別の注意を払ったものはほとんどなく、ましてや、この時期にこうした「内禁」政策が矢継ぎ早に打ち出された理由に言及したものも当然ながらなかった[25]。改めて言うまでもないが、これら一連の「内禁」実施は、李鴻賓の「内禁」優先論が清朝中枢部の承認を得たことの具体的な結果だった。十八世紀末以来、一貫して「外禁」政策を優先させてきた清朝のアヘン政策は、道光十（一八三〇）年の半ばにおいて「内禁」優先へと逆転したのである。

第二節　「内禁」優先論の挫折

（一）御史馮賛勲の「外禁」優先論

清朝の「内禁」優先策はそう長くは続かなかった。その転機となったのが道光十一年五月二十四日に湖広道監察御史馮賛勲が行なった上奏(26)である。この上奏は次の二点で重要である。まず第一に、零丁洋でのアヘン取引の実態が初めて詳細に明らかにされた。そして第二に、「外禁」優先が主張されたことである。

第一点については、この上奏の末尾で「臣が祖は広東に籍し、訪聞は確切なり。凡そ縷陳する所は、皆な現在の情形に係る」と彼も自信ありげに述べるように、おそらくカントン情報に基づいて、零丁洋での取引の実態を詳細に説明している。そして、そのことが第二点の「外禁」優先論に説得力をもたせることにもなっているのだが、紙幅の制約もあるので、その紹介は省略し、ここでは第二点の「外禁」優先論に的を絞って検討することにしたい。

さて、上奏の冒頭で馮は、前述した邵正笏の奏請を契機に設けられた国内における罌粟の栽培・アヘンの製造に対する禁令に触れながら、

惟だ内地の種える所の烟漿は絶ち易し。而れども外洋の来たらす所の烟土は窮まり無し。固より宜しく其の

去路を清くすべくも、尤も当に其の来路を絶つべくんば、其の害除く可きに庶からん。

と述べ、「其の去路を清く」すること、つまり流入アヘンの流通・販売を禁ずる「内禁」を当然なすべきだが、それにもまして「其の来路を絶つ」べきであると「外禁」優先論を主張した(27)。そして、

査するに、鴉片烟は外洋自り来たり、実は広東に聚る。其の源を清くせんと欲すれば、当に広東自り始むべし。

と云い、優先すべき「外禁」政策は当然ながらアヘン流入の地、カントンでまず実施すべしと説く。つづいて上奏は、前述したように零丁洋でのアヘン取引の実態を詳細に説明した上で、結論として、

烟躉に至りては、囤積の淵薮為れば、尤も宜しく駆除・浄尽すべし。応に総督・関督に責成し、厳しく各夷を禁じ、貨船の外に於て、另に船隻を設けるを得ざらしむべし。其の或るいは遵わざれば、該国の貨船を将て、一併に駆逐・出境せしめ、以て王章を粛みて例禁を申ぬ。此くの如くんば、則ち来路絶ちて其の源清くならん。夷船、烟土有りと雖も、処として蔵匿・銷售すること無からん。嗣後、自ら肯えて復た帯せざれば、一、二年ならずして、内地将に禁ぜずして自ら絶えんとす。

と述べ、「烟躉」、つまり零丁洋の「躉船」に対する取り締まりを具体的内容とする「外禁」の実施を両広総督らに命じるよう要請したのである。

この奏請を受けた道光帝は翌五月二十五日、李鴻賓に対する寄信上諭(28)のなかで、

鴉片烟、流毒最も甚だし。前に已に屡ばしば諭旨を降し、各直省の督撫に通飭し、各の地方の情形に就いて章程を設立し、厳しく査禁を行なわしめり。惟だ鴉片烟は多く外洋自り来たり、実は広東に聚るに係る。若し来源を杜絶せざれば、是れ本を揣らずして末を斉えるなり。内地にて厳しく章程を定むと雖も、事に於て究に俾益無からん。

と述べ、最近に着手した「内禁」も「外禁」を伴わなければ無益であるとの認識を示した上で、

現に経に有人〔馮賛勲〕条奏す。陳べる所の各弊、是れ実在の情形なりや否や、李鴻賓等に著して確かに査覈を加えしむ。如何に烟土をして私入する能わず、洋面をして私售する能わず、各夷をして貨船の外に於て另に船隻を設けるを得ざらしむるかの処、悉心に酌議し、務めて来源を将て杜絶し、以て根株を浄め、内地に流入せしむる勿く、以て後患を除け。

と云い、馮が指摘したアヘン取引状況についての事実調査と、「来源」の「杜絶」、つまり「外禁」実施を李に厳命したのである。

こうして清朝のアヘン政策は再び「外禁」優先に戻った。そうさせた理由のひとつは、馮の上奏によって清朝中枢部が零丁洋でのアヘン取引の実態を初めて詳細に知りえたことである。換言すると、清朝のアヘン政策がこの間、「内禁」優先に逆転した背景には、両広総督李鴻賓による故意の秘匿によって清朝中枢部が取引の実態を充分に把握していなかった事情もあった。したがって、その実態が詳細に明らかにされたとき、「内禁」優先論を支えていたひとつの根拠が大きく崩れ、清朝のアヘン政策は「外禁」優先へ回帰したのである。

（二）　李鴻賓の対応

事実調査と「外禁」実施を厳命された李鴻賓はどのように対応したか。その検討に入る前に、当時、李に対する道光帝の評価が非常に高かったことに触れておかねばならない。というのも、そのことがこの間のアヘン論議にも微妙に影響していたと思われるからである。

さて、道光十年九月に李は協辦大学士を授けられ[29]、翌十一年正月の京察に際しても、「李鴻賓、封疆に歴任し、実心に事に任ず。著して部に交して議叙せよ」との上諭[30]が下されている。そして、同年八月に彼は入覲した[31]。今回の入覲は道光帝五十歳の万寿節（八月十日）の祝賀行事に参列するためと思われる。『大清宣宗成皇帝実録』の八月丁亥（八日）の條に、「先師孔子を祭る。協辦大学士両広総督李鴻賓を遣わして礼を行なわしむ」とある。そして、入覲に際しても、「李鴻賓、京に来たりて陛見す。適ま万寿の慶辰に値たり、其の力を封疆に宣べること、有年なるを念い、著して恩を加えて花翎を戴せしむ[32]」とあり、長年にわたる地方大官としての功績に報いるため花翎を与えられている。

このような万寿節に伴う入京が主な原因と思われるが、事実調査と「外禁」実施の厳命に対する李の公式な回答はかなり遅れ、同年十二月二十四日の上奏[33]となる。ただ、この上奏のなかに、

> 臣李鴻賓、秋間、京に抵りて陛見す。聖諭を面奉するに、鴉片の害、務めて須らく法を設けて来源を杜絶するを以て、再三に誥誡されり。

とあり、万寿節の際に陛見した李に対して道光帝は直接に、「来源を杜絶する」こと、つまり「外禁」の実施を

命じていた。

それでは、こうした再三にわたる「外禁」実施の厳命に対して李はこの上奏でどう応じたのか。結論を先に言えば、彼はこれまで同様に「外禁」困難・「内禁」優先論を繰り返したのである。

彼はまず、既に馮の上奏で詳細に明らかにされた零丁洋でのアヘン取引について、

> 該夷人の鴉片を帯有せる各船、遂に皆な伶〔零〕丁洋に于て、先ず拋泊・逗留を行ない、以て彼に在りて偸売するに便とす。該処は大洋の中に当たり、四通八達すれば、惟だに附近の奸匪、艇を駕し、私往して価買するのみならず、凡そ洋に通ずるの各省も航海して来たり、販貨に藉りて名と為し、零丁に駛向し、暗に烟坭を購い、帆を揚げて以て去らざるは無し。

と述べ、馮の上奏で指摘された状況が全体として事実であることを認めた。ただ、同時に、いくつかの些細な点についてはその誤りを指摘し、「条奏中の陳べる所の情形、尽くは確実ならず」と自己主張する意地も見せている。

このように李は馮の上奏が指摘したアヘン取引の状況を全体として事実と認めながらも、その取り締まりについてはこれまで同様に「外禁」困難論を繰り返す。まず、道光十年正月の上奏でも述べていたように、

> 鴉片は英吉利国・港脚等の処自り来たる。歴来、内地の官員、従つて与に文檄を通ぜず。越南・暹羅等の国の如く、以て該国王に照会し、諭して載運・前来を准さざらしむ可きに非ず。是れ鴉片の来路、其れに向かいて阻止するに従し無し。

と云い、ベトナムやシャムの場合とは違って、イギリスや「港脚」（＝地方貿易商人）の場合は、その国王に対してアヘン輸送の禁止を照会で要請できないから、アヘン貿易を禁止することは難しいと説明する。また、アヘンを輸送する外国船は、

数万里の遥かを歴れば、断じて未だ銷售を図らず、甘心して帯回するの理有らず。

とも述べている。その結果、行なわれる零丁洋でのアヘン取引については、

蓋し大洋は広濶なれば、即ち四路跟踪して巡緝するも、已に椗を啓いて遠颺すれば、査察既に周くし難き有り。追撃も亦た皆な及ばず。

と、これまで同様に洋上での取り締まりが難しいことを説明している。さらに、

該夷船、零丁の外洋に停泊して私売するに迨びては、若し専ら省河の快艇、夜に乗じて偸買し、及び潮・雷・瓊等の府、私かに海洋由り販運するに係れば、則ち人地は皆な本省に属し、猶お慴かすに厳威を以てし、四路堵禦す可し。今は則ち福建の厦門、浙江の寧波、直隷の天津、倶に海船有りて零丁に直達し、夷船と私かに相い授受す。重洋浩渺、省を隔てて前来すれば、其の勢い、兜截し難し。縦い多く水師の兵船を派して圍捕し、甚だしきは或るいは炮を用て轟撃せしむるも、其の潜かに避けて旋ち来たらざるを保し難し。是れ銷路も亦た尽く遏めるに従し無し。

と述べ、零丁洋でのアヘン取引に従事する中国側の船隻が広東省のものだけでなく、厦門、寧波、天津といった

広東省以北の諸省からのものもいることを指摘することによって、洋上での取り締まりの困難さを強調している。

こうした状況の指摘には、零丁洋でのアヘン取引に対する取り締まりについては、広東省だけでなく、以北の諸省にも責任があることを暗に訴え、「外禁」実施に伴う責任を軽減させたいというカントン官僚の意図もあったに違いない。はたして、李はこの上奏で広東省以北の諸省から出洋する船隻の検査強化を要請している。

さらに注意すべき点は、ここで李が云う、取り締まるべき洋上でのアヘン取引とは、あくまでも中国側におけるアヘンの輸送・販売であるから、「内禁」の対象であるということである。

このように李は「外禁」実施の困難さとともに、洋上の「銷路」を取り締まる「内禁」も困難であると述べた上で、「再四思維するに、殊に良策無し」となかば匙を投げながらも、現実の対策としては、①外国のアヘン密輸船の駆逐、②「躉船」の禁止、③広東省に属する中国船の零丁洋接近の禁止、④各省から零丁洋に来航してアヘンを密輸入し、各地へ輸送して販売する中国船の取り締まり強化を要請した。このうち、①②が明らかに「外禁」であるのに対して、③④は零丁洋に来航する中国船による洋上の「銷路」に対する取り締まり策としての「内禁」である。そして、結論として李鴻賓は、

銷路以て漸く稀れなるを得れば、来源も亦た漸く塞ぐ可し。

と述べ、①②の「外禁」よりも、③④の「内禁」を優先すべきであると主張したのである。(34)

なお、論旨展開の都合上、ここでは触れないが、李のこの上奏には、のちに次第に明確化されるカントン「弛禁」論の萌芽に関係する箇所がある。そのことについては、カントン「弛禁」論を取り上げる第六章で詳論したい。

さて、道光帝の事実調査と「外禁」実施の厳命に対して、李は指摘された零丁洋でのアヘン取引状況を全体として事実と認めながらも、これまで同様の「外禁」困難・「内禁」優先論を繰り返し、現実の対策としても、別に目新しいものを打ち出さず、いわばお茶をにごしたような上奏で応えたにすぎなかった。これに対して道光十二（一八三二）年二月五日の上諭[35]はまず、

鴉片煙は外洋自り来たれば、必ず応に来路を遏止すべし。

と云い、「外禁」優先を再確認した上で、李が現実の対策として挙げた諸提案を裁可した。しかし、この上諭は、李が上奏で繰り返した「外禁」困難・「内禁」優先論には一切触れないばかりか、その冒頭で「李鴻賓等、鴉片煙の来源を査禁するの一摺を奏す」と述べ、あたかも李が「外禁」の積極的な実施策を奏請したかのように表現している。

既に見たように、上奏における李が「外禁」実施に消極的なことは明らかであり、こうした上諭の受け止め方には不自然さがつきまとう。清朝中枢部は「外禁」優先の方針を確認しながらも、カントン官僚の苦しい立場に一定の理解を示したのかもしれない。上諭に見られる不自然さはそうした妥協の産物と推測しておきたい。また、そうした妥協的な姿勢の背後には、当時、李に対する道光帝の評価が非常に高かったという前述した事情もあったかもしれない[36]。

その当否はさておき、馮の上奏を転機に清朝のアヘン政策は再び「外禁」優先に戻ったが、両広総督李鴻賓は相変わらず「外禁」困難・「内禁」優先論を唱え、厳命された「外禁」実施に積極的に応じる姿勢を示さなかった。そして、そうした李の姿勢を道光帝もなかば黙認したのである。

（三）「外禁」優先の確定

李鴻賓が「外禁」困難・「内禁」優先論を繰り返していた頃、のちに彼の運命を大きく左右することになる事件が発生していた。すなわち、道光十一年末に湖南省南部で趙金龍に率いられた「猺族」が反乱を起こしたが、それに呼応して翌十二年二月、湖南省に接する広東省連州の「猺族」も決起したのである(37)。湖南省南部の反乱は五月に鎮圧されたが、連州の反乱は一向に鎮圧されず、五月には広東の官兵が大敗を喫した(38)。その結果、六月に両広総督李鴻賓は道光帝から叱責されて「革職留任」の処分を受け、また花翎を剥奪された(39)。そして八月に、連州の反乱を鎮圧するために派遣されていた戸部尚書禧恩らによって、反乱に対する李の対応を弾劾する上奏が出された。その上奏に対する八月二十日の上諭に(40)、

該〔広東〕省の調されて軍営に至るの戦兵六千余名、山を走るに慣れず、沿海の各営の兵丁、多く鴉片煙を吸食する者有れば、兵数は多しと雖も、力を得難し。

とあり、禧恩らの上奏によって広東兵丁のアヘン吸飲が指摘されたことを知りうる。そして、そのことも含めて反乱鎮圧に対する姿勢を弾劾された李は、この上諭で「革職」された上で「交部治罪」を命ぜられた。また同日の別の上諭(41)で、後任の両広総督には、湖南省南部の「猺族」反乱鎮圧に功績を挙げた湖広総督の盧坤が調任されたのである。

こうして再び湖広道監察御史馮賛勲が登場する。彼は同年八月二十六日の上奏(42)において、

臣竊かに見るに、近日、粤、閩各省の兵丁、鴉片煙を吸食する者甚だ多く、即ち将弁中の食する者も亦た復た少なからず。故を以て相い率いて尤に効い、愈よ食して愈よ衆し。将は弁を禁ずる能わず、弁は兵を禁ずる能わず、遠近、風を成し、恬として怪しむを為さず。事無ければ、則ち偸安懈怠し、事有れば、則ち孱弱にして堪えず。現在、連州の進兵、疲軟して事を誤るは、此れ其の彰明なること較や著なる者なり。若し厳しく査禁を行なわざれば、将来、日、一日と甚だしく、惟だに一兵、一兵の用を得ざるのみならず、竊かに恐るらくは、一省並えて一兵の用無からん。其の貽患為るや、勝げて言う可からず。

と述べ、連州の反乱を鎮圧できなかった広東兵丁のアヘン吸飲を例に挙げながら、広東・福建両省の武官・兵丁におけるアヘン吸飲の蔓延を指摘し、その結果としての軍事力の弱体化に警鐘を鳴らした。そして、このようなアヘン吸飲による軍事力の弱体化が清朝支配体制の重大な危機を意味しており、アヘン問題のもつこうした軍事的矛盾を清朝が衝撃的に受けとめたことについては、既に田中正美氏が指摘されている(43)。

また李鴻賓にとっては、この馮の上奏が駄目押しとなり、同年十一月二十五日の上諭で、彼を「烏魯木斉へ発往して効力贖罪」させる旨の処分が決定することになる(44)。

ところで、馮の上奏はこのように武官や兵丁によるアヘン吸飲の実態を暴露した上で、「如し兵丁私かに食すれば、即ち兵丁を将て治罪し、並びに該管の将弁を将て、分別して重きに従りて議處」することを要請したが、さらに次のように述べている。

抑も臣、更に請う者有り。上年五月の間、臣曽つて鴉片煙の積弊の源委なるを将て、広東督撫に飭交して査辦せしめ、正本清源の計を為さんことを奏請せり。臣、未だ該督撫の復奏を見るを得ざれば、未だ何かに作して辦理するかを知らず。如し果たして実力に奉行すれば、何ぞ兵丁肆に吸食を行ない、営伍の廃弛、此くの若きに至らん。

すなわち、十一月五日に、零丁洋でのアヘン取引の実態を初めて詳細に説明しながら「外禁」優先を要請した自分の上奏に馮は言及し、その要請に対する広東督撫の回答を自分はまだ知らないが、もしそのとき、彼らが「外禁」を積極的に実行していたならば、アヘン吸飲による軍隊の弱体化を招きはしなかっただろうと言っている。

前述したように、李は入京回任後の十一年十二月に「外禁」困難・「内禁」優先論を繰り返した覆奏を行なっていたが、既に筆者もこの上奏については、お茶をにごしたようなと形容したように、馮もこの覆奏を知りながらも、あえてそれを厳命された「外禁」実施に対する真面目な回答とはみなさなかったのかもしれない。それはともかく、「外禁」実施に対する李の消極的な姿勢こそが、今回のようなアヘン吸飲によって兵丁が役に立たないという事態を招いたと馮は非難したのである。

そして、こうした認識に立って馮は続けて、

査するに鴉片煙は外洋自り来たり、実は広東に聚る。広東の源、清からざれば、各省断じて禁絶し難し。臣が前摺、已に詳細に縷陳せり。相い応に一併に旨を請うらくは、広東巡撫に飭下され、臣が上年に議する所の各条を将て、再に逐細を核酌を行なわしめんことを。

と述べ、前回の上奏と同様に、カントンにおける「外禁」実施を要請したのである。

この馮の上奏に対して翌八月二十七日の上諭はまず、前回の馮の上奏に触れた上で、

旋ち李鴻賓、鴉片煙を査禁する章程を奏到するに據り、当経に旨を降して准行せしめり。昨ごろ禧恩等に據るに奏すらく、広東沿海の各営の兵、尚お鴉片煙を吸飲する者有り、以て陣に臨みて恇怯し、徒らに糧餉を靡やすを致すと。見る可し、該督名づけて査禁と為すも、実は未だ正本清源せざるを。殊に憾む可しと為す。本日又た馮賛勳に據るに奏すらく、弁兵の鴉片煙を吸食するを厳禁し、以て営伍を粛しまんことを請うと。已に明らかに諭旨を降し、各の督撫提鎮をして実力に査禁せしめたり。

とまず述べ、今回、広東兵丁のアヘン吸飲が明らかにされたことによって、李の先の上奏が「外禁」実施についてはまったく有名無実であったことが判明したとし、各省に弁兵のアヘン吸飲を厳禁するように命じたと言う。

李の先の上奏が「外禁」実施については消極的であったにもかかわらず、そうしたカントン官僚の姿勢を清朝中枢部が妥協的に黙認したことは、前述したとおりである。つまり、カントン官僚の「外禁」実施に対する消極的な姿勢には、清朝中枢部にも一半の責任があったのだが、そのことには頬被りをきめ込んで、この上諭は結論として、

朕思うに、鴉片煙は外洋自り来たり、実は広東に聚る。其の源を清くせんと欲すれば、必ず広東自り始む。盧坤、曽つて広東巡撫に任ずれば、自ら当に情形を熟悉すべし。軍務告竣して省に到るを俟ち、必ず須らく鴉片煙何に因りて内地に延入するかの由を査明すべく、即ち大いに防閑を為し、抜本塞源、一労永逸の計を

為すべし。

と云い、馮の奏請を全面的に認めて、連州「猺族」反乱の鎮圧後にカントンで「外禁」実施に取り組むよう、かつて広東巡撫に在任した経験もある新両広総督の盧坤に命じた。こうして、清朝のアヘン政策は「外禁」優先に確定したのである。

おわりに

本章では、アヘン取引の所謂零丁洋時期において「外禁」実施の責任を一身に負うことになったカントン官僚がどのように対応したかを、両広総督李鴻賓のアヘン政策論を中心に考察した。彼の「外禁」困難・「内禁」優先論は一時的に清朝中枢部の承認を受け、その結果、道光十年の半ばに清朝のアヘン政策はこれまでの「外禁」優先から「内禁」優先に逆転し、一連の「内禁」策が実施された。

しかし、約一年後の十一年五月に御史馮賛勲が零丁洋でのアヘン取引の実態を初めて詳細に説明しながら「外禁」優先を奏請すると、清朝のアヘン政策は再び「外禁」優先に回帰した。これに対して李はこれまで同様に「外禁」困難・「内禁」優先論を繰り返し、厳命された「外禁」実施に消極的な姿勢を見せたが、当時、彼を高く評価していた道光帝はそうした姿勢をなかば黙認した。

しかし、道光十二年、連州「猺族」の反乱をなかなか鎮圧できない李に対する評価は急速に低下し、結局、彼は弾劾されて罷免・処罰された。その際、反乱鎮圧に投入された広東兵丁がアヘン吸飲のために役に立たないという実態も明らかにされた。

そして、御史馮賛勲はアヘン吸飲による軍事力の弱体化に警鐘を鳴らすとともに、カントン官僚の「外禁」実施に対する消極的な姿勢こそがそうした事態を招いたと指弾し、再び「外禁」の優先的実施を奏請した。その結果、道光帝は新総督盧坤に「外禁」実施を命じ、ここに清朝のアヘン政策は「外禁」優先に確定したのである。

さて、カントン官僚は「外禁」困難・「内禁」優先論を提唱することによって、清朝のアヘン政策を「内禁」優先に転換させ、「外禁」実施で自分たちが負うべき責任をできる限り軽減しようとした。したがって、「外禁」困難・「内禁」優先論も「カントン・アヘン」論のひとつとみなすことができる。[46] しかし、「カントン・アヘン」論としての「外禁」困難・「内禁」優先論は一時的に成功を収めたものの、結局、挫折して「外禁」優先が確定した。したがって、両広総督盧坤の時代に入ると、「カントン・アヘン」論はまた別の方向を模索することになる。

注

(1) 清史稿、巻三六六、列伝一五三。
(2) 魏秀梅編『清季職官表　附人物録』(下)、中央研究院近代史研究所、一九七七年、五五四、六三九頁。
(3) 同右、六三九頁。
(4) 銭実甫編『清代職官年表』第四冊、「会試考官年表」、中華書局、一九八〇年、二八三一頁。
(5) 来新夏「鴉片戦争前清政府的〈禁煙問題〉」列島編『鴉片戦争史論文専集』三聯書店、一九五八年、九四―九五頁(原載

『南開大学学報』一九五五年第一期)。
(6)清代外交史料、道光朝、第三冊。
(7)田中正美「危機意識・民族主義思想の展開――アヘン戦争直前における」野沢豊他編『講座中国近現代史』一、東京大学出版会、一九七八年、五七頁。
(8)清代外交史料、道光朝、第三冊、道光九年正月二十五日の上諭。
(9)清代外交史料、道光朝、第三冊。なお、この上奏は広東巡撫盧坤、粤海関監督延隆との会奏である。以下、小論では、こうした会奏も両広総督の上奏として取扱うことにする。
(10)零丁洋でのアヘン取引の実態については、さしあたって後出の御史馮賛勲による上奏(清代外交史料、道光朝、第四冊、道光十一年五月二十四日)と道光十六年の許乃済の上奏(中国第一歴史檔案館編『鴉片戦争檔案史料』第一冊、天津古籍出版社、一九九二年、(以下、『史料』と略記)、二〇一頁)を参照。
(11)清代外交史料、道光朝、第三冊。
(12)同右。
(13)同右。
(14)同右。
(15)同右。
(16)同右。
(17)新村容子氏は「内地分銷」の意味について、「偸運入口」から国内販売までに及ぶ一連の活動を指し、密輸も「分銷」の一環と理解される(同『アヘン貿易論争――イギリスと中国』汲古書院、二〇〇〇年、二五二頁)。しかし、筆者の史料解釈によれば、「内地分銷」は「偸運入口」とは区別された活動であり、文字どおり国内販売を指すと考えるべきである。また、李鴻賓の「章程」について同氏は、「井上氏のごとく、この六ヶ条を、国内でのアヘン販売を取り締まる「内禁」を上奏したものと評価することはいささか無理である」(新村前掲書、二五三頁)と批判されるが、本文で述べるように筆者はこの批判を受け入れることができない。なお、拙稿「アヘン戦争前における清朝のアヘン禁止政策について――新村容子氏の批判に答えて」(『人間文化研究科年報（奈良女子大学）』第一八号、二〇〇三年）を参照されたい。

(18) 同右。

(19) 同右。

(20) 清代外交史料、道光朝、第四冊。なお、アヘン戦争前、中国国内における罌粟の栽培・アヘンの製造の実態とそれに対する清朝の対応については以下の諸研究を参照した。目黒克彦「アヘン戦争前の国内ケシ栽培禁止策について――保甲制と『印結』の有効性に関わって」『愛知教育大学研究報告（社会科学）』第三八輯、一九八九年。新村容子「中国アヘンの起源」『就実女子大学史学論集』第一三号、一九九八年（新村前掲書に再録）。出木愛子「アヘン戦争以前の中国におけるケシ栽培・アヘン生産問題について――特に清朝の対応を中心に」『寧楽史苑』第四四号、一九九九年。

(21) 『史料』、七九―八〇頁。

(22) 同右、八八―九〇頁。

(23) 大清宣宗成皇帝実録（以下、『宣宗実録』と略記）。

(24) 于恩徳『中国禁煙法令変遷史』中華書局、一九三四年、郭廷以『中国近代史』第二冊、商務印書館、一九四一年を参照。

(25) 同右。

(26) 清代外交史料、道光朝、第四冊。

(27) 馮賛勲の上奏にある「去路を清める」について、新村容子氏は「中国アヘンの流通取り締まりと解釈することが自然であろう」（新村前掲書、二五五頁）と述べる。しかし、本文で筆者が述べるように、外国産アヘンの国内における流通・販売を取り締まることという解釈の方が自然であると考えている。前掲拙稿を参照されたい。

(28) 清代外交史料、道光朝、第四冊。

(29) 清史列伝、巻三六、「李鴻賓」。

(30) 同右。

(31) 同右。

(32) 同右。

注

(33) 蔣廷黻編『籌辦夷務始末補遺』道光朝、北京大学出版社、一九八八年（以下、『始末補遺』と略記）、第一冊、八七一―八七八頁。なお、李のこの上奏は、イギリス外務省文書 F. O. 223/180, Opium Papers に、「第貳拾捌號」文件として不完全な形で収録されている。また、同文書には、道光十一年五月二十五日の事実調査と「外禁」実施を厳命する上諭を奉じた李が、その上諭を粤海関監督中祥に知らせた「傳諭」（「第壱號」文件）、また同じく李が上諭の内容を行商に伝えた「諭」（「第参號」文件）も収録されている。

(34) 新村氏は「井上説に反して、この「銷路を稀にする」策は「内禁」ではない。貿易船や躉船の駆逐、各省の伶丁洋での密輸禁止を主張している点で、むしろ輸入禁止、すなわち「外禁」である」（新村前掲書、二五五頁）と批判される。しかし、当該史料は、本文で筆者が述べるように解釈するのが妥当であると考えている。前掲拙稿を参照されたい。

(35)『宣宗実録』。

(36) なお、この上諭を奉じた粤海関監督中祥が、アヘンの輸入禁止を外国商人に徹底させるよう行商に命じた「諭」は、注(33)に挙げた外務省文書に「第伍號」文件として収録されている。

(37) 郭廷以編著『近代中国史事日誌』第一冊（清季）、正中書局、一九六三年、四六頁。

(38) 同右、四七頁。

(39)『宣宗実録』、道光十二年六月壬辰の上諭。

(40)『宣宗実録』。

(41) 同右。

(42)『史料』、一二三―一二四頁。

(43) 田中前掲論文、五八―六〇頁。

(44)『宣宗実録』。

(45)『史料』、一二五―一二六頁。

(46) なお、本章では、カントン官僚のアヘン政策論を官僚の責任問題という国内的条件から考察したが、欧米諸国との貿易がカントン社会やカントン体制に及ぼした影響という国際的条件も視野に入れて検討する必要がある。このことについて、イマニユエル・ウォーラーステインの「世界システム」論、就中、その「辺境化」論の有効性を検証しながら、カントン社会が資本主義の世界市場構造のなかに組み込まれていたことを試論的に考察した次の拙論がある。「カントン社会の「辺境化」――「世界システム」論から観たアヘン戦争」谷川道雄編『中国辺境社会の歴史的考察』〈昭和六三年度科学研究費補助金　総合研究（A）研究成果報告書〉、一九八九年。

この拙論の検討結果を前提とすれば、カントン官僚の「外禁」困難・「内禁」優先論はカントン官僚の責任問題だけでなく、資本主義の世界市場構造に組み込まれていたカントン社会の利益代弁者としてのカントン官僚という側面も同時に考慮して理解しなければならないだろう。

第四章　アヘン政策と「失察処分」問題

はじめに

たびたび言及しているように、同じアヘン禁止政策であっても「外禁」と「内禁」では性格が異なる。その相違のひとつが、政策遂行に伴う官僚の責任問題であり、全国の官僚が一律に責任を負う「内禁」に対して、「外禁」はカントン官僚だけが責任を問われる政策だったのである。このように、アヘン政策に限らず、いかなる政策も、その遂行の実態を明らかにしようとするとき、政策の遂行にあたる官僚の責任問題は無視できない重要な検討事項である。

ところで、中国では古くから官僚制が発達した。それに伴い、官僚に対する「考課」、すなわち勤務評定の制度も整備されていった。清朝では、たとえば文職官僚は三年ごとに勤務評定を受けたが、それ以外にも日々の執務上の功過が賞罰の対象とされていた。こうして、アヘン政策の遂行を担当した官僚は、同時に、それに関わる責任を問われることになる。清朝のアヘン政策が実際に効力を発揮しえたか否かは、まさに官僚の責任能力の有無にかかっていたのである。

このような官僚の責任問題を解明する一作業として、本章ではアヘン政策に関わる「失察處分」という監督責任の問題について、アヘン戦争前の道光期を中心に検討していきたい。アヘン政策に関わる「失察處分」については、既に第二章で嘉慶期については若干言及したが、論旨展開の都合上、そのことにも触れながら考察することにしたい。

第一節　問題の所在

アヘン戦争前においてアヘン問題が一向に解決されず、むしろ深刻化の一途をたどった原因について、かつて来新夏氏は「英・米侵略者の破壊と、清政府の貧汚政治が鴉片烟毒を全国に泛濫せしめた」(1)と述べられ、また、田中正美氏は「イギリスのアヘン貿易は、他面、清朝支配者階級の腐敗、より包括的には、清朝統治組織のあらゆる面にわたる構造的腐敗、によって促進された」(2)と述べられた。すなわち、アヘン問題深刻化の原因は、アヘン貿易を積極的に推進したイギリス側と、アヘンの蔓延を禁止できなかった清朝側の双方にあったのである。

このうち清朝側の原因については、来氏の所謂る「清政府の貧汚政治」、田中氏の所謂る「清朝統治組織のあらゆる面にわたる構造的腐敗」の具体的な事実が、両氏を始めとする諸研究によって既に解明されている。それによれば、本来、アヘン禁令を遵守し、徹底すべき立場にある者たち――胥吏、衙役、幕友、家人、兵丁なども含めた広義の官僚層――が、禁令に名を借りて自分たちの利益を追求するアヘン受益者集団と化し、しかも、彼ら自身がアヘンを販売し、吸飲するという禁令の違反者そのものでさえあった。このような広義の官僚層の腐敗――それをここでは「積極的腐敗」と呼ぶことにする――によって清朝のアヘン政策が有名無実化したことは当然の結果であり、筆者にも異論はない。

ただ、清朝のアヘン政策が空文化した原因のひとつに、官僚が「失察處分」を回避するためにアヘン禁令を真面目に遂行しなかったという事実もあったことについては、これまでの研究においてほとんど注目されなかったのである。

では、官僚が回避しようとした「失察處分」とは一体何であるか。まず「失察」とは、『六部成語註解』の吏部成語にある「失于覚察」（覚察を失する）のことである。その註解に「何事かを論ずる無く、応に預め先ず察知すべき者、若し預察を失すれば、皆な罪有り」とあるように、前もって察知すべきところを察知できなかったこと、つまり、〝監督不行届き〟のことである。右の註解に「皆な罪有り」という「罪」とは、この場合は「公罪」を意味する。[3] そして、「公罪」と「私罪」から成る「官罪」は「處分」、すなわち行政処分の対象とされた。要するに、官僚の「失察」は「公罪」として「處分」されたのである。

この「處分」には、「罰俸」、「降級」、「革職」の三種類があり、「降級」はさらに「留任」と「調用」に分けられた。「處分」はもちろん、官僚の経歴においてマイナス（過）となるが、逆にプラス（功）となるのが「議敍」であり、これには「紀録」と「加級」の二種類がある。そして、「處分」と「議敍」は、たとえば「罰俸六月」が「紀録一次」に相当するという具合に、マイナスとプラスが相殺され、これを「抵銷」と呼んだのである。

このような官僚の「處分」と「議敍」を担当したのが、文官の場合は吏部の考功清吏司（武官の場合は兵部の職方清吏司）であり、ここでは文官の三年ごとの勤務評定である「京察」と「大計」をも掌っていた。清末の陳康祺（字均堂、浙江鄞県の人、同治十年進士）の『郎潜紀聞初筆』巻六、「吏部四司喜怒哀楽」の條に、

> 吏部の四司、世に喜怒哀楽と称せらる。蓋し、文選司は升遷除授の籍を掌り、故に喜司と曰う。考功司は降革罰俸の籍を掌り、故に怒司と曰う。稽勳司は丁憂病故の籍を掌り、故に哀司と曰う。験封司は封贈蔭襲の籍を掌り、故に楽司と曰う。（傍点は筆者）

とあり、吏部の四清吏司のなかで考功清吏司は「怒司」と呼ばれて官僚から恐れられていたことがわかる。

このように官僚が「降革罰俸」の「處分」を恐れたことは、彼らの執務態度にも大きな影響を及ぼさずにはおかなかった。康熙期の大官、李之芳(号鄴園、山東武定の人、順治四年進士)の「請除無益條例疏」に、「近年以来、外官の参罰の處分、日、一日と密なり。降級・革職、動もすれば意外に出づ。是を以て各官、過を救うに暇あらず、徒らに虚文に務め、以て旦夕を彌縫するの計と為し、地方の為に心を尽して民を愛する能わず」(『皇朝経世文編』巻十五、吏政、吏論上)とあり、地方官が政務を放擲して「處分」の回避に汲々としている様子が述べられている。

また、乾嘉期の周鎬(字懐西、江蘇金匱の人、乾隆四十八年挙人)は、「上制軍條利弊書」で「處分」の寛免を要請したが、その際、「處分」について、「其の始めを原ぬるに、誠に州県の玩延・隠諱を恐るれば、大いに之れが防を為さざるを得ず。その後に及んで、州県、且に處分を畏忌し、巧みに之れが避を為さざるを得ざらんとす」(同、巻十六、吏政、吏論下)と述べ、本来、地方官の不真面目な執務を防止するために設けられた「處分」を、彼らが恐れて巧妙に回避しようとしている有様を指摘している。

さらに、「失察處分」について、乾嘉期の張鵬展(字南松、広西思恩の人、乾隆五十四年進士)は「請釐吏治五事疏」のなかで州県の「虧空」を問題とした際、上司の総督・巡撫が州県官を弾劾しない理由のひとつとして、「一つは則ち處分を避けるなり、属員の虧空、上司、失察の咎有り、且つ攤賠の責有り。所以に趨避を図らんと欲し、遂に徇隠を成す」(同、巻二十、吏政、大吏)と述べ、「攤賠」の責任と並んで「失察處分」の存在をあげている。また、清代の実録には、「失察處分」が行なわれたり、問題となったりした事例が枚挙に暇が無いほどに多く記載されているのである。(4)

以上のように、官僚は「失察」を含む執務上のあやまちを「處分」された。「處分」は本来、官僚の真面目な執務を確保するために設けられたものである。しかし、現実には官僚が自己の官歴に傷をつけないよう、「處分」を巧妙に回避しようとした結果、「處分」の存在がかえって執務に支障をきたすことがあった。

以下で見るように、アヘン政策の遂行に伴う「失察處分」もその例外ではなかったのである。官僚による「失察處分」の回避は、前述した「積極的腐敗」に比べれば、腐敗の程度も小さく、「消極的腐敗」と呼ぶべきものかもしれない。しかし、個々の官僚による「失察處分」の回避が、官僚制全体のなかで累積されるとき、その影響力ははかり知れなく大きなものとなったであろう。そのことは、清朝中枢部がアヘン禁令と同時に「失察處分」の問題を絶えず重要視していたことからも確認できる。清朝のアヘン政策の実態を知ろうと思えば、アヘン政策に関わる「失察處分」の問題を解明しなければならないのである。

第二節　『失察鴉片煙條例』の制定

本節では、道光三年における『失察鴉片煙條例』の制定を考察するが、それに先立ち、道光三年以前における「失察處分」について、既に第二章で若干言及したことでもあるので、簡単に触れておきたい。

清朝は雍正七（一七二九）年、アヘンに関する最初の禁令を発してアヘン販売やアヘン窟経営に対する刑罰を定めた。しかし、この禁令は福建省、特に台湾を対象とする、ある意味で地方的なものであり、清朝がアヘン問題と本格的に取り組むのは、やはり嘉慶期以後のことである。まず、嘉慶四（一七九九）年に清朝は初めてアヘン貿易に対する禁令を発した。これを筆者は「外禁」政策と呼んでいる。ついで嘉慶十八（一八一三）年に清朝は初めてアヘン吸飲に対する刑罰を制定した。このような国内におけるアヘン禁止政策を筆者は「内禁」政策と呼んでいる。

こうして清朝は「外禁」「内禁」を併用しながら、ほぼ一貫して「外禁」を優先することによってアヘン問題を解決しようとしたが、アヘン政策に関わる「失察處分」は当時、どのように行なわれていたか。詳細は後述するが、道光三年に『失察鴉片煙條例』が制定された際に、吏部・兵部の二部は従来の「失察處分」について、

海口の洋船を査禁するに止まりて、民間で煙片を私熬するに於て、未だ議及を経ざれば、条例、尚お未だ周備ならず。(5)

と述べており、道光三年以前においてアヘン関連の「失察處分」は「海口の洋船を査禁すること」、右に引用した史料中の別の表現を借りるならば、「洋船が鴉片煙を夾帶して進口する」ことだけを対象としていた。換言すれば、当時の「失察處分」の対象は「外禁」だけに限定されていた。この事実は、当時のアヘン政策が「外禁」に重点を置いていたことと相俟って、カントン官僚の責任が最も強く問われていたことを意味したのである。

次に、「失察處分」の内容について明確な規準と「處分」内容が定められるのは、後述するように、『失察鴉片煙條例』が制定される道光三年以降のことであり、それ以前はまだ一定した方針は存在しなかった。しかし、嘉慶十六～二十年頃に、「失察處分」がかなり厳しく行なわれたことは史料の上で確認できる。まず、嘉慶十六年三月己酉朔の上諭に、

当に売放を失察せるの監督、及び委員・吏役人等を将て、一併に懲辦して貸さざるべし。

とあり、これについては既に第二章で指摘したとおりである。

また、嘉慶二十年正月に、ひとつの事件をきっかけに非常に厳しい「失察処分」が実施された。この事件とは、広州駐防正紅旗の驍騎校であった興亮なる人物が、広東副都統薫昌の「年班進京」に随行して北京へ赴いた際、カネもうけのためにアヘンを持ち込もうとして崇文門税務衙門に検挙された事件である[6]。

この事件の結果、副都統薫昌が「処分」されたことはもちろんのこと、事件を審理した刑部は「並びに失察せるの汛口の地方文武各官、及び監察を行なわざるの海関監督を将て、一併に職名を査取して咨参す」べきことを奏請した[7]。この奏請は裁可され、特に広州將軍本智と粤海関監督祥紹に対しては、特旨で「交部議処」が命ぜられたのである[8]。

このように、嘉慶十六～二十年頃には「失察処分」はかなり厳格に実施されていたが、二十年正月における興亮の事件直後、「失察処分」は一転して免除されることになる。その契機となったのが、嘉慶二十年二月二十一日の両広総督蔣攸銛らの上奏であった。これについては既に第二章で明らかにしたところであるが、ただそこでは、この上奏が興亮事件の結果として実施された、厳しい「失察処分」とおそらくは関係があったことについては、触れなかった。日時の点から見て、そう推測するのが妥当であろう。

それはともかく、この上奏で蔣攸銛は「失察処分」の減免と「議敍」の制定を奏請したが、共に裁可され、単なる「失察」は「処分」を免除されることになった。詳細は第二章を参照していただくとして、蔣攸銛が減免を奏請する理由として言及した状況は非常に重要であるから、再び次に引用しておきたい。

地方の文武、従前の失察處分に慮及し、拏獲せる販売の匪徒到案し、歴年の旧案を供出すれば、是れ未だ獲犯の功を受けざるに、先ず失察の咎を受けるを恐れ、瞻顧因循するは、勢いとして免れ難き所なり。(9)

すなわち、アヘン販売者を逮捕したとき、彼がそれまでの違反行為を自白したならば、犯人逮捕の論功行賞を受ける前に、従来の「失察」を「處分」されるのではないか。このように地方の文武官僚が心配して真面目に取り締まらない、と蔣攸銛は訴えたのである。そして、これが裁可されたということは、嘉慶帝を始めとする清朝中枢部も、「失察處分」が所期の目的とは逆の効果を官僚に及ぼしていると認めざるをえなかったことを示唆している。なお、蔣攸銛の奏請どおり裁可された「議敍」については、後述の『失察鴉片煙條例』のところで触れることにする。

さて、嘉慶二十年以来免除されていた「失察處分」は、道光三（一八二三）年に『失察鴉片煙條例』が制定されることによって復活する。その契機となったのが、道光二年十二月戊申（八日）に受理された御史尹佩棻の二つの上奏である。まず、第一の上奏については、『大清宣宗成皇帝実録』（以下、『宣宗実録』と略記）、同日の條に、

御史尹佩棻奏し、鴉片煙を私食するを厳禁せんことを請う。據りて称すらく、鴉片煙の来たるや、福建、浙江、江南の海口に通ずるの地方、倶に私帯有るは、総じて広東自り来たるを以て最と為す。一は、地方官認真に査拏せず、或るいは一、二の武弁を差わして巡査せしめ、徒らに該弁肥嚢の計と為るに由る。一は、粤海関の包税に由る。洋船一たび到れば、即ち包攬して上税する者有り。煙を将て漁船に雇載し、先ず寄頓を行ない、然る後に査船す。且つ聞くに、鴉片は数換に非ざれば売らず。独り巡海の兵丁、価を減じて売給す

るを惜しまざれば、居心尤も悪む可し、等の語あり。

とある。すなわち、福建、浙江、江蘇の各省に出回っているアヘンは主にカントンから運ばれてくること、そのカントンにおいては、地方官が真面目に取り締まらず、粤海関への納税が包攬されている、などの問題があることを尹佩棻は指摘した。この上奏を受けて道光帝は、両広総督阮元（在任、嘉慶二十二～道光六年）と粤海関監督達三に対して、真面目な取り締まりと包攬納税の禁止を強く命じた。(10)

御史尹佩棻の第二の上奏については、同じく『宣宗実録』、同日の別の條に、

御史尹佩棻、滇省地方の情形を条奏す。據りて称すらく、〔……〕又た、迤東、迤西の一帯、復た罌粟花を種え、其の英を采りて以て鴉片煙を作る者有り。請うらくは、地方官をして厳しく禁止を行なわしめんことを、等の語あり。

とある。すなわち、雲南省の諸問題を列挙するなかで、迤東、迤西地方における罌粟の栽培とアヘンの製造を指摘し、その禁止を奏請した。この上奏に対して道光帝は、他の問題とともに、罌粟の栽培とアヘンの製造の事実調査を雲貴総督明山に命じた。(11)

ついで、雲貴総督明山の覆奏を受けた上諭（『宣宗実録』、道光三年七月戊寅の條）に、

其の鴉片煙を厳禁するの一条、迤西、迤東の一帯、罌粟花を将て熬て鴉片を為るは、最も風俗の害と為る。(a)該御史の原奏、並びに文武衙門の幕友・官親・武弁・兵丁も亦、此の煙を食す、等の語有り。該督撫に著して該管文武に厳飭し、関津・隘口に在りて、留心に査緝せしめ、並びに地方官をして実力に稽査せし

む。如し本省、私かに罌粟花を種え、採りて鴉片を熬、(b)及び煙館を開設すれば、即ち厳拏して究辦し、書役に仮手して索擾を滋くするを致すを得ず。其の鴉片を買食するは、官・幕・営弁・兵役を論ずる無く、一たび拏獲を経れば、例に照らして懲辦す。(c)地方官拏獲すれば、量りて鼓励を予え、査拏を行なわざれば、酌して處分を加えるに至りては、並びに吏兵二部に著して、妥議して具奏せしむ。(傍線と記号は筆者)

とある。まず、この上諭の傍線(a)の部分にある「該御史」とは尹佩棻のことであるから、彼は道光二年十二月戊申に受理された第二の上奏で、雲南省の文武衙門の幕友・官親・武弁・兵丁がアヘンを吸飲していることをも指摘していたことが判明する。また、これに対する上諭が、傍線(b)の箇所で煙館の開設にも言及していることから判断すれば、尹佩棻はこの点も第二の上奏で指摘していたことになる。

次に傍線(c)は、アヘン禁令に関わる「議敍」と「失察處分」の検討を吏部と兵部に命じた部分である。このような検討を誰が提議したかについては、二つの可能性が考えられる。第一は御史尹佩棻であり、第二は雲貴総督明山である。管見の及ぶ限り、二人の上奏の全文を知ることができないから、提議者がどちらであったかを断定することはできない。しかし、上諭の文脈から判断して、提議者は尹佩棻であろうと筆者は今のところ推測している。その当否はさておき、この上諭で、嘉慶二十年以来免除されていた「失察處分」の検討が吏兵二部に命ぜられたのである。

吏兵二部の覆奏は道光三年八月戊戌(二日)に受理された。『宣宗実録』、同日の條に、

本日、吏兵二部の奏に據るに、失察鴉片煙條例を酌定せんことを請う。鴉片煙の一項、流毒甚だ熾んなるは、総じて地方官、査拏力めざるの致す所に由る。向来、地方官、祇だ賄縦を厳参するの例有るのみにして、並

えて失察を議處するの条無し。且つ海口の洋船を査禁するに止まりて、民間で煙斤を私熬するに於て、未だ議及を経ざれば、条例、尚お未だ周備ならず。嗣後、如し洋船、鴉片煙を夾帯して進口し、並びに奸民、私かに罌粟を種え、煙膏を煎熬し、煙館を開設すること有れば、文職地方官、及び巡査の委員、如し能く自ら拏獲して究辦を行なえば、その議處を免ず。其の規を得て故縦する者有れば、仍お旧例に照らして革職す。若し止だ覚察を失するのみに係れば、その煙斤の多寡を按じて、一百斤以上の者、該管大員、罰俸一年。一千斤以上の者、一級を降して留任せしむ。五千斤以上の者、一級を降して調用せしむ。武職の失察處分も亦、文職に照らして画一に辦理す。その文武官、煙斤を拏獲するの議敍、均しく著して旧例に照らして行なわしむ。

とあり、吏兵二部が答申した『失察鴉片煙條例』は裁可され、ここに「失察處分」が復活した[12]。復活の理由として道光帝は、「失察處分」の無いことが地方官の不真面目な取り締まり（「查拏力めざる」）の原因となっていることを挙げている。

かかる認識は、嘉慶二十年に「失察處分」を免除した際の嘉慶帝の認識、すなわち「失察處分」の存在がかえって地方官の不真面目な取り締まりをもたらしているという認識とまったく正反対のものである。同じ事柄に対してまったく正反対の認識が生まれるほど、「失察處分」は政権担当者にとって厄介なものであり、そこに官僚制に潜む、ある本質的なディレンマを見てとることもできる。

ところで、今回の復活に際して、新たに「奸民が私かに罌粟を種え、煙膏を煎熬すること」と「煙館を開設すること」のふたつが「失察處分」の対象に加えられた。これで従来からあった「洋船が鴉片煙を夾帯して進口すること」と合わせて、「失察處分」の対象は三つとなった。前述したように、これまでの「失察處分」は事実上、カントン官僚に限定されていたが、今回の復活に伴って、それ以外の地域の官僚も新設された二対象に関わる「失察」が「處分」されることになったのである。

次に、復活した「失察處分」は明確な基準と内容を具えていた。すなわち、文官も武官も一律に、没収したアヘンの量を基準に、一百斤以上が「罰俸一年」、一千斤以上が「降一級留任」、五千斤以上が「降一級調用」の「處分」を受けることとされた。なお、当時、中国に密輸入されるアヘンは箱詰めされ、一箱は約百斤（約六〇キロ）であった。また、「處分」の基準がアヘンの量とされたのは、次に述べる「議敍」が嘉慶二十年以来、アヘンの量を基準に行なわれていたことに準拠した結果と考えられる。いずれにせよ、「失察處分」はここに明確な基準と内容で行なわれることになったのである。

次に、「議敍」は「旧例」どおり行なうこととされた。この「旧例」とは、先に説明を保留した、嘉慶二十年の蔣攸銛の奏請を受けて制定されたものである。その内容については、概要が『大清仁宗睿皇帝実録』にも載せられているが(13)、全文を完全に収録する『欽定六部處分則例』、兵、海防、查禁鴉片煙の項から次に引用することにしよう。

地方各官、能く鄰境の興販・煎売の犯、並びに鴉片煙を将て、一併に拏獲する者、二百斤毎に紀録一次を給予し、千斤毎に一級を加えるを給予す。次を以て遞加し、獲えて五千斤以上に至る者、該督撫、奏請し、部に送りて引見せしめ、欽定を恭候するを准す。

このように、「鄰境」、すなわち管轄外の地域のアヘン販売者を逮捕し、アヘンを没収した場合、アヘン二百斤ごとに「紀録一次」、千斤ごとに「加一級」、五千斤以上は「送部引見」の上、「議敍」を「欽定」するとされた。なお、右に引用した史料の最後の部分に、但し書きとして、

> 如し獲える所の人犯、僅かに私かに罌粟を種えるに止まり、並えて未だ煙斤を煎熬せざる者なれば、概して議敍・議處を庸いる無かれ。

とあり、罌粟を栽培していたが、まだアヘンを製造していない犯人の場合は、「議敍」「處分」の対象から外された。この但し書きはもちろん「旧例」にはなく、今回新たにつけ加えられたものである。

さて、『失察鴉片煙條例』の制定によって「失察處分」が復活した原因について、蕭致治・楊衛東編撰『鴉片戦争前中西関係紀事』（湖北人民出版社、一九八六年）の編者は次のように述べている。

> 一八二一年から伶仃洋における〔アヘン〕密輸時期が始まった。この時期においてアヘンは〔合法的な〕貨物と一緒に黄埔港に運び込まれず、仃伶《ママ》洋の躉船に貯藏された。その結果、行商の責任は軽くなり、広東官僚の責任は明らかに重くなった。〔こうして〕伶仃洋の密輸活動を禁止できるか否かは、まったく広東官僚の対応と決心にかかることになった。まさにこのような理由により、道光帝は『失察鴉片〔煙〕條例』を頒布することによって、広東や各省の地方官僚が真面目に自己の職責を履行するように督促したのである。[14]

このうち、アヘン取引が外洋の零丁洋（伶仃洋）に停泊する「躉船」で行なわれるようになった結果、「外禁」政策に伴う責任の比重が行商からカントン官僚の方へ移っていったことについては、本書でも既に第二章で詳述したところであり、異論はない。しかし、そのことが「失察處分」復活の原因であるという点には以下に述べる

理由から賛成できない。

確かに、零丁洋時期は道光元（一八二一）年に始まる。また、御史尹佩棻は道光二年の第一の上奏で「煙を将て漁船に雇載し、先ず寄頓を行ない、然る後に査船す」る状況を指摘した。しかし、これはある意味で零丁洋でのアヘン取引を示唆するものの、その実態からは程遠いものである。また、既に第三章で述べたように、両広総督李鴻賓が零丁洋でのアヘン取引を暗に示唆する上奏を行なうのは道光九年のことであり、その実態が内外に明らかにされるのは道光十一年の御史馮贊勳の上奏においてである。したがって、「失察處分」が復活した道光三年の時点では、清朝中枢部はまだその実態を充分には掌握していなかったのであるから、零丁洋時期の到来を「失察處分」復活の原因とみなすのは、やはり無理と言わざるをえない。[15][16]

それでは、「失察處分」復活の原因は何であったか。この疑問を解く鍵は、今回の復活が御史尹佩棻の第二の上奏を直接の契機としていた点にある。尹佩棻は第一の上奏でカントン官僚がアヘンを真面目に取り締まらないことを確かに指摘していた。しかし、雲貴総督明山の覆奏に対する上諭のなかで「失察處分」の検討が吏兵二部に命ぜられたことからも明らかなように、復活の直接的契機は、尹佩棻が第二の上奏で雲南省における罌粟の栽培、アヘンの製造、煙館の開設を指摘したことにある。そのことは、復活した「失察處分」がこれらの違反行為を新たにその対象に加えたことからも明らかである。さらに、吏兵二部が答申した『失察鴉片煙條例』を裁可した上諭（『宣宗実録』、道光三年八月戊戌の條）の末尾に、

滇省の迤西、迤東の一帯、罌粟花を将て、熬て鴉片を為るに至りては、必ず須らく厳しく禁止を行なうべし。該督撫に著して、地方官に厳飭し、居民に曉諭せしめ、概して罌粟を私種するを准さず、以て根株を浄くせ

よ。

とあり、「失察處分」の復活が特に雲南省における罌粟の栽培とアヘンの製造に深く関係していたことを知りうるのである。以上のように、国内において罌粟が栽培され、アヘンが製造されているというアヘン問題の深刻化に対する清朝中枢部の危機意識こそが、復活の直接的原因であったとみて差し支えないだろう。

また、別の観点から考えれば、アヘン禁令に関して「議敍」だけが行なわれ、「失察處分」が免除されている嘉慶二十年以来の事態は、本来、官僚制のあるべき姿として正常なものではない。このような異常な事態が生まれたのは、「失察處分」の存在がかえって地方官の不真面目な取り締まりをもたらしているという両広総督蔣攸銛の認識を嘉慶帝が追認したからであった。

しかし、前述したように、道光帝は、「失察處分」の無いことが地方官の不真面目な取り締まりの原因となっているという、嘉慶帝とは正反対の認識を抱いたのである。実際、「失察處分」が免除されていた時期に、アヘン問題は一向に解決の兆しすら見せず、尹佩棻の第一の上奏が指摘したように、カントン官僚は相変わらずアヘンを真面目に取り締まっていなかった。加えて、国内で罌粟が栽培され、アヘンが製造されているという、アヘン問題の一層の深刻化に直面し、道光帝を始めとする清朝中枢部はアヘン禁令に関して「失察處分」と「議敍」の双方を設けておく、官僚制の常態に復する決定を下したのであろう。

第三節　アヘン戦争直前の「失察處分」問題

本節ではアヘン戦争直前における「失察處分」の問題を考察するが、それに先立ち、アヘン戦争直前に至るまでの時期について簡単に触れておきたい。

道光十（一八三〇）年六月二十四日付の上奏で江南道監察御史邵正笏が国内各地における罌粟の栽培とアヘンの製造を指摘した結果、同年十二月に、国内における罌粟の栽培とアヘンの製造に対する刑罰が初めて制定された(17)。その際、この禁令に関わる「失察處分」は道光三年に制定された『失察鴉片煙條例』の規定によって行なうことが再確認されている(18)。

ついで、道光十一年五月十六日受理の上奏で兵科給事中劉光三は、アヘン吸飲に対する刑罰を厳しくすることを奏請し、裁可された(19)。その際、彼は「地方官、或るいは規避し、或るいは囑託を聴受し、復た厳追せざるも亦、時として有る所なり(20)」と述べ、アヘン吸飲者が蔓延している原因のひとつに、地方官による「處分」の回避をあげている。

また、アヘン問題と直接の関係はないが、『宣宗実録』道光十二年六月甲申の條で引かれる御史裘元俊の上奏に、

江南の宿遷、山東の茌平・東阿・河南の安陽・湯陰等の県に至りては、屢ば搶劫の案有るも、未だ失察の地

　方官を将て参辦せず。

とあり、各地の「搶劫の案」に関わる地方官の「失察」が弾劾、処罰されていない状況が指摘されている。このことは、アヘン禁令に関わる「失察処分」の実態をも示唆しているのではないか。

　以上は、「内禁」政策に伴う「失察処分」に関する事例であるが、他方、「外禁」政策の面では、歴代の両広総督から「失察処分」を寛免する方向での要請が相次いでなされている。まず、道光九年十月二十八日の上奏[21]で両広総督李鴻賓（在任、道光六〜十二年）らは、

　該夷船、毎に未だ進口せざるの先きに当たり、外洋に停泊し、兼ねて雨夜に乗じ、潜かに快艇を用て、分途して偸運す。縦い沿海巡査の員弁、碁布星羅にして、断じて敢えて稍も疎懈有らざるも、而れども港汊紛歧なれば、実に以て週察し難きの勢い有り、夷煙仍ち蔓延するを免れず。

と述べ、前述したような、零丁洋でアヘンが取引されている状況を暗に示唆しつつ、その「週察し難き」実情を訴えている。

　また、道光十年五月初十日の上奏[22]で両広総督李鴻賓らは「査禁紋銀出洋、鴉片分銷各弊、並会議章程」を答申した際、洋上における取り締まりの難しさに言及した上で、

　該管文武、及び巡洋の舟師、関口の員弁等を責成し、認真に稽査せしむ。其の失察の愆を寛くし、其の玩縦の咎を厳しくし、内外をして益すます厳密を加えしめん。

と述べ、寛大な「失察處分」を要請している。

ついで、道光十四年九月初十日の上奏[23]で両広総督盧坤（在任、道光十二～十五年）らは、前任の李鴻賓と同様に、零丁洋に停泊する「躉船」の取り締まりが困難な実情を縷々説明した上で、

地方官に飭して窯口を開設せる土棍を訪拏せしめ、姚九等の一例に照らし、査抄して厳辦し、其の従前の失察の咎を免ぜん。

と述べ、過去の「失察」に対する「處分」の免除を要請している。

以上の諸史料は、道光三年における『失察鴉片煙條例』の制定以後、「内禁」「外禁」のいずれにおいても官僚の「失察處分」があまり熱心に行なわれていなかったことを物語っているのである。

さて、道光十六年に太常寺少卿許乃済が所謂る「弛禁」上奏を行ない、また二年後の十八年に鴻臚寺卿黄爵滋が所謂る「厳禁」上奏を行なったことを契機にアヘン政策が活発に論議され、その結果、清朝がこれまでになく厳しいアヘン禁止政策を採用し、結局、アヘン戦争の勃発へと急展開していくことについては、第五章以降で詳細に検討するが、そのアヘン論議の過程でも「失察處分」の問題はひとつの重要な論点として論議の的となった。

本書の第六章で詳しく考察するが、道光十八年四月初十日、鴻臚寺卿黄爵滋は所謂る「厳禁」上奏[24]のなかで、一年の猶予（矯正）期間を設けた上でアヘン吸飲者を死刑に処すべきことを提議した。その際、彼は「失察處分」の問題についても、次のように言及した。

其の地方官署内の官親・幕友・家丁、仍お吸食して獲えらる者有れば、本犯は治罪するを除くの外、該本管

官、厳しく議處を加う。各省の満漢営兵、伍毎に結を取り、地方官の保甲に照らして辦理す。其の管轄失察の人、地方官衙門に照らして辦理すれば、軍民一体に、上下粛清するに庶幾からん。

黄爵滋はこのように述べて、文官地方官の場合は、官親・幕友・家丁のアヘン吸飲、武官の場合は兵丁のアヘン吸飲に対する「失察處分」を行なうことを提議した。従来、アヘンの吸飲は「失察處分」の対象には含まれておらず、その意味で、黄爵滋のこの提議は、文武地方官僚の属僚に対する監督責任に限定されているものの、アヘン吸飲を対象とする「失察處分」に言及した最初のものである。

道光帝は、黄爵滋の「厳禁」論、就中、「アヘン吸飲者死刑」論に対する意見具申を各省の地方大官に命じた(25)。その結果、地方大官から続々と答申が上奏されることについては第七章で詳細に検討するが、そこでの議論は、もちろん「アヘン吸飲者死刑」論の是非を中心に展開した。しかし同時に、黄爵滋が提議した、属僚のアヘン吸飲を対象とする「失察處分」の問題、ひいては「失察處分」一般の問題も議論の上にのぼされたのである。

各省地方大官の「失察處分」に関する意見は、軽減を求めるものと加重を求めるものの二つに大きく分かれている。まず、軽減を求める意見の方は、道光十八年五月二十六日の署理直隷総督琦善の上奏に、

各省の実力に査拏する能わざるは、総じて地方官の處分を迴護するに由る。蓋し、一たび拏辦を経れば、未だ認真の奬を獲ざるも、已に失察の愆に罹り、惟だに累い、前官に及ぶのみに非ず、並びに且つ身ら吏議に膺ず。是を以て瞻徇、顧慮し、相い率いて前まず。〔……〕今、鴉片を販售し、及び煙館を開設し、並びに官吏・軍民の鴉片を吸食する者をして、破案せざること無からしめんと欲すれば、其の瞻顧の念を絶ちて、誘うに奬進の方を以てするに非ざれば、恐らくは其の得力を冀い難し。天恩に仰懇するに、地方官を責成

して実力に査拏せしめ、一切の関津・隘口の、歴任の地方文武、及び本管官の失察處分、概して寛免を予す可きや否や。(26)

とある。すなわち、かつて嘉慶二十年に寛免を奏請した両広総督蒋攸銛と同様に、「失察處分」の存在がかえって地方官の真面目な取り締まりを阻礙しているとの理由で、その寛免を要請したのである。

しかし、このように「失察處分」の軽減をはっきりと要請したのは琦善ひとりであり、その他の地方大官はいずれも加重を求める意見であった。すなわち、山東巡撫経額布は道光十八年五月七日の上奏で、

夫れ失察の處分、軽ければ、則ち員弁、視て緊要に関わること無しと為し、勢いとして必ず験放・盤査の事を将て、一概に之れを胥役・兵丁に委ね、而して兵丁人等、皆な夤縁して奸を為すを得。〔……〕現に厳しく煙販を禁ずるの際に当たり、若し先ず官吏の失察・賄縦の處分を厳しくせざれば、恐るらくは以て貪玩を儆しめて頽廃を振うこと無からん。〔……〕該管上司の監督、一併に重きに従りて議處し、即い僅かに失察に止まるも亦、請うらくは、現行の条例上に於て、分別して議處を加重せんことを。(27)

と述べ、「失察處分」が軽いと、官僚は真面目に取り締まらず、胥吏・衙役・兵丁らにまかせてしまい、その結果、種々の弊害が生じるとの理由で、現行の「失察處分」を加重することを要請している。また、同年五月二日の上奏で山西巡撫申啓賢は、

衙署内の官親・幕友・家丁人等が鴉片煙を吸食するを失察すれば、何が作して議處するかは、亦た明文無し。〔……〕其の本官、衙署内の官親・幕友・家丁が吸食するを失察する者、部に交して厳しく議處を加えん。(28)

と述べ、黄爵滋の提議に賛成している。また、同年五月二十四日の上奏で陝西巡撫富呢揚阿は、

臣、以為らく、既に各犯の罪名を加えれば、更に須らく各官の處分を厳しくすべしと。応に請うらくは、吏兵二部に勅下せられ、各海口、並びに各省の関口、及び地方文武の、旧例に照らして失察・故縦を分別するを将て、再らに重きに従りて處分を厳定するを行なうべきことを。(29)

と述べ、アヘン禁令の強化に伴って、現行の「失察處分」の加重をも吏兵二部に命ずるよう要請している。また、同年六月十日の上奏で河南巡撫桂良は、

失察の各関監督、及び汛口地方の文武各官の處分、応に一律に厳を加うべきなり。〔……〕原例、僅かに地方文職の査口の委員に止まり、而して各関の監督、過関を失察するに於て、未だ議及せず。〔……〕現在、流毒愈よ熾んにして懲辦甚だ少なきは、未だ始めより處分過だ軽く、玩忽に易きに非ずんばあらず。今、鴉片煙を吸食する者、既に重辟に擬すれば、所有る失察せる各省過関の監督、進口の員弁、以及び経由の地方文武各官、處分は均しく応に一律に厳を加うべし。(30)

と述べ、軽い「失察處分」が官僚の怠慢を招いているとして、禁令の強化に伴う「失察處分」の加重を要請している。

さらに、同年五月二十六日の上奏で江西巡撫裕泰は、

失察の該管上司、厳しく参處を行なわん。(31)

と述べ、また、同年八月庚午（一日）受理の上奏で福建巡撫魏元烺も、

失察すれば、該管文武は革職し、道・府・営・将、各の一級を降して留任せしむ。(32)

と云い、従来なかった属員に対する上司の「失察」も「處分」することを二人は要請している。

このように、アヘン論議の過程で「失察處分」については、加重を求める意見が大勢を占めたが、最後に、やはり同様の意見を開陳した湖広総督林則徐の上奏を見ることにしよう。彼の同年五月十九日の上奏が黄爵滋の「アヘン吸飲者死刑」論を強く支持し、また道光帝の心を大きく動かして、彼の欽差大臣起用への途を開くことも、終章で詳述するところである。この上奏で林則徐は六条から成る章程を提議し、黄爵滋と同様に一年の矯正（猶予）期間付きでアヘン吸飲者を死刑に処すことを奏請したが、その第四条で「失察處分」の問題に次のように言及した。

一、失察處分は、宜しく先ず近き所に厳しくすべきなり。文武の属員、犯すこと有れば、該管上司、奉文三箇月内に於て、査明して挙発する者、均しく免議を予す。限を逾えて失察する者、分別して議處す。其の本署の戚・友・家丁、近く耳目の前に在れば、断じて知らざるは無く、応に一箇月に勒限して査明せしむべし。若し早に革除せしむること能わず、又た肯えて実に據りて挙発せざれば、即ち是れ有心に庇匿するなり。犯す者は加重して治罪するを除くの外、応に庇匿の員を将て、即ちに革職を行なうべし。本署の書差、犯すこと有れば、三箇月内に限って、査明して懲辦せしめ、限を逾えて失察する者、分別して降調せしむ。(33)

このように、林則徐は、黄爵滋が提議した、属僚のアヘン吸飲に対する監督官僚の「失察處分」を行なうこと

に賛成した。その上で、属員・胥吏・衙役の吸飲に対しては、法令発効の三ヵ月以後の「失察」を「處分」すること、官僚にとってより身近な存在である官親・幕友・家丁の吸飲に対しては、法令発効の一ヵ月以降の「失察」を故意の「庇匿」とみなして「革職」の「處分」にすることを要請している。

以上で明らかなように、黄爵滋の所謂「厳禁」上奏以後のアヘン論議の過程で「失察處分」の問題も活発に議論された。その際、「アヘン吸飲者死刑」論の方は、第六章で明らかにするように、これに賛成する地方官は少数に止まったが、他方、「失察處分」については、この問題に言及した者は琦善を除いて、いずれも加重を求める要請を行なっていたのである。

黄爵滋の「アヘン吸飲者死刑」論に対する各省地方大官の答申がほぼ出揃った道光十八年九月六日に、道光帝はこれらの意見を基にして最終的な取りまとめを行なうよう、大学士、軍機大臣、刑部等に命令を下した。(34) その結果、翌十九年五月二日、宗人府宗令敬敏らは「査禁鴉片煙章程三十九條」を答申したが、(35) これが裁可されて『欽定厳禁鴉片煙條例』（以下、『條例』と略記）として頒布される。(36) この『條例』は、林則徐らの少数意見を採用し、一年六カ月の矯正（猶予）期間を設けた上でアヘン吸飲者の死刑を定めるなど、清朝のアヘン禁令史上、最も厳しい禁令となる。

ところで、この『條例』は従来からある刑罰を厳しくするとともに、アヘン関連の様々な違反行為に対する刑罰を新たに制定したが、この新設の禁令を対象とする「失察處分」も同時に設定された。その結果、道光三年の『失察鴉片煙條例』以来、三つしかなかった「失察處分」の対象としての違反行為は、この『條例』で一挙に拡大した。すなわち、『條例』全三十九条のうち実に十四の条で「失察處分」が規定されたり、言及されたりしているのである。

また、従来、「失察處分」はアヘンの量を基準に段階的に定められていたが、『條例』の第三十四条に、

處分は即ち罪名の軽重を按じ、分別して辦理す。

とあるように、今回の『條例』で「失察處分」は、原則として対象とする違反行為の刑罰の軽重を基準に行なわれることになった。その原則については、第三十条に、

覚察を失すれば、犯すこと、斬絞の立決に該たる者、二級を降して調用せしむ。犯すこと、斬絞の監候に該たる者、一級を降して調用せしむ。犯すこと、軍流に該たる者、二級を降して留任せしむ。

とあり、「失察」した違反行為に対する刑罰が死刑（斬刑と絞刑）の「立決」の場合は「降二級調用」の「處分」、死刑の「監候」の場合は「降一級調用」、「軍流」の場合は「降二級留任」という内容である。

ただし、これは原則であり、官僚らの違反行為に対する「失察」は民間人の場合よりも厳しく「處分」された。たとえば、第五条で「財を得て、鴉片煙案犯を売放せる官役人等」に対する刑罰は「斬梟」で、これに対する当該官僚の「失察處分」は「降三級調用」と定められたが、民間人の場合（たとえば、第一条の「窯口を開設する等の犯」の「首犯」は「斬梟」）は「降二級調用」と規定されている。また、第二十五条によれば、「太監」、つまり宦官のアヘン吸飲に対する刑罰は「絞監候」であるが、これを「失察」した「総督」は「革職」の「處分」を受けるとされている。

次に、『條例』の第一条で、吏部も「失察の地方官、及び該管各上司、自ら応に分別して厳に従り、處分を酌定し、以て慎密を昭らかにすべし」と述べているように、アヘン論議の過程で大勢を占めた意見に従って、「失

察處分」は従来よりも厳しく、しかも上司にまで及ぼされることになった。

まず、厳しくなった点について、これまでは道光三年の『失察鴉片煙條例』によって、①「洋船夾帯鴉片煙進口」、②「奸民私種罌粟、煎熬煙膏」、③「開設煙館」の三対象において最も厳しい「失察處分」は、アヘン五千斤以上の場合の「降一級調用」であった。それが今回の『條例』では、①が「降二級調用」（第三〇条）、②が「降一級調用」（第十二条）、③が「降二級調用」（第十一条）となり、②は従来どおりであるが、①と③は厳しくなっている。

また、上司の「失察處分」は『條例』の第一条に、

官員の失察處分、〔……〕只だ該管地方官の處分有るのみして、その各該上司、並えて未だ議及せず。

とあるように、これまで行なわれてはいなかった。これが先の吏部の答申どおりに今回の『條例』で初めて設定された。たとえば、第十一条の「開設鴉片煙館」を例にとると、この「首犯」を対象とする「失察處分」は、

該管官は二級を降して調用せしむ。府州は一級を降して留任せしむ。道員は罰俸一年。両司は罰俸九箇月。督撫は罰俸六箇月。

と規定されている。また武官の場合は、

失察の専汛官は一級を降して調用せしむ。兼轄官は一級を降して留任せしむ。統轄官は罰俸一年。

と定められている。

なお、「議敍」については、『條例』の第三十四条に、

処分は即ち罪名の軽重を按じ、分別して辦理す。議敍も亦、応に罪名の軽重を按じ分別して等差すべし。

とあり、「議敍」も「失察処分」に準じて、違反行為に対する刑罰の軽重を基準に行なうよう変更された。また、同条に、

其の煙犯を拏獲すること有れば、自ら応に鄰境・本境を論ずる無く、均しく議敍を給与するを准し、以て鼓励を示さん。

とあり、従来は「鄰境」、つまり管轄地域外の犯人を逮捕した場合にのみ「議敍」していたが、『條例』では「本境」、つまり管轄地域内の場合も「議敍」するという優遇措置をとっている。この他にも「議敍」については、また「失察処分」についても同様だが、『條例』には実に細々とした規定が盛込まれている。しかし、紙幅の都合もあるので、これ以上の言及は省略に従いたい。

おわりに

本章では、アヘン禁令に伴う「失察処分」の問題を考察した。嘉慶四年〜二十年の間、「洋船夹帯鴉片煙進口」を唯一の対象としてカントン官僚の「失察」が「処分」された。嘉慶二十〜道光三年の間「失察処分」は免除さ

れ、「議叙」だけが行なわれていた。道光三年に制定された『失察鴉片煙條例』によって「失察處分」は復活した。その際、「奸民私種罌粟、煎熬煙膏」と「開設煙館」の二つが新たに「失察處分」の対象となった。また、「處分」はアヘンの量を基準に明確な規定の下に行なわれることになった。

そして、アヘン論議を経て、道光十九年に制定された『條例』において、「失察處分」はその対象を大きく拡大しつつ厳しくされた。また、「處分」の基準は、「失察」した違反行為に対する刑罰の軽重に変更された。さらに、従来なかった上司の「失察處分」が初めて規定されたのである。

嘉慶期以来、清朝はアヘン問題と本格的に取り組み、「外禁」と「内禁」から成るアヘン禁止政策で対応しようとした。しかし、政策を遂行するのは官僚である。彼らの真面目な政策遂行を確保するため、清朝は「失察處分」と「議叙」を規定した。アヘン戦争に至るまで、清朝のアヘン政策は次第に強化されていったが、「失察處分」もこの間、嘉慶二十〜道光三年の免除期を除けば、次第に強化され、また内容も整備されていった。そして、戦争直前に制定された『條例』において「失察處分」は行政法規として完成の域に達したと言ってよい。以上で明らかなように、「失察處分」の問題は清朝のアヘン政策において極めて重要な位置を占めていたのである。

それでは、「失察處分」は官僚の真面目な政策遂行を確保することができたのであろうか。しばしば触れたように、「失察處分」の存在がかえって官僚の真面目な執務を阻礙している実情も報告されていた。現に、その理由から嘉慶二十〜道光三年の間、「失察處分」は免除されていたのである。しかし、アヘン論議の過程で見られたように、軽い「失察處分」が官僚の不真面目な対応の原因となっているという意見も多くの地方大官から提出されている。また、官僚制本来の在るべき姿として、「失察處分」と「議叙」の双方を設定しておくことが常態であり、禁令が強化されれば「失察處分」も強化されるというのが法体系上からも自然な成行といえるだろう。

しかし、現実は法体系とは別の次元に属する。アヘン問題を解決するために発布されたアヘン禁令も、個々の官僚にとっては自己の責任が問われる、ひとつの〝場〟を意味したにすぎない。ましてや、「失察」という監督不行届きに対する責任が追及されたことは、官僚にとって大きな負担であったろう。

また、『條例』で「失察處分」が対象を拡大しつつ強化され、しかも総督・巡撫に至る上司の「失察」も「處分」されることになった結果、「失察處分」をめぐる現実の問題はますます複雑化し、厄介な性格を帯びたと思われる。そのことが官僚による「失察處分」の回避に拍車をかけたことも想像に難くない。

そして、このような個々の官僚による「失察處分」の回避という「消極的腐敗」が官僚制全体のなかで累積されたとき、アヘン禁止政策は一層の有名無実化を余儀なくされたのである。

注

(1) 来新夏「鴉片戦争前清政府的〈禁煙問題〉」列島編『鴉片戦争史論文専集』三聯書店、一九五八年、九六頁。
(2) 田中正美「危機意識・民族主義思想の展開——アヘン戦争直前における」野沢豊他編『講座中国近現代史』一、東京大学出版会、一九七八年、四六頁。
(3) (光緒) 欽定大清会典、巻十一。以下の「處分」、「議敍」等の説明もこの史料に拠る。
(4) 嘉慶期には「邪教」に対する「失察處分」が特に問題とされている。たとえば、大清仁宗睿皇帝実録(以下、『仁宗実録』と略記)、嘉慶十八年八月辛丑の條。また、道光期には十年に、戸部捐納房の書吏が公印を私造した事件で歴任の戸部の堂司官が「失察處分」されている。たとえば、大清宣宗成皇帝実録(以下、『宣宗実録』と略記)、道光十年十月戊戌の條。
(5) 『宣宗実録』、道光三年八月戊戌の條。

(6) 清代外交史料、嘉慶朝、第四冊、「刑部審擬崇文門税務衙門拏獲私帯鴉片之驍騎校興亮摺」(嘉慶二十年正月初十日)。
(7) 同右。
(8) 同右、「広州驍騎校興亮私販鴉片一案之該管将軍本智及管理粤海関祥紹交部議處諭旨」(嘉慶二十年正月初十日)。
(9) 清代外交史料、嘉慶朝、第四冊、「両広総督蒋攸銛等奏酌定査禁鴉片烟條規摺」(嘉慶二十年二月二十一日)。
(10) 『宣宗実録』、道光二年十二月戊申の條。
(11) 同右。
(12) この点に関連して新村容子氏は、「道光三年(一八二三)八月初二日の『吏兵二部奏』の中に嘉慶二十年(一八一五)の上諭が引用されている」として、「これ(嘉慶二十年の上諭)がアヘン生産に対する禁令の最初のものである」と述べている。同『アヘン貿易論争──イギリスと中国』汲古書院、二〇〇〇年、二〇頁及び注六一。しかし、新村氏が依拠した史料は、嘉慶二十年の上諭の部分ではなく、道光三年の吏兵二部の上奏の部分であり、新村氏の解釈は史料の誤読に基づいている。拙稿「アヘン戦争前における清朝のアヘン禁止政策について」(『人間文化研究科年報(奈良女子大学)』第一八号、二〇〇三年)を参照されたい。
(13) 嘉慶二十年三月己酉の條。
(14) 三二九頁。なお、本書はアヘン戦争前の中国と欧米諸国との関係について一四二の紀事を解説している。しかし、各紀事の分担執筆者名を記していないので、「編者」の見解として引用しておく。
(15) 清代外交史料、道光朝、第三冊、「両広総督李鴻賓等密奏咲船私帯鴉片入口偸買官銀出洋請禁其貿易片」(道光九年十月二十八日)。
(16) 同右、「湖広道監察御史馮賛勲縷陳夷人夾帯鴉片煙入口積弊請飭査厳禁摺」(道光十一年五月二十四日)。
(17) 于恩徳『中国禁煙法令変遷史』中華書局、一九三四年、五〇─五三頁。郭廷以『中国近代史』第二冊、商務印書館、一九四一年、七六─七九頁。
(18) 清代外交史料、道光朝、第四冊、「刑吏兵等部議奏閩浙総督孫爾準所議厳禁種売鴉片章程摺」。
(19) 于前掲書、五三─五四頁。郭前掲書、六八─七〇頁。

(20)『史料旬刊』第三期、〈道光十一年査禁鴉片煙案〉、「刑部摺奏酌加買食鴉片烟罪名」（道光十一年六月十六日）。
(21)（14）に同じ。
(22)清代外交史料、道光朝、第三冊、「両広総督李鴻賓等奏遵旨査禁紋銀出洋鴉片分銷各弊並会議章程呈覧摺」。
(23)広東海防彙覧、巻三十七、方略二十六、駁夷二。
(24)『黄爵滋奏疏』巻八（『黄爵滋奏疏・許乃済奏議合刊』中華書局、一九五九年）。なお、この上奏は中国第一歴史檔案館編『鴉片戦争檔案史料』第一冊、天津古籍出版社、一九九二年（以下、『史料』と略記）、二五四—二五七頁にも収録されている。
(25)『史料』、二五八頁。
(26)同右、二九四—二九五頁。
(27)同右、二六五頁。
(28)同右、二六一頁。
(29)同右、二九二頁。
(30)同右、三一四頁。
(31)同右、二九九頁。
(32)『籌辦夷務始末』道光朝、巻四。
(33)『史料』、二七三頁。
(34)『史料』、三八八頁。
(35)『史料』、五六四—五八六頁。
(36)『欽定厳禁鴉片煙條例』（道光十九年刊本、北京図書館藏）〈中国近代資料叢刊〉中国史学会主編『鴉片戦争』第一冊、神州国光社、一九五四年、所収。

第五章　アヘン「弛禁」論

はじめに

道光十六（一八三六）年四月二十七日に太常寺少卿の許乃済は所謂る「弛禁」上奏を行ない、アヘン貿易の物々交換方式による合法化、一般民間人によるアヘン吸飲の合法化、中国国内における罌粟栽培・アヘン製造の合法化を提議した。

この「弛禁」上奏については、これまで少なからぬ研究がなされ、弛禁上奏の内容はカントン知識人呉蘭修が作成した「弭害」という論文にほぼ全面的に依拠していたことも、既に明らかにされている(1)。

そうした先行研究の成果を踏まえながら、ここでは主に「カントン・アヘン」論の形成という視点に立って、まず第一節では「弭害」の作成時期に焦点を合わせてカントンにおける「弛禁」論浮上の経過を、ついで第二節では「弛禁」論が上奏されるまでの経過と「弛禁」論の本質を明らかにした上で、「弛禁」論批判についても考察する。

第一節　「弛禁」論の形成

（一）　呉蘭修「弭害」の作成時期

前述のように、許乃済の「弛禁」上奏の内容が、カントン知識人呉蘭修が作成した「弭害」という論文にほぼ全面的に依拠したものであることは、既に先行研究によって明らかにされており、また、本書の補論一でも既に述べたところである。ただ、カントンにおける「弛禁」論の形成と密接に関係する「弭害」作成の時期については、そうした問題意識がなかったためか、これまでほとんど検討の対象とされてこなかった。

ところで、「弭害」作成の時期についてほとんど関心を払わなかった先行研究も、「弭害」への言及に際しては、道光十四（一八三四）年ごろに作成されたとみなしてきた。[2] その理由は、「弭害」に関する最もまとまった史料である梁廷枏の『夷氛聞記』[3] 巻一に次のような記事があるからである（検討の便宜上、（A）以下に分節して記す）。

（A）道光十三年、公司、連歳、利を失い、期、已に久しく逾えるを以て、臣民が局を散ぜんことを請うを聴し、其の原貲を国に還す。散商の来船、益すます多く、常貨、以て其の壟断を遂げる無し。故に即ち分かつ所の貲を以て鴉片を載運す。

（B）光禄寺卿許乃済の東粤に観察たるや、文告の禁ず可きに恃むに非ず、害、将に底止する所無からんとするを稔知するなり。時に隠憂を懐くも未だ源を清くする所以の法を得ず。
（C）其の同年生、順徳の何太青、仁和に令たり、擢でられて乍浦に丞たり。罷めて帰り、誼み最も投契す。
（D）従容として言を為すに、紋銀の煙と易えて出づる者、数計す可からず。必ず先きに例禁を罷め、民間、自ら罌粟を種えるを得るを聴す。内産、既に盛んなれば、食する者、転って値廉きを利とし、銷流自ら広がらん。夷の至る者、利を得る所無ければ、招くも亦た来たらざらん。来たれば則ち竟に関禁を弛めて厚く其の税を徴し、商を責めて必ず与に貨と易えしめ、銀買の罪名を厳しくす。二十年を出でず、将に禁ぜずして自ら絶えんとす。実に中国利病の枢機なるも、敢えて挙げて以て入告する無きを如何せん、と。
（E）乃済、大いに動かす所と為り、以て教官の書院に監課たる呉蘭修なる者に質す。蘭修は故より嘉応の知名の士なり、多聞にして心を世務に留める者と号さるなり。亦た太青の言を是とし、退いて論を為りて弭害と曰い、而して之を暢明す。

こうして『夷氛聞記』の関連記事は、（E）に続けて「弭害」本文を載せ、さらに「弭害」、すなわち「弛禁」論に対するカントン官僚の対応を述べている。

さて、従来の諸研究が「弭害」作成の時期を道光十四年ごろとみなしてきた理由は、前掲記事中の（A）の存在にある。すなわち（A）は、イギリス東インド会社（「公司」）の対中国貿易独占権が西暦一八三三—一八三四貿易年度を最後に西暦一八三四年四月二十二日をもって撤廃され[4]、それを契機に自由貿易商人（「散商」）による新アヘン貿易がますます盛んになったという歴史事実に関することを述べている。そして、この記事はそうした新しい状況を説明する（A）のあとに、（B）（C）（D）と続けた後、（E）において呉蘭修による「弭害」の作成に言及している。

したがって、この記事を（A）から（E）へと素直に読めば、「弭害」が作成されたのは、イギリス東インド会社の対中国貿易独占権が撤廃された一八三四年、すなわち道光十四年以後のこととなる。また、詳しくは後述するが、「弭害」本文に続けて記述されるカントン官僚の対応も道光十四年以後のものであるから、結局、「弭害」は道光十四年ごろに作成されたとみなされてきた。しかし、結論を先に言えば、「弭害」は道光十四年ごろではなく、それ以前、恐らく道光十一年から十二年の間に作成されたと考えられる。以下、そのことを検証していきたい。

まず、『夷氛聞記』の前掲記事のなかに、「弭害」作成の時期を明らかにする手掛かりはないだろうか。（A）に続く（B）の部分について、「光禄寺卿」というのは誤りで、「光禄寺少卿」か「太常寺少卿」としなければならない。次に、許乃済が「東粤に観察たる」、すなわち広東省の道員となったという点について、彼は道光五年十二月十八日に肇羅道に着任し、ついで九年十月十二日付で高廉道に調任した。[5] その後、十三年八月二十五日の上諭[6]で光禄寺少卿に任命されるまで、彼は高廉道の職にあり、その間、十二年十一月七日から十三年五月八日まで広東按察使を署理している。[7]

このように、道員として許乃済が広東省にいたのは道光五年十二月十八日から十三年八月二十五日までだが、光禄寺少卿に任命された後も彼はしばらく広東省にとどまっていた。というのも、道光十四年二月十三日の上諭[8]は、新任の提督広東学政王植が着任するまで広東にとどまって「考試の事を辦ずる」ことを許乃済に命じているからである。したがって、すくなくともこの上諭が発せられた十四年二月十三日からしばらくは彼はまだ広東省にとどまっていたことになる。

次に（C）の検討に移ろう。許乃済（浙江仁和の人）は何太青（広東順徳の人）と同じく嘉慶十四年の進士[9]で、二人は「同年生」の関係であった。しかも、何太青は許乃済の出身地である浙江省の地方官を歴任し、（C）にもあるように嘉慶二十四年からはまさに許乃済の出身地である仁和県の知県[10]（「仁和に令たり」）、ついで道光二年からは嘉興府海防同知[11]（「乍浦に丞たり」）を勤めた。そして、その職を免じられたのは道光四年である[12]から、彼の帰郷は道光四、五年ごろ、許乃済が道員として広東省に赴任する少し前のことと推測される。

次の（D）は何太青の「弛禁」論である。続く（E）では、何太青から「弛禁」論を聞かされ心を動かされた許乃済が呉蘭修に意見を求めると、呉蘭修も「弛禁」論に賛成して「弭害」を作成したことが述べられている。補論一で述べたように、呉蘭修（字は石華）は広東嘉応直隷州梅県の人、嘉慶十三年の挙人。嘉慶二十四年以来、粤秀書院の監院を勤め（「書院に監課たる」）、道光二年からは高州府信宜県学の訓導（教諭銜）の職にあった[13]（「教官」）。

以上、『夷氛聞記』の関連記事について（A）から（E）へ順に検討したが、そこに「弭害」作成の時期を知りうる決定的な史料を見いだすことはできない。それでは、「弭害」本文そのもののなかになんらかの手掛かりがないだろうか。実は、「弭害」本文中[14]に手掛かりとなる記述が一箇所ある。それは次に示すように、アヘン貿易の近況について述べた箇所である。

近年、多くして二万余箱に至る。烏土は約八千箱、箱毎に約八百員なり。白皮は約一万三千箱、箱毎に約六百員なり。紅皮は約二千箱、箱毎に約四百員なり。総計するに歳毎に洋銀約一千五百万員を耗らす。

右の引用史料中、「烏土」はベンガル・アヘン（Bengal opium）、「白皮」はマルワ・アヘン（Malwa opium）、「紅皮」はトルコ・アヘン（Turky opium）のことである。では、そこで言及された「近年」とはいつごろのことだろ

表1　中国のアヘン貿易状況

箱（ドル）

貿易年度	ベンガル・アヘン	マルワ・アヘン	トルコ・アヘン	合　計
1829-30	7,143（930-800）	6,857（1,030-740）	700（720）	14,700
1830-31	6,660（1,050-790）	12,100（760-400）	1,671（738-565）	20,431
1831-32	5,960（1,060-885）	8,265（800-645）	402（550）	14,627

表中の箱数は引き渡し量（Deliveries）を、括弧内のドル数は1箱の販売価格をそれぞれ示している。

うか。

モース（H.B.Morse）の『東インド会社中国貿易編年史』巻四の資料をもとに、可能性のある貿易年度のアヘン貿易状況をまとめると、表1のとおりである。[15]

さて、「弭害」で述べられた「近年」のアヘン貿易状況でまず注目すべき点は、流入アヘンの総量が「二万余箱」、すなわち二万箱を越えていることだが、表1にあるように、流入量が二万箱を越えたのは一八三〇―一八三一貿易年度が最初である。

また、その「二万余箱」の内訳として、ベンガル・アヘンが「約八千箱」、マルワ・アヘンが「約一万三千箱」、トルコ・アヘンが「約二千箱」とあるのも、同じく一八三〇―一八三一貿易年度の状況を伝えていると見てよいのではないか。さらにアヘンの販売価格も、トルコ・アヘンの「四百員（ドル）」にすこし疑問が残るものの、ベンガル（「約八百員」）とマルワ（「約六百員」）については同年度の価格幅に収まる数字である。

このように見てくると、「弭害」が言う「近年」とは、一八三〇―一八三一貿易年度に当たるのではないかと推察される。だとすれば、「弭害」が作成されたのは、一八三〇―一八三一貿易年度（西暦一八三〇年四月から一八三一年三月）のアヘン貿易状況を把握できた時点、一八三一（道光十一）年の春以後のこととなる。

ただ、「近年」に関する以上の検討も、呉蘭修がアヘン貿易状況をかなり正確に知りえたという前提の上に初めて意味を持つ。その前提を認めてよいと筆者は考えるが、あくまでもそれは推測の域を出ない。そうである限り、「弭害」本文中の「近年」は、「弭害」作成の時期を明らかにするための有力な手掛かりではあるが、残念ながら決定的な史料とはならないのである。

このように、「弭害」作成の経緯を記述する『夷氛聞記』巻一の記事にも、また「弭害」本文にも「弭害」作成の時期を確定する決定的な史料は存在しない。しかし、その「弭害」を収録する陳在謙編『嶺南文鈔』[16]にかなり決定的な史料がある。この『嶺南文鈔』の巻十四には呉蘭修の文章が十六篇収められているが、その八番目が「弭害」である。そして、「弭害」本文に続けて「呉蘭修自記」と題された「弭害」の解説が付されているが、その全文は次のとおりである。

此れ今日、第一の大計なり。向きに之を議さんと欲するも敢えて発せず。六、七年来、商賈・闆閻、生計日び蹙しめば、乃ち已むを得ずして之を著す。吾が友、蕭梅生、楊秋衡、各の著論有り。大旨は略ぼ同じ。当世、必ず起こりて之に和す者有るを知る。予れ日び之を望む。道光壬辰六月、蘭修自ら記す。

この「呉蘭修自記」の内容についてはあとで触れるとして、当面ここで注目すべきことは、最後の部分、すなわち、この「呉蘭修自記」が書かれたのが「道光壬辰六月」、つまり道光十二年六月であることである。そうだとすれば、「弭害」が作成されたのは当然ながら「呉蘭修自記」が書かれた道光十二年六月よりも前のこととなる。したがって、少なくとも先行研究の「道光十四年ごろ」説が誤りであることはこれで明らかとなった。

それでは、「弭害」作成時期の下限が道光十二年六月だとして、上限はどこまで遡れるのだろうか。これまでの検討で明らかなように上限については確定できるような決め手がない。しかし本節では、先に「弭害」本文中の「近年」の検討結果から推察した道光十一年春を一応上限とみなしておき、さらなる検討はカントンにおける

「弛禁」論の浮上について考察する次節で行なうことにしたい。

(二)　カントンにおける「弛禁」論の浮上

前節での検討の結果、筆者は「弭害」の作成時期を道光十一年春から十二年六月の間と考えたが、次に注意すべきことは、「弭害」の作成時期はカントンにおいて「弛禁」論が形成され始めた時期と必ずしも同じではないということである。これについては、呉蘭修も前掲の「呉蘭修自記」のなかで「向きに之を議さんと欲するも敢えて発せず（傍点は筆者）」と述べているように、呉蘭修も「弭害」を作成する以前から「弛禁」論を考えていた。それでは、カントンにおいて「弛禁」論はいつごろから形成されたのであろうか。

さて、第三章で明らかにしたように、アヘン問題が議論の的になり始めたとき、まず解決策として主張されたのは外国貿易断絶論である。すなわち、アヘン密貿易だけでなく、外国貿易そのものを断絶すべしという意見である。そもそも欧米諸国との貿易を少なくとも理念的には恩恵的な朝貢貿易の変則的なものとみなしていた当時にあって、この断絶論はかなり有力な考え方であり、アヘン戦争勃発まで主張され続けることになる。

しかし、乾隆二十二（一七五七）年以来、欧米諸国との貿易が認められていた唯一の開港場カントンの官僚や行商にとって、その貿易からの利益を失うことを意味する断絶論は到底、容認できないものであった。こうして道光の初め（一八二〇年代初め）ごろ、カントン官僚の程含章は「論洋害」を著して断絶論を批判した。批判の論拠として程含章は、外国貿易断絶によって「辺釁」、つまり戦争が勃発する危険性があること、しかも、その際には外国貿易で暮らしている「沿海の奸民」が失業者となって外国側に協力する可能性が高いことを指摘した。[17]

ところで、程含章が外国貿易断絶論批判をしていたころ、カントンにひとつの知識人集団が形成されつつあったことも、既に補論一で述べた。すなわち、当時の両広総督阮元（江蘇儀徴の人、乾隆五十四年の進士、嘉慶二十二年から道光六年まで在任）のもとにカントン知識人はひとつのまとまりを形成していく。

まず、阮元は嘉慶二十三年に『広東通志』の編纂に着手したが、カントン知識人の多くがこれに従事した。ついで道光元（一八二一）年の春に「学海堂」という書院の設立構想を公表し、広東省の挙人、貢生、生員、監生を対象に学海堂課試を開始した。そして道光四年冬には広州府城内の北、粤秀山の麓に学海堂の建物も完成した。

こうした阮元によるカントン知識人の結集において、カントン知識人の側で中心的な役割を果したのが、ほかならぬ呉蘭修だった。彼は『広東通志』の編纂に従事し、学海堂の設立にも積極的に参画した。そして、道光六年に阮元が両広総督から雲貴総督へ転任する際に選んだ学海堂の八人の学長の一人にも指名されていた(18)。

その呉蘭修も「弭害」のなかで外国貿易断絶論を「抜本塞源の説」と呼んで批判している。批判の理由として第一に挙げられているのは程含章も指摘した戦争勃発の危険性であるが、そのほかにも、アヘン貿易を行なっているイギリス以外の諸外国との貿易まで断絶することはできないこと、また、断絶しようとしても近海の島を利用する密貿易まで断絶できないことを指摘している。

このように欧米諸国との貿易が唯一認められていたカントンという地域的利害を踏まえたアヘン論、すなわち「カントン・アヘン」論はまず、外国貿易断絶論批判という形をとって一八二〇年ごろに姿を現し、以後一貫して主張されることになる。

ついで一八二〇年代に入ると、中国へのアヘン流入量はマルワ・アヘンを中心に急速に増大し、その結果、一八二七年ごろから銀が中国から流出し始める。こうしたアヘン貿易による銀流出とそれに伴う財政・経済上の諸問題を御史章沅が指摘したのが道光九（一八二九）年であり、これ以後、アヘン問題は「風俗人心」上の問題としてよりも銀流出に伴う財政・経済上の問題として議論されることになる[19]。

そして、一八二〇年代にはもうひとつ大きな変化が見られた。道光元年に発生した葉恒澍事件を契機に、それまで珠江を遡った黄埔で行なわれていたアヘンの取引が珠江河口外の零丁洋に停泊するアヘン専用の貯蔵船である「躉船」で行なわれることになった（アヘン取引の所謂る「零丁洋時期」）。こうして来航した欧米船はまずアヘンを零丁洋の「躉船」に積み降ろした後、合法品だけを積んで黄埔に入港した。その結果、入港した欧米船にはもうアヘンは積み込まれていなかったから、カントン官僚はこれまでのように「外禁」政策の最終的責任を欧米船の「保商」に転嫁することができなくなった。つまり、一八二〇年代以降、カントン官僚は「外禁」政策に伴う責任を一身に負うことになった[20]。

こうして、既に第四章で明らかにしたように、道光九年の御史章沅の上奏以来、アヘン問題が活発に論議されるようになると、当時の両広総督李鴻賓は道光九〜十一年にかけて「外禁」困難・「内禁」優先論を主張し、カントン官僚の責任を軽減しようとした[21]。

ちょうどそのころに、「弛禁」論はカントンにおいて有力なアヘン論として形成され始めたと考えられる。そう考える根拠はまず、「弛禁」論がアヘン貿易による銀流出を前提として展開されていることである。前節で掲げたように、梁廷枏の『夷氛聞記』巻一の関連記事の（D）にある何太青の「弛禁」論は、「紋銀の煙と易えて出づる者、数計す可からず」と、アヘン貿易による「紋銀」の流出への指摘で始まる。また、呉蘭修の「弭害」も、やはり前節で検討の対象とした「近年」におけるアヘン貿易の状況に続けて、

中原の尽き易きの蔵を以て、海外の窮まり無きの壑を填め、日び増し月づき益し、其の極まるを知らず。

と述べ、アヘン貿易による銀流出の急増に言及する。ついで主張される彼の「弛禁」論も「避重就軽」、すなわち「天下」にとっては「軽」い「鴉片」よりも、「重」い「海内の銀」を「留」めることが目的とされている。このように、カントンの「弛禁」論は、アヘン問題が何よりも銀流出に伴う財政・経済上の問題として論議された道光九年以後の状況のなかで形成されたのである。

ところで、既に第四章で述べたように、カントンにおける「弛禁」論の形成を促した背景として、道光九年に再開されたアヘン論議が極めて活発なものであり、その結果として清朝が実施したアヘン対策も非常に厳しいものであったことを考慮しなければならない。まず清朝中枢部は優先していた「外禁」政策の実施をカントン当局に求めた。これに対して両広総督李鴻賓は前述のように「外禁」困難・「内禁」優先論を主張したが、それが一時的に受け入れられて清朝のアヘン政策は「内禁」優先に転換され、一連の「内禁」強化策が実施される。[22]

まず、道光十年六月二十四日の邵正笏の上奏を契機に、同年十二月十八日の上諭[23]で国内における罌粟栽培・アヘン製造に対する刑罰が初めて定められた。また、この問題に関連する雲貴総督阮元の上奏（道光十一年五月九日）を受けて同年六月二十六日の上諭[24]は、毎年末に省内の罌粟栽培・アヘン製造状況について報告するよう地方督撫に命じた。また、同年五月十六日の上諭[25]で「煙具」（アヘン吸飲用のキセル）の製造・販売に対する刑罰も初めて定められた。さらに同年五月十五日の劉光三の上奏を契機に刑部での検討を経て、同年六月十六日の上諭[26]はアヘン吸飲に対する刑罰をこれまでより厳しくすると同時に、督撫以下の地方官僚に対して署内にアヘン吸飲者がいないという「甘結」を提出させた上でその結果を毎年末に上奏するよう命じた。

このように一連の「内禁」強化策が実施された背景に、道光十一年四月十二日における道光帝の長男、奕緯の死去[27]が関係していた可能性を指摘しておきたい。というのは、当時、カントンの欧米人の間では奕緯の死因はアヘンの吸飲にあるとのうわさが流れていた。(28)残念ながら、その真偽を検証する中国側の資料は管見の限りでは見いだしえない。しかし、同年十月から十一月にかけて「太監」、すなわち宦官のアヘン吸飲が暴露され、何人かの宦官と関係者が相次いで処罰されたことは、(29)それが単なるうわさではないことを傍証していると考えられなくもない。

それはさておき、アヘン問題が厳しく論議される状況のもと、道光十一年五月二十四日に御史の馮賛勲が、零丁洋でのアヘン取引の実態を初めて詳細に説明しながら「外禁」優先を奏請すると、清朝のアヘン政策は「外禁」優先に回帰する。(30)「外禁」の優先とその実施を命ずる上諭が李鴻賓のもとに届くのは六月十六日、彼はただちにその旨を行商に伝えている。(31)したがって、カントン知識人たちもほぼ同時に、李鴻賓が提議し続けてきた「外禁」困難・「内禁」優先論の破綻を知ったと考えられる。(32)

先に、「弭害」作成の時期を一応、道光十一年の春から翌十二年六月までと推定しておいたが、カントン知識人たちが「外禁」困難・「内禁」優先論の破綻を知ったと考えられる道光十一年なかごろはその推定期間内にある。呉蘭修による「弭害」作成の時期はひとまずおくとしても、それが主張する「弛禁」論は、「外禁」困難・「内禁」優先論が破綻した道光十一年なかごろ以後に、新しい「カントン・アヘン」論として浮上してきたのではないか。

そのことを傍証するのが、道光十一年十二月二十四日付（十二年二月五日受理）の両広総督李鴻賓の上奏(33)である。既に第四章でも触れたように、この上奏で彼は持論の「外禁」困難・「内禁」優先論を相変わらず繰り返したが、(34)そのなかで、此の時、若し仍お其の葯材の類に照らして公然と行使するを聴し、夷人をして価を抬げて奇に居く能わざらしむるも亦、其の重利を貪図するを黙沮するの法に似たり。

と述べ、「弛禁」論を紹介していた。ただ、続けて「無如せん、功令久しく垂れれば、何ぞ又た忽ち寛縦に従わん」と、あくまでも厳禁の立場にあることを述べて自己保身を図ることを彼は忘れていない。(35)

それはともかく、このように道光十一年十二月二十四日の上奏のなかで両広総督李鴻賓が「弛禁」論を紹介していたことから判断すれば、おそくとも道光十一年末までに「弛禁」論がカントンにおいてかなり有力なアヘン論として浮上していたことは間違いない。そして、そのような状況のなかで「弭害」もまた作成されたと見て差し支えないだろう。

最後に、道光十二年六月という下限時期を確定する史料となった「呉蘭修自記」について一言述べておきたい。この自記は、程恩沢（安徽歙県の人、嘉慶十六年の進士）のカントン訪問と関連すると筆者は考えている。

当時、北京の知識人の中心的な存在であった程恩沢（候補国子監祭酒）は道光十二年五月十五日の上諭(36)で同年に実施される広東郷試の正考官に任命され、同年八月一日にカントンに到着した。(37)その際、程恩沢は呉蘭修を含むカントン知識人たちと交遊し、また、カントンにおける商業の沈滞ぶりやアヘンの蔓延を描写した「粤東雑感九首」を詠んでいる。(38)アヘン問題が活発に論議され、カントンにおいても「弛禁」論が浮上しつつあるなか、カントンを訪れた程恩沢に呉蘭修ら「弛禁」論者たちは自分たちの「弛禁」論に対する意見を求めたのではないだろうか。また、詳細については第六章で考察するが、呉蘭修と同郷の知識人で、この時の郷試に合格して挙人となる温訓は、「弭害」の作成と同時期にその「弛禁」論を批判する「弭害続議」を著すが、それはのち道光十八年に黄爵滋によって上奏される「厳禁」論、すなわち「アヘン吸飲者死刑」論のもとになったとも考えられている。[39]
このことは、カントンにおいてアヘン論が必ずしも「弛禁」論に一本化されていたわけではないことを示すと同時に、程恩沢のカントン訪問がカントンにおけるアヘン論議に拍車をかけ、「弛禁」論者とそれに反対する者の、双方が来粤した程恩沢に意見を求めたことを推測させる。道光十二年六月の日付をもつ「呉蘭修自記」は、既に作成されていた「弭害」を程恩沢に示すために彼の来粤を前に呉蘭修が書き添えた文章ではないか。[40]

第二節　「弛禁」上奏

（一）「弛禁」上奏に至る経過

道光九年以来の活発化するアヘン論議を背景に、カントンにおいて形成され、おそくとも道光十一年末には有力な「カントン・アヘン」論として浮上し、また、呉蘭修によって「弭害」という論文にまとめられた「弛禁」論は、どのような経過をたどって道光十六年四月二十七日に許乃済によって上奏されることになるのだろうか。このことについて、前出の『夷氛聞記』巻一では、「弭害」本文に続けて、

総督盧坤、巡撫祁壋、見て心折す。蘭修は更に其の学海堂に長たる、同事の南海の熊景星、番禺の儀克中と約し、各の論を著わして以て与に輔翼と為さしむ。坤は随ちに「粤士私議」を述べ、片に附して陳ぶ。例、

方に厳しきを以て、僅かに其の詞を約略し、終に敢えて明らかに弛禁を請わず。成廟も亦た之を置き、但だ旧禁に沿いて厳を加えしむるのみ。

とある。すなわち、両広総督盧坤、広東巡撫祁𡎴が「弭害」を読んで敬服したこと、呉蘭修は同じく学海堂の学長だった熊景星（広東南海の人、嘉慶二十一年の挙人）、儀克中（広東番禺の人、道光十二年の挙人）にも「弛禁」論を作文させて側面から援護させたこと、そこで盧坤は「弛禁」論を「粤士私議」として上奏の附片で紹介したが、アヘン禁令が厳しい状況に配慮して「弛禁」を正式に要請はしなかったこと、道光帝も取り上げず、これまでの方針に沿って禁令を強化したにすぎなかったことが述べられている。

そして、先行研究では右の史料に基づいて、カントンの「弛禁」論は両広総督盧坤の道光十四年九月十日の附片によって最初に紹介されたとみなされてきた。(41) しかし、前節で既に指摘したように、カントンの「弛禁」論はそれよりも早く、既に道光十一年十二月二十四日の両広総督李鴻賓の上奏で紹介されていた。したがって、盧坤の附片は「弛禁」論にとっては二度目の紹介だったのである。

盧坤（直隷涿州の人、嘉慶四年の進士）は、かつて道光八年八月から十年八月までの二年間、広東巡撫の任にあったが、革職された李鴻賓の後任として道光十二年八月に両広総督に任命され、(42) 同年十月二十五日に着任していた。(43) なお、彼が進士となった嘉慶四年の会試では阮元が副考官を勤めており、両者は所謂る座師‐門生の関係にあった。(44)

また、前掲史料のなかで盧坤とともに登場する祁𡎴（山西高平の人、嘉慶元年の進士）は、道光十三年七月から十八年二月の間、広東巡撫の任にあった。(45) したがって、呉蘭修の「弭害」を総督盧坤と巡撫祁𡎴の二人が読んで敬服したという前掲史料に依拠すれば、祁𡊮が「弭害」を読んだのは、彼が広東巡撫に任命された道光十三年七月以降のこととなる。さて、盧坤は道光十四年九月十日の附片でカントンの「弛禁」論を紹介することになるが、その直接的な契機となったのが道光十四年五月二十二日受理の「有人」の上奏[46]であった。その上奏は前述した三年前の馮賛勲の上奏と同様に、零丁洋におけるアヘン取引の実態を明らかにした上で、「紋銀の出洋」と「関税の透漏」を防止するために「躉船」や「快蟹」の取り締まり、つまり「外禁」の厳行を強く要請していた。そして同日の上諭[47]は、盧坤、祁𡊮、そして粤海関監督の中祥に対して、指摘されたような事実の調査報告と取り締まりの強化を命じたのである。

この上諭が盧坤らの手元に届いたのは六月十三日[48]であるが、当時の盧坤は大きな問題に直面しつつあった。それは、いわゆるネーピア事件である。既述のように、西暦一八三四年四月二十二日をもってイギリス東インド会社の中国貿易独占権は撤廃されて自由貿易の時代に入り、それに伴って初代の首席貿易監督官ウイリアム・ネーピア（William Napier）がイギリス政府によってカントンに派遣された。道光十四年六月九日にマカオに到着したネーピアは、入港許可証をもらわずに六月十九日に「夷館」区域（英語でfactory、外国人居留区域）に入り、さらに翌日、両広総督に会見を求める文書を、従来から清朝が定めていた「稟」という上行公文書の形式ではなく対等な「照会」形式で認め、しかも行商を介さずに直接、清朝官憲に渡そうとした。

こうしたカントン体制下の慣例を打破しようとするネーピアの行動を清朝側が認めるはずはなく、「夷館」区域を封鎖してネーピアの退去を求め、七月二十九日にイギリスとの貿易を停止した。これに対してネーピアは八月三日に軍艦二隻を呼び寄せて対抗したが、カントン当局を軟化させることはできなかった。結局、ネーピアがマカオに退去したので、八月二十七日に貿易は再開された。そして、九月九日、ネーピアは失意のうちにマラリ

アで病死した。以上が、ネーピア事件の概要である。(49)

ネーピア事件への対応に忙殺されていた盧坤はこの間、六月二十日の上奏(50)（七月二十九日受理）で、同年三月に零丁洋で「快蟹艇」一隻を拿捕した事件とその後の調査状況を報告しただけで、「有人」の上奏を受けて下された五月二十二日の上諭に対する正式な覆奏は結局、ネーピア事件決着後の九月十日になってようやく行なわれた。そして、同日の附片のなかで「弛禁」論は紹介されたのである。(51)

さて、九月十日の上奏(52)の方で盧坤は、

惟だ鴉片は外夷自り来れば、其の発源は既に査禁するに従し無し。〔……〕該処〔零丁洋、磨刀洋〕は遠く外洋に在り、省を離れること数百里なれば、何船が鴉片を躉載するかは、巡洋の兵船も亦た確実を捜査する能わず。未だ衆船聚泊の時に於て、遽かに炮火を用て轟撃し、天朝懐柔の義を失うを致すに便ならず。其の躉船の一項は、常年、洋に在り、衆船聚集の時、其の中に混雑すれば、玉石を分かち難し。

と述べ、前任者の李鴻賓と同様に、全体として「外禁」実施の困難さを強調した上で、

第だ鴉片は夷船が載来するに係ると雖も、若し内地の匪徒が勾通して販運すること無ければ、該夷人、即い私貨有るも、亦た何に従りてか行銷せん。

と云い、「内禁」を優先すべきことを暗にほのめかしている。そして、附片(53)の方で彼は、

応に昔年の旧章に照らし、其の販運・入関を准し、税銀を加徴し、貨を以て貨に易え、夷人をして無税の私

貨を以て紋銀を售売する能わざらしむるを行なうべしと謂う者有り。

と述べ、「弛禁」論を紹介するが、『夷氛聞記』の前掲史料にもあったように正式に奏請はせず、彼の座師阮元がかつて両広総督だった道光二年に行なった上奏[54]と同様に、「暫らく覊縻を為すに若かず」「再らに徐ろに禁絶を図るを行なう」と結論している。

そして、盧坤の上奏・附片に対する十月三日の上諭[55]は、これも『夷氛聞記』の前掲史料がいうように、紹介された「弛禁」論については何も言及せず、零丁洋におけるアヘン取引の取り締まり、つまり「外禁」を盧坤らに厳命したのである。

このように、「カントン・アヘン」論としての「弛禁」論は、道光十一年十二月に李鴻賓、十四年九月に盧坤と、二人の両広総督の上奏のなかで紹介されたが、いずれの場合も、そうした考え方もあるとして紹介されたに止まり正式に提議されることはなかった。また、清朝中枢部も紹介された「弛禁」論を敢えて取り上げようとはせず、従来どおり「外禁」優先のアヘン禁止政策を継続していた。こうして、「弛禁」論が正式に清朝中枢部に提議されるのは、道光十六年四月二十七日の太常寺少卿許乃済の上奏を待たねばならなかったのである。

では、「弛禁」論はどうして道光十六年四月という時点で正式に提案されたのだろうか。後述するように、その理由がまず第一に、「弛禁」論を提案しようとする側と受け入れようとする側、双方の事情にあったことは言うまでもない。しかし同時に、「弛禁」論が正式に提案できるような政治状況、盧坤が「弛禁」論を紹介した道光十四年九月の段階ではまだ生まれていなかった政治状況が、道光十六年四月の段階にはあったことも見逃してはならない。

かかる政治状況の変化は道光十五年に発生した。それは、道光十五年一月三日における曹振鏞の死[56]から始まる。曹振鏞（安徽歙県の人、乾隆四十六年の進士）は嘉慶期以来、大学士を勤め、道光帝の即位と同時に軍機大臣に任命され、以後、道光帝から最も信頼された道光前半期における最高実力者であった[57]。したがって、彼の死は清朝中枢部における権力構図に微妙な変化を生じさせた。そうした変化のなかで当面、最も関係するのが、中央政界における阮元の台頭であった。

両広総督時代の阮元がカントン知識人たちを結集したこと、そのなかに「弭害」の作者呉蘭修もいたことについては、既に述べたとおりである。その後、雲貴総督に転任していた阮元は道光十二年に、革職された李鴻賓の後任として協辦大学士（雲貴総督に留任のまま）となっていたが[58]、曹振鏞の死に伴う大学士の人事異動によって道光十五年二月二十五日の上諭[59]で体仁閣大学士に任命された。

ところで、金安清『水窗春囈』[60]巻下「傾軋可畏」の條に、「阮文達も亦た曹の喜ぶ所と為らず」として、曹振鏞は道光帝に対して、阮元（文達は諡号）は地方にあって政治よりも学問のことばかりに熱をあげていると非難したことが記されている。両者の関係がそのようなものであったとすれば、曹振鏞の死は阮元にとって、単に大学士への道を開いただけでなく、今後の彼の政治活動にとっても大きな障害が取り除かれたことを意味する。『チャイニーズ・レポジトリー』第四巻第二号（西暦一八三五年六月）の第二号記事「最近の中国情勢」[61]は、阮元の大学士就任を取り上げて次のように述べている。

こうして北京の内閣に非常に恵まれた才能と気骨を備えた大学士が登場した。彼〔阮元〕はかつてカントンに数年間、滞在し、実際に外国人とのごたごたも経験した。そうした経験は現状のようなイギリス、中国両政府関係のなかでは貴重なものである。

このようにカントンの外国人たちは、清朝中枢部において今後、欧米諸国との問題については大学士阮元の発言力が強まることを予想していた。

そして、「弛禁」論を上奏することになる許乃済も、実は早くから阮元と面識があった。許乃済は嘉慶二十二年から二十三年にかけてカントンの名門書院、粤秀書院の山長を勤めたことがあるが、それは当時の両広総督阮元の招きに応じた結果であった(62)。許乃済（浙江省杭州府仁和県出身）と阮元の関係は、阮元が浙江巡撫として杭州に滞在していた時期（嘉慶五年から十年、十二年から十四年の二度(63)）に始まったのではないかと推察される。

このように観てくれば、カントン内外の「弛禁」論者にとって阮元の大学士就任は、「弛禁」論の正式な提案を決断させる有利な政治状況の到来を意味したに違いない。したがって、道光十六年四月に許乃済が「弛禁」論を上奏した際、「弛禁」上奏の背後に大学士阮元の支持があるとカントンの外国人たちが考えたこと(64)は極めて自然である。

「弛禁」論の正式提案にとって、阮元の中央政界での台頭とともに有利な政治状況となった可能性があるのが、全皇后（鈕祜祿氏）の存在である。既に道光十三年四月二十九日に愼皇后が亡くなっていたが(65)、翌十四年十月十八日、全皇貴妃は皇后に冊立された(66)。

のち、西暦一八四〇年二月十三日に全皇后が逝去すると、イギリスの新聞『タイムズ』同年七月四日号は彼女に関する記事を掲載し、「一八三五年から三六年にかけて、彼女は夫〔道光帝〕に対して非常に大きな影響力を及ぼした。〔……〕得意の絶頂にあった彼女は多くの子分たちを地方に派遣して高い官職につかせた。〔……〕許乃

済らも彼女の仲間に属していた」と書いている。(67)

残念ながら管見の限りでは、この記事の信憑性を検証する他の史料を見いだしえない。しかし、もしそうだとすれば、大学士阮元の背後に全皇后が控えていたことになり、「弛禁」論者にとってはますます有利な政治状況が形成されていたことになる。なお、阮元は道光十五年十月一日の上諭(68)で、言官の総帥たる都察院左都御史の兼任を命ぜられた。

さて、「弛禁」論の正式提案に有利な政治状況が生まれつつあることを示唆するような政治判断が、「弛禁」論が上奏される直前、道光十五年末から翌十六年初めにかけてなされた。

既に述べたように、道光十年から十一年にかけて「内禁」が強化された際、地方督撫は毎年末に、管轄省内における罌粟栽培・アヘン製造と官僚のアヘン吸飲に関する調査結果を上奏するよう義務づけられていた。その結果、道光十一年末以来、地方督撫による年末の報告上奏が続けられていた。道光十五年十二月十七日受理の上奏で湖南巡撫呉栄光は、湖南省では罌粟栽培・アヘン製造も官僚のアヘン吸飲もないと報告したが、これに対する同日の硃批に、

明年の年終自り始めと為し、具奏を庸いる毋かれ。

とあり、来年からはもう報告するには及ばないと命じていた。(69)ついで、官僚によるアヘン吸飲はないと報告する署両江総督林則徐の上奏に対しても、十二月二十日の硃批はやはり、

既に鴉片を買食するの人無ければ、明歳自り始めと為し、具奏を庸いる毋かれ。

と同様に命じている。[70] こうして、その後、陸続として報告されてくる地方督撫の同様の上奏に対して道光帝は、今後はもう上奏しなくてよいと命じたのである。[71]

思うに、「外禁」がカントン官僚にとって自分たちの責任が追及されるやっかいな政策だったように、「内禁」は全国の官僚にとって同様にやっかいな政策であった。特に道光十年以来、「内禁」が強化され、とりわけ毎年末に省内の罌粟栽培・アヘン製造と官僚のアヘン吸飲の調査結果を上奏しなければならなくなったことは、地方督撫にとっては大きな負担であり、自分たちの責任がいつ追及されるかわからない不安の種でもあった。

今後は上奏に及ばずという今回の政治判断は、そうした地方督撫にとっては不安を一挙に解消する、まさに「朗報」であったに違いない。そして、かかる政治判断を現実のものとしえた政治力学も、既に述べたような道光十五年以来の新しい政治状況の所産と考えられる。すくなくとも、「弛禁」論者たちの眼にはそう写ったに違いない。

こうして明けて道光十六年に入ると、既に先行研究で明らかにされたように、まず三月二十六日に御史王玥が、事実上、一般民間人によるアヘン吸飲の解禁を求める上奏を行なった。[72] そして、ついに四月二十七日に許乃済による「弛禁」上奏[73]が行なわれる。

前後の状況を見ると、直前の四月二十一日には科挙の最終試験である殿試が行なわれ、[74] 四月二十五日は最終的な合格発表である伝臚の日であった。[75]「弛禁」上奏はその二日後、殿試が終了するのを待っていたかのように、新しい進士が誕生したばかりの華やいだ雰囲気のなかで行なわれたのである。

許乃済の「弛禁」上奏を受けて四月二十九日の上諭は、[76] カントンの両広総督鄧廷楨らにその検討を命じた。鄧廷楨（江蘇江寧の人、嘉慶六年の進士）は、道光十五年八月初めに前任者の盧坤が死去したため、同月二十四日の上諭[77]で両広総督に任命され、同年十二月二十六日（一八三六年二月十二日）に着任していた。[78]「弛禁」上奏の検討を命ずる上諭は道光十六年五月十九日に鄧廷楨のもとに届いた。[79]彼は粤海関監督文祥を通じて行商に「弛禁」策の検討を行なわせると同時に、[80]広東布政使阿勒清阿、広東按察使王青蓮にも協議することを命じた。[81]詳細については後述するが、そうした検討結果を踏まえて七月二十七日に鄧廷楨らは、施行細則を付して「弛禁」論に賛成する上奏[82]を行なうことになる。許乃済の「弛禁」上奏への鄧廷楨らカントン官僚の対応は極めて敏速かつ周到と言わざるをえない。

六月二十四日には行商が外国商人に対して、あたかも「弛禁」が決定済みかのようにアヘン貿易合法化後の措置について説明を行なっている。[83]また、鄧廷楨らの賛成上奏は粤海関監督・行商を通じて外国商人にも伝えられた。[84]そして、「弛禁」上奏、それに対するカントン官僚による検討という一連の動きに対して、カントンの外国側の反応はといえば、当時のイギリス貿易監督官エリオット（Charles Elliot）も、また『チャイニーズ・レポジトリー』や『カントン・レジスター』などの英字の新聞・雑誌の論調も、当初は「弛禁」は実現するだろうと観測していた。[85]

こうした「弛禁」上奏の前後の状況を虚心に眺めるならば、まず第一に、「弛禁」上奏者許乃済（あるいは彼を含む北京の「弛禁」論者たち）と鄧廷楨らカントン官僚は上奏に先立って充分に連絡・協議したことが推察される。そして、エリオットも同様に考えたように、「弛禁」論が正式に上奏され、しかもその検討がカントン官僚に命じられたことから判断すれば、上奏当時、北京・カントンの「弛禁」論者たちが勝算ありと考え、また、すくなくともカントン官僚に検討が命じられた時点までは、清朝中枢部を「弛禁」論の受け入れに傾かせていたような政治状況があったと見て、差し支えないであろう。そうした政治状況を解明するためにも、次に「弛禁」論の本質を考察しなければならない。

(二) 「弛禁」論の本質

既述のように、許乃済の「弛禁」上奏は、アヘン貿易の物々交換方式による合法化、一般民間人によるアヘン吸飲の合法化、中国国内における罌粟栽培・アヘン製造の合法化を提議したが、以下では、「弛禁」論の中核をなすアヘン貿易の合法化に焦点を合わせて考察する。(86)

まず、アヘン貿易が合法化された場合、呉蘭修の「弭害」では「茶葉と兌換」、許乃済の「弛禁」上奏では「只だ貨を以て貨と易えるを准し」、また「銀を用て購買するを得ず」とあるように、「弛禁」論はアヘンの銀による購入を認めず、あくまでも物々交換方式による輸入しか認めていなかった。そうすることで銀の国外流出を防止し、危機に瀕していた中国経済・清朝財政を再建することを「弛禁」論は主張していた。では、そうした主張こそが「弛禁」論の本質だったのだろうか。それはあまりにも皮相な理解である。注目すべきことは、むしろアヘン貿易合法化の具体的な計画内容にこそある。

さて、「弭害」では「洋行に交付し」、また「弛禁」上奏でも「行に交し」とあるように、合法化されたアヘンは行商が取り扱うとされていた。そして、鄧廷楨らの賛成上奏も同様に、「別項の呢羽等の貨と同に、一体に洋行に交与し」とした上で、さらに提案する施行細則である「章程九条」の第一条において、アヘン輸入に伴う納税や銀流出の防止も従来通り、「保商」としての行商が責任をもって行なうことが提案されていた。(87)

こうした提案は、既に先行研究で指摘されたように、乏しい自己資本、東インド会社による茶の輸出代金の前払いの消滅、「洋貨店」(「鋪戸」)の外国貿易への進出、加えて道光十年代前半における江南の天災に起因する経済不況などによって疲弊し、しかも非合法品であるアヘンをすくなくとも公然とは扱えなかった行商にとっては、起死回生の計画案であった。(88) また、行商は特に捐輸を通してカントン官僚と、また書院への経済的援助を通してカントンの知識人たち、とりわけ阮元によって結集された「学海堂グループ」と密接な関係にあった。(89) このような行商の利益を「弛禁」論が代弁していたことは明らかである。

次に、「弛禁」論とカントン官僚との関係について検討したい。既述のように、両広総督の李鴻賓、盧坤は上奏のなかで「弛禁」論を紹介し、鄧廷楨は「弛禁」上奏に積極的に賛成した。この点について従来の研究は、行商や「学海堂グループ」の利益をカントン官僚が代弁したことを指摘している。(90) そうした指摘そのものに筆者も異論はない。しかし、カントン官僚は彼らの利益を代弁しただけだったのだろうか。カントン官僚により積極的な動機はなかったのだろうか。

そうした疑問に関連してまず第一に検討すべきことは、これまで優先された「外禁」政策の下、特にアヘン取引の零丁洋時期に入って責任を強く問われていたカントン官僚にとって、「弛禁」は一挙にそうした責任から解放させてくれる措置であったということである。確かにその限りにおいて、「弛禁」論は彼らにとっても好ましいものである。ただ、責任の問題について、李鴻賓以来の歴代の両広総督は異口同音に「外禁」困難・「内禁」優先を提唱し、「弛禁」論についてはせいぜいそれを紹介したにすぎなかった。責任問題の解消のためだけに、あるいはそれを主たる動機としてカントン官僚が「弛禁」論の正式提案・賛成に踏み切ったとは考えがたい。

次に、カントン官僚たちはアヘン密貿易の受益者であり、「弛禁」論はそうした現状を保証する方法論であったという先行研究の指摘はどうだろうか。(91) 当時の外国側史料が一様に強調し、また従来の研究でも指摘されたように、カントン官僚・兵丁は賄賂を取ってアヘンの密輸を黙認していた。(92)「弛禁」論はそうした現状を保証する

性格のものだったろうか。そのことを検討するには、合法化に伴う課税額に注目する必要がある。呉蘭修の「弭害」に、

> 査するに、海関旧例、薬材の款下、鴉片は百斤毎に銀三両を税し、又た分頭銀は二両四銭五分なり。嗣後、請うらくは外夷に飭し、旧に照らして税を納め、洋行に交付し、茶葉と兌換せしめんことを。

とあり、合法化されたアヘンに対しては、粤海関の「旧例」通り、百斤（一箱、約六十キログラム）ごとに正税として三両、付加税として分頭銀二両四銭五分、合計五両四銭五分の課税が提案されている。そして、呉蘭修の「弭害」に基づく許乃済の「弛禁」上奏でも同様の提案がなされた。これに対して、鄧廷楨らの賛成上奏が提案する施行細則の第五条では、同じく「粤海関則例」によるとされながら、なぜか数字が違って、百斤ごとに正税三両、火耗銀三銭、擔頭・分頭銀八分六釐、合計三両三銭八分六釐の課税が提案されている[93]。

さて、提案された課税額は両者で若干異なるが、多い方をとっても銀五両四銭五分である。この数字について、許乃済も「弛禁」上奏のなかで「夷人の納税の費は、行賄より軽ければ、彼れに在りても亦た必ず楽従せん」と云い、提案された課税額は黙認料として支払われていた賄賂の額よりも少ないから、外国人も喜んで受け入れるだろうと述べている。

この点についてイギリスの貿易監督官エリオットも当時、許乃済が提案した課税額は約七ドルにあたるとした上で、「現在、中国側の密輸業者が零丁洋に最も近い場所からアヘンを陸揚げしようとしても、最低でも四十ドル〔の賄賂〕がいる」と述べている。そして、「もし、提案された課税額が順守されれば、たとえそれに付加税が付いたとしても密輸に走ることはないだろう」と予想している[94]。

このように、提案されたアヘンの課税額は当時、黙認料として支払われていた賄賂の額をはるかに下回っていた。もちろん、エリオットも言うように、実際に運営される際には多額の付加税が課されることは当然予想されるにしても、すくなくとも提案された計画内容そのものは、カントン官僚たちがアヘン密貿易から受けていた利益を保証するものではなかった。むしろ、合法化はそうした現状が打破されることを意味した。したがって、「弛禁」論はカントン官僚がアヘン密貿易の受益者であるという現状を保証する方法論であるという先行研究の指摘は妥当とは言えない。(95)(96)合法化されたアヘンは行商が取り扱うという前述した提案も含めて、「弛禁」論には現状打破的な性格が強く見られるのである。

それでは、カントン官僚はいかなる動機から「弛禁」論に積極的に賛成したのだろうか。結論を先に言えば、カントン体制の再建のためと筆者は考えている。すでに述べたように、カントン体制は欧米人（諸国）に対する清朝の基本姿勢であり、同時にそれはカントンにとって維持すべき最大の利益であった。しかし、このカントン体制が道光期に入ると徐々に、そして道光十年代に大きく崩れていくのである。

まず、道光元年以来の所謂る零丁洋時期において、アヘンの密輸が零丁洋に停泊する「躉船」で行なわれたことは既に見たが、次第にアヘン以外の合法品も零丁洋上で密輸されるようになった。そして、そのことも行商の疲弊、粤海関の税収減の原因となっていた。(97)

ネーピア事件後、その経験を踏まえて両広総督盧坤は道光十五年一月二十八日の上奏(98)で新しい外国人取り締まり規則である「防範夷人章程」全八条を提案して裁可されたが、その第八条に、

夷船、洋に在りて私かに税貨を買えば、応に水師に責成して査拏せしめ、並びに沿海の各省に咨して稽査せ

しむべきなり。〔……〕特だに鴉片を躉売するのみならず、並びに恐るらくは洋貨を私銷せん。

とあり、洋上での外国船による密輸出入を指摘した上で、その取り締まり強化を打ち出している。続けて、「各省の奸徒、海船に坐駕し、外洋に在りて夷人と私かに相い買売し、貨物は即ち海道従り運回す」と、広東省以北から中国船がカントンに来航して洋上で密輸している現状を説明した上で、

何省の海船かを論ずる無く、洋貨を置買すれば、一律に粤海大関に赴き、蓋印の執照を用いんことを請い、詳かに洋貨の数目を註し、私買を准さず。

とあり、広東省以北からカントンに来航して外国製品を購入・運送する中国船は、粤海関から「執照」、つまり営業許可証を得て、その管理下に入らねばならないことになった。

このように、合法品が零丁洋で、しかも広東省以北の中国船も関与する形で密輸出入されていたことは、欧米諸国との貿易をカントン一港に限定した上で、最も直接的にはそれを粤海関で管理するというカントン体制が崩壊しつつあることを物語っていた。そうしたカントン体制の再建を「防範夷人章程」第八条の規定は意図していたのである。

ところで、崩壊の危機に瀕していたのはカントン体制下の合法貿易だけではなかった。実はアヘン密貿易もカントン体制の枠内から逸脱しつつあったのである。既述のように、カントン体制を基本姿勢とする清朝はアヘンというモノを管理＝禁止すること、すなわち「外禁」政策を優先してアヘン問題を解決しようとしたが、現実にはカントン官僚・兵丁が賄賂を取って黙認した結果、アヘンの密輸はあたかも合法貿易かのように行なわれてき

た。

しかし、そうしたアヘン密貿易の実態は零丁洋時期の到来とともに大きく変化し始める。すなわち、零丁洋の「躉船」を基地としつつ、アヘン船がカントンから北上し始めたのである。既に道光の初め（一八二〇年代）からアヘン船の北上は始まっていたが、本格的にはジャーディン＝マセスン商会（Jardine,Matheson & Company）のシルフ（Sylf）号が北上した道光十二（一八三二）年以来、活発化する。アヘン船は福建、浙江、江蘇、山東、直隷各省の沿海部から、さらには遼東にも姿を現し、行く先々でアヘンを密輸した。そして、各地の清朝官憲もカントン官僚と同様に賄賂を取ってアヘンの密輸を黙認していた(99)。

また、次に見るように、アヘンは中国船によってもカントン以北へ運ばれていた。こうして、アヘンは次第にカントン以北から大量に流入するようになり、のち道光十七、十八年には、カントン以北の流入量がカントンのそれに匹敵するか、むしろ上回るとまで報告されることになる(100)。

このように見てくれば、「弛禁」論は、カントン体制の枠外に逸脱しつつあったアヘン密貿易を合法化することによってカントン体制内に呼び戻そうとしたのである。呉蘭修の「弭害」、許乃済の「弛禁」上奏、鄧廷楨らの賛成上奏はいずれも、合法化されるアヘンは当然ながらカントン一港で輸入されて粤海関に納税するとしている。さらに、鄧廷楨らの賛成上奏中の施行細則第七条には、

内地各省の海船、鴉片を運銷すれば、応に粤海関由り執照を印給すべきなり。

とあり、前述した合法的輸入品の海上輸送に関する道光十四年の「防範夷人章程」第八条の規定を準用して、合法化されたアヘンをカントンから北方へ海上輸送する広東省以外の中国船は、粤海関から営業許可証を得なけれ

ばならないことが提案されている[101]。そこに、アヘン貿易を出来る限りカントン体制下で管理しようとするカントン官僚の強い姿勢をうかがうことができる。これまでの「外禁」がカントン体制による管理＝禁止だったのに対して、「弛禁」論はカントン体制による管理＝合法化を企図したとみなすこともできるだろう。

カントン体制から大きく逸脱しつつあるアヘン密貿易をカントン体制内に呼び戻すためには、これまでアヘン密貿易から得ていた利益が減ることは覚悟の上でアヘンを合法化するしかない。それこそは、カントン官僚がアヘン貿易の合法化＝「弛禁」論に賛成した最大の動機であると筆者は考えている。

そして、前述した、合法化されたアヘンは行商が取り扱うという提案をも考慮に入れれば、「弛禁」論が崩壊しつつあったカントン体制の再建を企図したことはますます明確になる。先行研究では「弛禁」論の本質を、たとえば「封建統治階級の利益を代表する[102]」もの、「地主階級の経世派ないし開明派[103]」の思想、「商業資本的理論[104]」というように、階級的観点から理解しようとする傾向が強い。しかし、「弛禁」論は明らかにカントン体制、つまり欧米諸国との貿易をカントンが独占する体制の再建を目指しており、そこにこそカントンの官僚、行商、「学海堂グループ」と呼ばれる知識人、それら三者の利害は一致していた。このように、筆者はカントンという地域社会の論理をより重視すべきではないかと考えており、「弛禁」論を「カントン・アヘン」論と呼ぶ理由もそこにある。

以上、「弛禁」論を提案した側の動機から「弛禁」論の本質を考察してきたが、最後に、そうした提案を一時的にせよ受け入れようとした清朝中枢部の動機について検討しておこう。

カントン体制は欧米諸国に対する清朝の基本姿勢であったから、「弛禁」論が目的としたカントン体制の再建そのものは、清朝中枢部にとっても望ましいことであった。しかし、その手段としての「弛禁」については、清朝中枢部には強い抵抗があったはずである。アヘンに対しては、遠く雍正期に最初の禁令が発せられ、本格的には嘉慶初期以来、「外禁」「内禁」両政策で一貫して禁止してきたという経緯がある。[105] また現実に、そうした経緯を踏まえた立場からの批判によって「弛禁」論は葬り去られることになるわけだが、「弛禁」論に反対する勢力が決して弱くはなかったことを清朝中枢部が知らないはずはなかった。

では、従来からの禁止政策を一八〇度転換して「弛禁」論を受け入れようとした清朝中枢部には、なにか特別な動機があったのだろうか。

この点について、当時、イギリスの貿易監督官エリオットが興味深い判断を示している。彼は道光十六年六月十四日（一八三六年七月二十七日）付のイギリス外務省あての報告[106]のなかで次のように述べている。

私の考えでは、今回の印象的な提議〔「弛禁」上奏〕をもたらした原因は、零丁洋や〔カントン以北の〕海岸における〔アヘン〕貿易というよりは、むしろ昨年に挙行された茶の産地〔の近く〕への航海や海岸地方における〔キリスト教の〕伝道パンフレットの配布にある。〔……〕これまでの経緯から見て、今回の変化の主要な原因がアヘンにあることは間違いない。しかし、直接的な原因は伝道パンフレットの配布であると私は確信している。アヘン船の〔カントン以北の〕海岸への到来については清朝の宮廷はこれまでと同様の関心を示したにすぎないが、伝道パンフレットには非常な警戒心を示した。

このように、「弛禁」上奏の直接的な原因は、北上した外国船によるキリスト教伝道パンフレットの配布であるとエリオットは断言している。また、彼は同年十二月二十七日（一八三七年二月二日）付のパーマストン外相あての報告[107]でも同様の判断を繰り返して、一八三五年、一八三六年に宣教師が中国語〔に翻訳された〕伝道パンフレットをもって〔カントン以北の〕海岸地方を訪れたことも〔清朝〕宮廷を警戒させたことは間違いない。私の見るところでは、多くの場合、そうではないのだが、宮廷は当然のこととして宣教師の出現をアヘン船の到来と結び付けて考えた。

と述べている。

北上した外国船によるパンフレット配布の前例として、一八三二（道光十二）年にイギリス東インド会社船ロード・アマースト（Lord Amherst）号（船長リース Rees）に会社員リンゼイ（H.Hamilton Lindsey）と宣教師カール・ギュツラフ（Karl Gutzlaff）の二人が乗り込んで北上した際、『英吉利人品国事略説』（A Brief-Account of the English Character）という中国語訳されたパンフレットが配布されている。(108)

前掲の報告でエリオットが指摘する宣教師の北上・伝道パンフレットの配布とは、まず道光十五年三月十七日に始まるガヴァナー・フィンドレー（Governor Findlay）号（船長マッケイ McKay）の福州への航海のことであり、同船にはエドウィン・スティーヴンス（Edwin Stevens）、前出のギュツラフの二人の宣教師が乗り込んでいた。(109)ついで同年七月三日には、ヒューロン（Huron）号（船長ウィンザー Winsor）が北上を開始して山東半島まで航海した。この船には前出のスティーヴンスとメドハースト（William Medhurst）が搭乗していた。(110)そして、彼らはいずれも中国語の伝道パンフレット数種類を持参して、寄港地で配布したのである。(111)

こうした活動は当然のことながら寄港地を管轄する地方大官によって逐一、報告され、宣教師によって配布された「夷書」（伝道パンフレット）が道光帝のもとに届けられてもいた。(112)エリオットも述べているように、清朝中枢部は「夷書」の配布に非常に神経をとがらせた。たとえば、「夷書」を見た道光帝は道光十五年六月一日の上

論で、[113]

該国、粤東に在りて貿易・来往すれば、必ず内地の奸民、通同勾引し、刊刻して伝播すること有らん。

と云い、「夷書」の印刷・出版に中国人が関与している可能性が高いことを指摘した上で、「殊に悪む可きに属す」として「夷書」印刷・出版に関する調査を厳命している。

清朝側が伝道パンフレットの配布に異常なまでの警戒心を募らせた理由について、エリオットは、

書かれている内容の宗教性そのものに対して敵意を抱いたのではなく、こうしたパンフレットをもって来たものは、たぶん次にはもっと危険なものをもって来るだろうと危惧したからに違いない。

と推測している。[114]

エリオットが指摘する「もっと危険なもの」とは、清朝の支配体制を動揺させるような性格のものと言うことができるだろう。従来からキリスト教を「邪教」とみなしてきた清朝は、その支配体制を揺るがしかねない危険性を伝道パンフレットの配布に感じた。そして、エリオットも指摘するように、そうした危険性を清朝中枢部はアヘン船の北上と関連づけて認識した。要するに、アヘン船の北上に対して清朝中枢部は支配体制を揺るがしかねない危険性を感じていたのである。

物々交換方式によるアヘン貿易の合法化で銀の国外流出を防止し、危機に瀕していた中国経済・清朝財政を再建しようとする「弛禁」論は、「外禁」「内禁」の二政策がいずれもアヘン問題を解決できない状況のなかで、清朝中枢部にとってひとつの現実的な選択肢ではあった。しかし、「弛禁」論がそうした経済的効果だけを約束し

たに過ぎなければ、一貫して堅持してきた禁止政策からの大転換に清朝中枢部は踏み切れなかったのではないか。そうした経済的効果を約束すると同時に「弛禁」論は、アヘン貿易を合法化してカントン体制の枠内に呼び戻し、清朝支配体制にとって危険なアヘン船の北上を阻止するという政治的効果をも提示していた。かかる政治目標こそは、すくなくとも許乃済の「弛禁」上奏の検討をカントン官僚に命じた時点まで清朝中枢部を「弛禁」論の受け入れに傾かせていた直接的な動機であったと考えられる。

（三）「弛禁」論批判

このように、許乃済の「弛禁」上奏とそれに対するカントン官僚の賛成上奏は、危機に瀕していたカントン体制の再建を企図した提案だった。しかし、あまりにも露骨にカントンの利益を第一に置いた提案であったために、反対論が矢継ぎ早に出されることになる。

さて、既に記したように鄧廷楨らの賛成上奏は七月二十七日付のものであったが、それが道光帝のもとに届くのは九月二日のことであった[115]。この賛成上奏がカントンから一路、北京に運ばれている最中の八月九日に二人の京官が許乃済の「弛禁」論を批判する上奏を提出した。その二人とは、内閣学士兼礼部侍郎の朱嶟と兵科給事中の許球である[116]。

朱嶟（雲南省通海の人、嘉慶二十四年の進士）はまず、法律が時として効果を上げないことはあるとしても、「豈に法窮まるを以てして廃するを議すを得んや」と云い、禁令がなかなか効力を発揮しないことを理由として「弛禁」、つまり禁令を撤廃することの不当性を指摘する。その上で、「弛禁」論ではアヘンは茶などとの物々交換に限って輸入が合法化されるというが、その場合は当然、「洋銀」の持ち出しを厳禁することになる。しかし、如し能く洋銀の出洋を禁ずれば、又た豈に鴉片の入関を禁ずる能わざらんや。

と云い、「洋銀」の持ち出しを厳禁できるなら、今でもアヘンの密輸を厳禁できるはずであると反論する。つまりは、今でもアヘンの密輸を厳禁できないのだから、「弛禁」論が禁止するという「洋銀」の持ち出しも実行できるはずはなく、結局、物々交換方式によるアヘン貿易の合法化は破綻すると批判するのである。

そもそも、アヘンに課税するなどということは、「其の言は順ならず、其の名は美ならず、此れ其の税の行なう可からざる者なり」と云い、アヘン課税を批判する。

また、アヘンの国内生産を合法化して外国産アヘンを締め出すという「弛禁」論の提案についても、国産アヘンよりも外国産を好む傾向があること、たとえば雲南では、「毎歳、亦た必ず数千箱を下らない」アヘンが生産されているにもかかわらず、「必ず洋烟を以て美と為す」結果、銀の海外流出は減っていないと、その無効性を指摘する。

ついで、道光十二年に「猺族」の反乱の鎮圧に投入された広東兵丁の多くがアヘン吸飲のため役に立たなかったことを例に引きながら、「此くの如く、兵丁進むも戦う能わず、退くも守る能わず」という、兵丁のアヘン吸飲が清朝軍事力の低下をもたらすと警鐘を鳴らす。

そして、「弛禁」論者は官僚や兵隊の吸飲を禁じて民間人は解禁せよと言うが、現在、アヘンを吸っているのは官僚の幕友や家丁、都市の遊民、武官・兵隊や官僚予備軍（「士子」）たちであり、いわゆる民間人（「郷里の愚民」）はほとんど吸っていない。そのような状況下で、

　若し独り員弁・士兵のみを禁じて民間の販売・吸食を許せば、是を以て食する者、之を縦して食するを得て、未だ食せざる者、之を導いて食せしむ。

と云い、「弛禁」論は民間人の吸っているものを許すだけでなく、吸っていない者たちにアヘンの吸飲を勧めているようなものであると批判する。

しかも、民間人の吸飲を認めれば、結局、文武官僚や官僚予備軍・兵隊（「員弁・士兵」）の吸飲も認めることになる。何故ならば、彼らは「員弁・士兵」になる前には民間人（「平民」）だからである。

このように朱嶟は述べて「弛禁」論を批判し、結論として、これまで通りアヘンを厳禁することを主張した。また、許球（安徽省歙県の人、道光三年の進士）も朱嶟と同様に、官僚と軍隊の吸飲を禁じて民間人には認める矛盾を指摘した上で、「アヘンが人を毒するものであることを知りながら、その流行を認めたり、それに課税したりすることは、堂々たる国家のなすべきことではない」と「弛禁」論を批判した。そして、国内におけるアヘン関連行為をこれまで以上に厳しく処罰すると同時に、カントンでアヘンの密輸に従事する外国商人や「蔓船」に対する取り締まりの強化を要請したのである。

このような「弛禁」論批判を受けて、道光帝が朱嶟と許球の上奏の写しを両広総督鄧廷楨に送ることを命じた上諭[117]（八月九日）に、

　鴉片煙は外夷自り来たり、毒を内地に流せば、例禁綦めて厳し。近日、言者一ならず、或るいは量りて変通を為すを請い、或るいは仍お例禁を厳しくするを請う。必ず須らく情形を体察し、通盤に籌画し、之を行な

い久遠に弊無かるべくして、方めて妥善と為す。

とある。すなわち、アヘンは外国人によって運ばれ、中国に毒を流しており、それに対する禁令は非常に厳しいものである。しかし、最近、ある者は臨機応変的な対応を要請し、またある者は従来通り厳禁すべきことを主張して、意見が分かれている。必ず状況をしっかり把握して総合的に検討し、将来にわたって問題が生じない方策を見いださなければならない、と道光帝は述べた上で、鄧廷楨に対して、朱嶟と許球の上奏で言及された諸点を調査・検討し、「力めて弊源を塞ぐ」よう命じたのである。

こうして、鄧廷楨の賛成上奏が北京に届く約ひと月前に、許乃済によって提議された「弛禁」論は大きな壁にぶち当たったが、追い打ちをかけるように、同年十月四日には江南道監察御史の袁玉麟（江西省新昌の人、道光六年の進士）も「弛禁」論を厳しく批判する上奏[118]を行なった。

この上奏で袁玉麟はまず、「弛禁の議を為す者は、特だ紋銀の出洋、厳しく禁絶を行なう能わざるに因り、遂に此の議を倡えて以て自便を図るのみ」と述べ、「弛禁」論は自分たちの便宜しか考えないものと断言する。その上で、「弛禁」論には「是非に戻る者」が三つ、「利害に闇き者」が六つあるとして、次のように彼は言う。

これまでアヘンを厳しく禁じてきた「旧章」を変更することは、「祖制に違いて諭旨に背く」ことであり、これが「是非に戻る者」の第一番目である。

「朝廷の政令は最も宜しく画一なるべし」。ところが「弛禁」論では、官僚・兵士のアヘン吸飲を禁じて、一般民間人の吸飲は認めると言う。一般民間人も将来、官僚・兵士になるかも知れず、またその逆もありうる。そもそも、法律で禁止するのは、その行為が有害だからであり、「必ず害無きに因りて後、之を弛む」ということでなければならない。したがって、「弛禁」論は「政体を壊して治化を傷つける」ものであり、これが「是非に戻る者」の第二番目である。

「弛禁」論ではアヘン貿易を合法化して関税を課すとされるが、どんなに取ったとしても銀五十余万両といったところだろうし、それとても数年も経たないうちに横領されたりして、滞納額が増えるに違いないから、「徒らに増税の名有りて、毫も裕課の実無し」「若し必ず鴉片に藉りて抽税すれば」、「小利を見て大体を傷つける」ものであり、これが「是非に戻る者」の第三番目である。

ついで、「弛禁」論に見られる「利害に闇き者」について彼の批判は続く。紋銀の流出を防止できるという「弛禁」論の主張は納得できない。「鴉片の禁」と同様に、「紋銀出洋の禁」も「認真」に取り締まるかどうかにかかっているのであって、「鴉片の禁」を「弛」めれば、「紋銀出洋の禁」が実行できるわけではない。そもそも「洋夷の鴉片を市る所以の者は、原より我が内地の銀を利とするのみ」。また、「弛禁」論が言う、物々交換方式によるアヘン貿易の合法化は貿易の実態から見れば不可能である。結局、アヘンを合法化すれば、吸飲者が増えてアヘンの価格が高まり、「銀の出洋、且に益すます甚だしからんとす」。したがって、「弛禁」論は「藩籬を撤して虎狼を飼う」ものであり、これが「利害に闇き者」の第一番目である。

「弛禁」論では国内における罌粟の栽培・アヘンの製造も解禁するとされる。しかし、農民が利益の多い罌粟の栽培に走る結果、穀物生産は減少し、豊作でも穀物不足に陥りかねない。したがって、「弛禁」論は「農功を奪いて本計を耗らす」ものであり、これが「利害に闇き者」の第二番目である。

アヘンを吸飲する「愚民が自ら其の生を戕うは、深く惜しむには足らず」と「弛禁」論者は言うが、この言を受け入れることはできない。公然と禁令を弛めたならば、「父は其の子を教える能わず。夫は其の妻を戒める能わず。主は其の僕を約する能わず。師はその弟を訓える能わず。其の已に食する者は習いて故常と為し、其の未だ食せざる者は争いて相い倣効し、靡靡として昏昏となること、何くの所か底極せん」。したがって、「弛禁」論は「民命を絶ちて元気を傷つける」ものであり、これが「利害に闇き者」の第三番目である。

「猺族」の反乱に際して、広東の兵士がアヘン吸飲のために役に立たなかったが、「弛禁」論が兵士の吸飲を禁じても、民間人の吸飲を解禁する結果、将来、民間人から補充される兵士に吸飲者が増えることになってしまう。「毒物に借りて以て内地を疲れさすは、実に猾夷の故智に属す。今、若し竟に愚かにする所と為れば、是れ捍衛を虚しくして窺伺を啓く」ものであり、これが「利害に闇き者」の第四番目である。

零丁洋でのアヘン取引にかかわっている者たちを厳しく取り締まるべきところを、逆に「弛禁」論に従って認めてしまえば、「奸民を済けて洋匪に通ずる」ことであり、これが「利害に闇き者」の第五番目である。

最も考慮すべきことは、「天下の患、一たび発して収む可からざるより大なるは莫し」。「弛禁」を実行してかえって弊害がひどくなり、「然かる後、弛禁の非を悔い、復た以て之を禁ずること有るを思いて天下を起視するも、已に一つの積重して返し難きの勢いを成す。禁ぜざれば、則ち横流して極まり靡く、再び禁ずれば、則ち滋蔓して図り難し」。したがって、「弛禁」論は「目前に狃れて後患を貽す」ものであり、これが「利害に闇き者」の第六番目である。以上のように、袁玉麟は「弛禁」論を「是非」「利害」の両面にわたって批判した後、結論として「禁の弛む可からざるや、昭昭として然るなり」と述べている。

このように、朱嶟、許球、袁玉麟と「弛禁」論を批判する上奏が相次いだが、逆に、鄧廷楨らカントン官僚以外では、誰一人として「弛禁」論に賛成する上奏を提出するものはいなかった。今や、「弛禁」論が孤立無援であることは明らかだった。

こうして、朱嶟と許球の反対上奏を回覧させた前掲の上諭を九月七日に拝受した鄧廷楨は道光十六年十一月二十日（受理）の上奏のなかで[119]、まず、朱嶟の上奏に対しては「辦理の機宜に於て未だ議及を経ず」と、また、許球の上奏に対しても「治内の法は施行す可きに似るも、治外の法は尚お須らく斟酌すべし」と、それぞれの上奏を部分的に批判し、さらに二人の議論に「局外」者の現実を踏まえない若干の無責任さが見えることを暗に指摘した。しかし全体としては、「朱嶟の陳べる所の議論は極めて正大と為す」と、また、「許球の論は則ち病有れば薬有り、頗る留心を見わす」と言い、二人の批判を受け入れざるをえなかった。結局、「弛禁」論はカントン官僚以外の賛成を得ることができず、一連の反対上奏によって葬り去られたのである。

そして、翌道光十七年六月十一日、礼科給事中の黎攀鏐は「弛禁」論に反対する上奏のなかで[120]、

> 救弊の道、其の流れを塞がんと欲すれば、当に其の源を清くすべし。源の清からざれば、則ち其の流れ、終に塞ぐ可からず。紋銀出洋の源を清くせんと欲すれば、則ち必ず外夷の躉船を禁止するを以て第一の要著と為す。

と云い、弊害を除く際に、その流れを塞ごうとするならば、当然のことながら、その源を清くしなければならない、源が清くならなければ、結局、その流れを塞ぐことはできない、紋銀流出の源を清くしようとするならば、外国人の「躉船」を取り締まることが最も肝要であると主張した。

そこで黎攀鏐の云う「流れを塞ぐ」ことは「内禁」であり、「源を清くする」ことは「外禁」である。つまり、彼は「内禁」よりも「外禁」を優先すべきことを主張し、具体的には「躉船」の取り締まりを強く要請したのである。

この上奏を受けた道光帝は六月十二日の上諭[121]で両広総督鄧廷楨らに対して、

著して該督等に責成せしめ、厳しく洋商に飭して該国の坐地の夷人に伝諭せしめ、寄泊せる躉船を勒令して、尽く帰国せしめ、故に托して逗留するを許す無かれ。

と云い、「躉船」の取り締まりという「外禁」の遂行を強く命じた。こうして、「弛禁」論が挫折せしめられたのちの清朝のアヘン政策は、従来どおり「外禁」政策を優先することが確認されたのである。

おわりに

道光九年以来、アヘン問題が銀流出に伴う経済・財政上の問題として活発に論議されるなか、「弛禁」論はカントンにおいて形成され、両広総督李鴻賓の「外禁」困難・「内禁」優先論が破綻した道光十一年なかごろ以後、新しい「カントン・アヘン」論として浮上した。「弛禁」論は同年末には有力な「カントン・アヘン」論となり、李鴻賓の上奏のなかで初めて清朝中枢部に対して紹介された。また、その前後、道光十一年春から翌十二年六月の間に「弛禁」論はカントン知識人呉蘭修によって「弭害」という論文にまとめられた。ついで、「弛禁」論は道光十四年九月に両広総督盧坤の附片のなかで再び紹介された。

道光十五年初めにおける曹振鏞の死を契機に、かつて一八二〇年前後に九年間の長きにわたって両広総督を勤め、その間、学海堂の設立などを通して呉蘭修らカントン知識人とも密接な関係をもっていた阮元が内閣大学士となって中央政界において頭角を現してきた。この阮元や全皇后の支持によって「弛禁」論者に有利な政治状況が生まれると、ついに「弛禁」論は道光十六年四月二十七日に、以前から阮元と親しい関係にあり、かつて広東省の道員を勤めるなど、カントンとの縁も深い許乃済によって正式に提案された。

「弛禁」論は、崩壊しつつあったカントン体制の再建を目指すものであった。当時、アヘン密貿易が行なわれていた零丁洋では合法品も密輸出入され、そのことも粤海関の税収減や行商の疲弊の原因となっていた。さらに、外国のアヘン船がカントンから北上したり、広東省以北の地方から中国船がカントンに来航してアヘンを北へ運んだりした結果、アヘン密貿易もカントン体制の枠外に逸脱していた。そうしたアヘン密貿易を「弛禁」論は合法化することによってカントン体制内に呼び戻そうとした。また、合法化したアヘンを行商に取り扱わせることによって、疲弊していた行商の経営を再建しようとした。このように、「弛禁」論はカントン体制、つまり欧米諸国との貿易をカントンが独占する体制の再建を目指す「カントン・アヘン」論だった。

他方、清朝中枢部は、道光十五年以来、しばしば北上する外国船が中国語で書かれたキリスト教の伝道パンフレットを寄港地で配布していたことに、支配体制を揺るがしかねない危険性を感じ、そうした危険性をアヘン船の北上と関連づけて認識していた。「弛禁」論がアヘン貿易を合法化してカントン体制の枠内に呼び戻すことによって、清朝支配体制にとって危険と認識されていたアヘン船の北上を阻止するとしたことは、一時的にせよ、清朝中枢部を「弛禁」論の受け入れに傾かせた直接の理由だった。

こうした「弛禁」論を許乃済が正式に上奏で提案すると、当然ながらカントンの両広総督鄧廷楨らは用意周到に施行細則を付して「弛禁」論に全面的に賛成する上奏を行なった。しかし、「弛禁」論を批判する朱嶟、許球、袁玉麟の上奏が続く反面、鄧廷楨らカントン官僚以外に「弛禁」論に公然と賛成する上奏はひとつも提出されなかった。結局、「カントン・アヘン」論としての「弛禁」論は、いわば「北京の論理」によって否定され葬り去られたと言えるだろう。

こうして「弛禁」論が挫折せしめられた後、黎攀鏐の奏請を受け入れる形で、清朝のアヘン政策は従来どおり、「躉船」の取り締まりを中心とする「外禁」政策を優先させることが確認されたのである。

注

（1）國岡妙子「朱嶟・許球の禁煙奏議」『東洋学報』第四四巻第一号、一九六一年。田中正美「アヘン戦争時期における抵抗派の成立過程――アヘン対策をめぐって」大塚史学会編『東アジア近代史の研究』御茶の水書房、一九六七年（以下、「田中A論文」と略記）。田中正美「危機意識・民族主義思想の展開――アヘン戦争直前における」野沢豊他編『講座中国近現代史』一、東京大学出版会、一九七八年（以下、「田中B論文」と略記）。村尾進「カントン学海堂の知識人とアヘン弛禁論、厳禁論」『東洋史研究』第四四巻第三号、一九八五年など。

（2）たとえば、村尾前掲論文、九六頁では、「これ（「弭害」）が作成された道光十四（一八三四）年六月から九月」とされている。筆者も拙稿「『海録』小考」『研究年報（奈良女子大学文学部）』第二九号、一九八六年、三三頁で「道光十四年頃」と述べたことがあるが、訂正しなければならない。

（3）以下、小論における『夷氛聞記』の引用は、邵循正氏が校注した〈清代史料筆記叢刊本〉（中華書局、一九八五年）による。

（4）H. B. Morse, *The International Relations of the Chinese Empire*, vol. 1, *The Period of Conflict, 1834–1860*, London : Longman, Green & Co., 1910（以下、Morse Aと略記）, p.88.

（5）蒋廷黻編『籌辦夷務始末補遺』道光朝、北京大学出版社、一九八八年（以下、『始末補遺』と略記）、第一冊、五八五―五八六頁、両広総督李鴻賓等の上奏（道光九年十月十二日）。

（6）『清代起居注冊』道光朝、第三二冊、同日（癸亥）の條。

(7) 魏秀梅編『清季職官表　附人物録』(下)、中央研究院近代史研究所、一九七七年、八五五頁。
(8) 大清宣宗成皇帝実録(以下、『宣宗実録』と略記)、同日(戊申)の條。
(9) 房兆楹他編『増校清朝進士題名碑録　附引得』、Harvard-Yenching Institute, 一九六六年、一四〇―一四一頁。
(10) (民国)杭州府志、巻一〇二、職官四。
(11) (光緒)嘉興府志、巻三六、官師一。
(12) 同右。
(13) 本書補論一を参照。粤秀書院の監院については、梁廷枏『粤秀書院志』巻十、教職表による。また、村尾前掲論文を参照。なお、『粤秀書院志』巻十六、傳三、許乃済では、許乃済はまず、呉蘭修の「弭害」を読んだ後、何太青から「弛禁」論に対する賛成論を聞いたことになっている。『粤秀書院志』の関連史料については、村尾進氏から提供を受けた。
(14) 本章において「弭害」の引用は、前掲『夷氛聞記』巻一、所収のものによる。また、村尾前掲論文、九九頁を参照。なお、「弭害」本文の内容については、村尾前掲論文で詳しく検討されている。
(15) H. B. Morse, *The Chronicles of the East India Company trading to China, 1635-1834*, vol. Ⅳ, Oxford : Clarendon Press, 1926 (以下、Morse Bと略記), pp. 197, 250, 273.
なお、アヘンの流入量については、李伯祥他「関于十九世紀三十年代鴉片進口和白銀外流的数量」(『歴史研究』一九八〇年第三期)などによって、若干の補正が試みられているが、ここでは大まかな傾向を押さえておけば充分であるから、モースの研究によって示しておいた。
(16) 本章では、広州市中山図書館に所蔵されている〈学海堂刻本〉を利用した。本史料についても村尾進氏から有益な示教を得た。特に記して謝意を表したい。
(17) 本書第二章を参照。
(18) 本書補論一を参照。また、『広東通志』の編纂については、前掲拙稿「『海録』小考」を参照。なお、学海堂については、村尾前掲論文に詳しい。
(19) 本書第三章を参照。

(20) 本書第二章を参照。
(21) 本書第三章を参照。
(22) 同右。
(23) 清代外交史料、道光朝、第四冊。
(24) 『宣宗実録』、同日（丙午）の條。
(25) 同右、同日（丁卯）の條。
(26) 同右、同日（丙申）の條。
(27) 同右、同日（甲午）の條。
(28) *The Chinese Repository*, Vol.Ⅲ. No.3, July, 1834, Art.Ⅵ, Free intercourse with China（by Marjoribanks）.
(29) 『始末補遺』第一冊、七八六―七九二頁、刑部の上奏（道光十一年十月八日）。中国第一歴史檔案館編『鴉片戦争檔案史料』第一冊、天津古籍出版社、一九九二年（以下、『史料』と略記）、一〇〇―一〇一頁、巡視西城給事中覚羅瑞福等の上奏（同年十月二十二日）。同、一〇二―一〇四頁、総管内務府禧恩等の上奏（同年十月二十九日）。同、一〇五頁、上諭（同年十一月五日）。
(30) 本書第三章を参照。
(31) 「第一号」文件および「第三号」文件、イギリス外務省文書 F. O.233/180, *Opium Papers* に所収。
(32) その後、「猺族」の反乱をなかなか鎮圧できなかったこと、特に鎮圧に投入された広東の兵丁がアヘン吸飲のために役立たずであったことの責任を問われて、李鴻賓が革職されてウルムチへ流されたことは、既に本書第三章で述べたとおりである。
(33) 『始末補遺』第一冊、八七一―八七八頁。
(34) 本書第三章を参照。
(35) この上奏のなかで両広総督李鴻賓が「弛禁」論を紹介したことは、当時、カントンの外国人社会でも知られていたようで、のち許乃済が「弛禁」上奏をした際に、イギリスの貿易監督官チャールズ・エリオットはパーマストン外相あての報告のなかで次のように述べている。

そのような方針［アヘン貿易の合法化］が北京政府内で考慮されていると確信させた最初の文書は、先の両広総督と広東巡撫の皇帝に対する印象的な上奏である。その上奏には日付がないが、外国人たちは遅くとも一八三二年までにそれを入手していた。

このように述べた上でエリオットは続いて、入手していた「上奏」の内容を紹介しているが、それは道光十一年十二月二十四日付の李鴻賓の上奏内容と一致している。*Parliamentary Papers, Correspondence relating to China* (1840), No. 90 : Elliot to Palmerston, February 2, 1837. Chang Hsin-pao, *Commissioner Lin and the Opium War*, Cambridge, Massachusetts : Harvard University Press, 1964, p. 85.

(36)『宣宗実録』、同日（辛酉）の條。

(37) *The Chinese Repository*, Vol. I. No.4, August, 1832, Postscript.

(38) 村尾前掲論文、九四—九五頁。

(39) 同右、一〇七—一一三頁。カントンにおいて「弛禁」論を批判する温訓らの勢力については、J. M. Polacheck, *The Inner Opium War*, Cambridge, Massachusetts: Harvard University Press, 1992, pp. 123-124, pp. 145-149. 朱新鏞「論鴉片戦争前夕広東的経世致用学派」『広東社会科学』一九八七年第三期、同「論鴉片戦争時期広東士人抵抗派」『広東社会科学』一九九〇年第二期を参照。なお、朱氏は後者の論文において、一八三二〔道光十二〕年にカントンでは、呉蘭修を中心とする「弛禁論」と温訓を中心とする「厳禁論」との間で激しい論争が展開されたと述べる（一八頁）が、根拠となる史料を明示していない。

(40) ところで、前掲「呉蘭修自記」に、「吾が友、蕭梅生、楊秋衡、各の著論有り。大旨は略ぼ同じ」とあり、蕭梅生と楊秋衡という二人の友人が「弭害」とほぼ同様の「弛禁」論文を作成したことが述べられている。そして、『嶺南文鈔』巻十四では「呉蘭修自記」に続いて、蕭梅生、曾勉士、楊秋衡、三人の「弛禁」賛成論が収録されている。三人のうち、蕭梅生は未詳であるが、曾勉士は曾釗（広東南海人、道光五年の抜貢）、楊秋衡は楊炳南（広東嘉応人、道光十九年の挙人）のことである。なお、楊炳南については、前掲拙稿「『海録』小考」を、曾釗については、村尾前掲論文を参照。

(41) 國岡前掲論文、一〇三—一〇四頁。田中A論文、一二四—一二五頁。村尾前掲論文、一〇二—一〇三頁。

(42) 本書第三章を参照。

(43) Morse B, p. 336.

（44）銭実甫編『清代職官年表』第四冊、「会試考官年表」、中華書局、一九八〇年、二八三一頁。
（45）魏前掲『清季職官表　附人物録』（下）、六三九頁。
（46）『宣宗実録』、同日（丙戌）の條に載す上諭のなかで引用。
（47）同右。
（48）『史料』、一五七頁、道光十四年九月十日、両広総督盧坤等の上奏。
（49）ネーピア事件の概要については、衛藤瀋吉「砲艦政策の形成——一八三四年清国に対する」『国際法外交雑誌』第五三巻第三号、同巻第五号、一九五四—五五年（同『近代中国政治史研究』一九六八年に再録）、佐々木正哉「近代中国における対外認識と立憲思想の展開（一）」『近代中国』第一六巻、一九八四年、二二二—二二九頁を参照。
（50）『始末補遺』第二冊、六五頁。『史料』、一四五頁。
（51）佐々木正哉氏は、盧坤はネーピア事件でイギリス軍艦の威力を知った結果、積極的なアヘン対策を放棄したと述べる。佐々木前掲「近代中国における対外認識と立憲思想の展開（一）」、二三四頁。なお、ネーピア事件の最中に行われた広東郷試において、アヘンの厳禁策・アヘン吸飲の風俗を改める方法が策問として出題されたことについては、村尾前掲論文、九八頁を参照。
（52）『史料』、一五七—一五九頁。
（53）同右、一六五—一六六。『始末補遺』第二冊、一二二—一二四頁。
（54）本書第二章を参照。
（55）『史料』、一六六—一六七頁。
（56）『宣宗実録』、同日（癸亥）の條。
（57）清史稿、巻三六三、列伝一五〇。清史列伝、巻三二。
（58）『宣宗実録』、道光十二年八月二十日（甲午）の條に載す上諭。
（59）『宣宗実録』、同日（甲寅）の條。
（60）謝興堯氏が点校した〈近代史料筆記叢刊本〉（中華書局、一九八四年）を使用した。
（61）*The Chinese Repository*, Vol.Ⅳ. No.2, June, 1835, Art. Ⅱ, Notices of Modern China.

(62) 梁前掲『粤秀書院志』巻十六、傳三、許乃済。劉伯驥『広東書院制度』、国立編訳館中華叢書編審委員会、一九五八年、二一八頁を参照。
(63) 魏前掲『清季職官表　附人物録』(下)、六一六頁。
(64) *The Chinese Repository*, Vol. V. No.3, July, 1836, Art. Ⅷ, Opium. Chang, *op. cit.*, p. 88.　田中A論文、二二五―二二六頁を参照。
(65) 『宣宗実録』、同日(己巳)の條に載す上諭。
(66) 同右、同日(己酉)の條に載す上諭。なお、全皇后は奕詝、つまり咸豊帝の生母である。
(67) Chang, *op. cit.*, p. 88.
(68) 『宣宗実録』、同日(丙辰)の條。
(69) 『史料旬刊』第三期、「道光十一年査禁鴉片烟案」。
(70) 『史料』、一九三頁。
(71) 同右、一九四―一九七頁。
(72) 『始末補遺』、第二冊、三五五頁。郭廷以『近代中国史』第二冊、商務印書館、一九四一年、八一―八二頁、Chang, *op. cit.*, p. 85を参照。
(73) 『史料』、二〇〇―二〇三頁。なお、「弛禁」上奏は、『籌辦夷務始末』道光朝、巻一などにも収録されているが、ここでは、『史料』から引用する。
(74) 『宣宗実録』、同日(癸酉)の條。
(75) 同右、同日(丁丑)の條。
(76) 『史料』、二〇三頁。
(77) 『宣宗実録』、同日(庚辰)の條。
(78) *The Chinese Repository*, Vol. Ⅳ. No. 10, February, 1836, Art. Ⅵ, Journal of Occurrences.
(79) 『史料』、二〇五頁、両広総督鄧廷楨等の上奏(道光十六年七月二十七日付)。

(80) 國岡前掲論文、一〇五頁。行商たちの検討結果は、*The Chinese Repository*, Vol. V. No. 9, January, 1837, Art. I, Hong merchants' Report on commerce; *Parliamentary Papers, op. cit.*, Inclosure 3 in No. 90, Report made to the Chinese Government by the Hong Merchants, February, 1837 に英訳が収録されている。

(81) (79) に同じ。なお、布政使、按察使の検討結果は、「第一三号」文件、F. O. 233/ 180, *Opium Papers* に収録されている。

(82) 同右。

(83) 「第一八号」文件、F. O. 233/180, *Opium Papers*. 國岡前掲論文、一〇五頁を参照。

(84) 「第十号」文件、F. O. 233/180, *Opium Papers*.

(85) *Parliamentary Papers, op. cit.*, No. 83, Elliot to the Foreign Office, October 10, 1836. *The Chinese Repository*, Vol. V. No. 3, July, 1836, Art. Ⅷ, Opium.『カントン・レジスター』の観測については、國岡前掲論文、一〇五頁を参照。

(86) 新村容子氏は、「弛禁」論の本質をアヘン貿易の合法化ではなく、国産アヘンの合法化とみなし、そうした見方から、本書で展開される筆者の見解を批判される。新村『アヘン貿易論争――イギリスと中国』汲古書院、二〇〇〇年、二五九頁。

一八世紀末以来のアヘン政策史のなかで「弛禁」論を理解するとき、「弛禁」論は何よりもアヘン貿易の合法化を意味すると考えられる。すなわち、清朝のアヘン政策はほぼ一貫して「外禁」を優先し、許乃済が「弛禁」上奏を行なった道光十六年当時も清朝は「外禁」優先でアヘン問題に対応しており、「弛禁」はまず「外禁」の解禁、つまりアヘン貿易の合法化を意味したのである。また、本文で登場する論者たちもアヘン貿易の合法化を中心に議論を行なっている。拙稿「アヘン戦争前における清朝のアヘン禁止政策について――新村容子氏の批判に答えて」(『人間文化研究科年報(奈良女子大学)』第一八号、二〇〇三年)を参照されたい。

なお、「弛禁」論者が国産アヘンの合法化にも言及した理由については、「弛禁」論の後見役で、当時罌粟栽培・アヘン製造が盛んな雲南省を管轄する雲貴総督であった阮元を始め、罌粟栽培・アヘン製造に対する禁令を執行して責任を負うべき地方大官からの支持を得るためであったと考えている。

(87) 『史料』、二〇六―二〇七頁。

(88) 佐々木正哉「第五章　イギリスと中国」榎一雄編『西欧文明と東アジア』〈東西文明の交流五〉、平凡社、一九七一年、四三四―四三七頁。同「清代広東の行商制度について――その独占型態の考察」『駿台史学』第六六号、一九八六年、七九頁。岡本隆司『近代中国と海関』名古屋大学出版会、一九九九年、一〇三―一〇五頁。村尾前掲論文、一〇四―一〇五頁。國岡前掲論文、一〇四頁。田中A論文、二二五頁。また、道光十年代前半における江南の災害については、当時、江蘇巡撫だった林則徐の一連の上奏（『林則徐集』奏稿（中）、奏稿四に所収）を参照。Polacheck, *op. cit.*, pp. 78-79.

(89) 梁嘉彬『広東十三行考』商務印書館、一九三七年、四〇四―四〇八頁。國岡前掲論文、一〇四―一〇五頁。田中B論文。村尾前掲論文、九〇―九一、九三頁。

(90) 田中A論文、二二五頁。田中B論文、六九頁。

(91) 田中A論文、二二五頁。

(92) H. B. Morse, *The International Relations of the Chinese Empire*, vol 1, *The Period of Conflict, 1834-1860*, London : Longman, Green & Co.,1910, pp. 177-184. M. Greenberg, *British Trade and the Opening of China, 1800-42*, Cambridge : The University Press, 1951, p.73. Chang, op. cit., pp. 47-48. 来新夏「鴉片戦争前清政府的〈禁煙問題〉」列島編『鴉片戦争史論文専集』三聯書店、一九五八年、九三―九六頁（原載『南開大学学報』一九五五年第一期）。田中B論文、五三―五四頁。

(93)『史料』、二〇八頁。

(94) *Parliamentary Papers*, op. cit., No. 82, Elliot to the Foreign Office, July 27, 1836.

(95) この点について、*The Chinese Repository*, Vol.Ⅴ. No.3, July, 1836, Art. Ⅷ, Opium には、次のようにある。

　我々の見るところでは、アヘンは現在、カントンにおいて一箱につき二〇ドル［の賄賂］でひそかに陸揚げされている。ただ、この額では、絶対に検挙されないという保証はないと思うが。

(96) 沈毅「〝弛禁派〟新議」『遼寧大学学報』（哲学社会科学版）一九八五年第三期、七一―七二頁。林敦奎・孔祥吉「鴉片戦争前期統治階級内部闘争探析」『近代史研究』一九八六年第三期、一〇、一四―一五頁。王中茂「許乃済弛禁論評価新探」『中国近代史』一九八七年第一期〈報刊資料選匯〉二九頁（原載『洛陽師専学報』（社会科学版）一九八六年第四期）を参照。

(97) Greenberg, *op. cit.*, pp. 49-50. 佐々木前掲「近代中国における対外認識と立憲思想の展開（一）」二三八頁、同前掲「清代広東の行商制度について」七八頁。村尾前掲論文、一〇四頁。なお、粤海関の税収減については、岡本前掲書、一〇五頁を参照。

(98)『始末補遺』、第二冊、一九二—二〇三頁。

(99) Morse A, pp. 180-184. Greenberg, *op. cit.*, pp. 136-141. Chang, *op. cit.*, pp. 22-32. 田中B論文、四七—五一頁。

(100) Chang, *op. cit.*, p. 23. 田中B論文、五〇—五一頁。なお、カントン以北へのアヘン密輸の拡大を閩粤沿海民の活動と関連づけた研究として、村上衛「閩粤沿海民の活動と清朝——一九世紀前半のアヘン貿易活動を中心に」『東方学報』第七五冊、二〇〇三年を参照。

(101)『史料』、二〇八頁。

(102) 銭昌明「重評許乃済的弛禁策」『中国近代史』一九八六年第一〇期〈報刊資料選匯〉一四頁（原載『学術月刊』一九八六年第九期）。

(103) 王暁華「許乃済思想新論」『史学月刊』一九八七年第一期、一一三頁。

(104) 田中A論文、二二六頁。

(105) 本書第二～三章を参照。

(106) *Parliamentary Papers, op. cit.*, No. 82, Elliot to the Foreign Office, July 27, 1836.

(107) *Parliamentary Papers, op. cit.*, No. 90, Elliot to Palmerston, February 2, 1837.

(108) 郭前掲書、五八八—六二二頁。南木「鴉片戦争以前英船阿美士徳号在中国沿海的偵察活動」前掲『鴉片戦争史論文専集』（原載『進歩日報』一九五三年九月十三日）。

(109) *The Chinese Repository*, Vol. Ⅳ. No. 2, June, 1835, Art. Ⅳ, Expedition to the Bohea（Wooe）hills（by E. Stevens）. なお、ガヴァナー・フィンドレー号の北上については、新村容子「弛禁上奏の背景—道光十五年伝道書配布事件」『近きに在りて』第四二号、二〇〇二年を参照。

(110) *The Chinese Repository*, Vol. Ⅳ. No. 7, November, 1835, Art. Ⅲ, Voyage of the Huron（by E. Stevens）.

(111)(108)(109)に同じ。A. Wylie, *Memorials of Protestant Missionaries to the Chinese*, Shanghai, 1867, pp. 25-41, 54-66, 84-85. K. S. Latourette, *A History of Christian Missions in China*, London : Society for promoting Christian knowledge, 1929, p. 224. C. J. Phillips, *Protestant America and the Pagan World*, Cambridge, Massachusetts : Harvard University Press, 1969, pp. 184-185.

(112)『史料』、一七七―一八一頁、福州将軍楽善等の上奏（道光十五年四月二十四日）。

(113)『宣宗実録』、同日（六月己丑）の條。

(114) *Parliamentary Papers*, op. cit., No. 90, Elliot to Palmerston, February 2, 1837.

(115)『籌辦夷務始末』道光朝、巻一、両広総督鄧廷楨の上奏（道光十六年九月壬午［二日］受理）。

(116) 以下、朱嶟と許球の上奏の引用にあたっては、イギリス外務省文書 F. O. 233/180, *Opium Papers* 所収の「第七号」文件と「第八号」文件を利用した。なお、國岡前掲論文を参照。

(117)『史料』、二一〇頁。

(118) 同右、二一三―二一七頁。

(119) 同右、二二〇―二二二頁。

(120) 同右、二二八―二三〇頁。

(121) 同右　二三〇頁。

補論二　「嘉慶元（一七九六）年アヘン外禁」説辨誤

はじめに

清代における最初のアヘン禁令は雍正七（一七二九）年に発布され、アヘン販売とアヘン窟経営に対する刑罰が定められた。筆者の所謂る「内禁」である。しかし、この禁令は福建省など、東南沿海地方に狙いを定めた地方的な禁令にすぎなかった。

清朝がアヘン問題と本格的に取り組み始めたのは、一八世紀末のことであり、嘉慶四（一七九九）年に清朝はアヘン貿易を明確に禁止した。筆者の所謂る「外禁」である。

このように清朝の本格的なアヘン政策は「外禁」で始まり、それは嘉慶四（一七九九）年のことだったが、従来の諸研究をはじめとして概説書・啓蒙書の類いにも、嘉慶元年、西暦で一七九六年に、アヘン貿易を禁止する上諭が下されたと述べているものがある。すなわち、「外禁」政策は嘉慶元（一七九六）年に始まるという説（以下、「嘉慶元年アヘン外禁」説と呼ぶ）が存在している。そこで、この「嘉慶元年アヘン外禁」説の不当性を明らかにした上で、そうした説が成立した経緯についても考察することにしたい。

第一節　「嘉慶元年アヘン外禁」説の不当性

アヘン禁令に限らず、およそ禁令が公布される場合、それに先行する禁令があれば、そのことに言及するのが普通である。ところが、詳しくは第一章で述べたように、嘉慶四、十二、十四年の各禁令を見ると、十二年と十四年の禁令が四年の禁令に言及するものの、元年の禁令に言及するものはひとつもない。さらに、道光十四（一八三四）年九月十日の両広総督盧坤らの上奏に、[1]

> 伏して査するに、外洋の鴉片、中華に流入すること、由来已に久し。其の初め、本より薬材を以て販運して入関し、税を完うして行銷し、沿海の商民、外夷の習気に沾染し、煎膏して吸食す。嘉慶四年に迨び、前の督臣、鴉片、民生を害すること有るを以て、入口を禁止すれば、販運する者、入関するを得ず。（傍点は筆者、以下同じ）

とあり、また、道光十六（一八三六）年七月二十七日の両広総督鄧廷楨らの上奏にも、[2]

雍正、乾隆年間、載せて海関則例に在り、薬材の項下に列入し、原より販売・吸食を禁止するの例無し。嘉慶四年に迨び、前の督臣、覚羅の吉慶議するに、外夷の泥土を以て中国の貨銀と易えるは、殊に惜しむ可しと為す。且つ恐るらくは、内地の人民、輾転として伝食し、時を廃して業いを失わんと。販売を許さず、犯す者、擬罪せんことを奏請す。

とあり、いずれの上奏も嘉慶四年のアヘン禁止措置には言及するが、嘉慶元年の禁令には一言も触れていない。しかも、両上奏に見られる「嘉慶四年に迨び」という言い方は、「嘉慶四年になって始めて」という意味合いであり、すくなくとも両上奏者の認識のなかには嘉慶元年の禁令はなかったと考えてよいだろう。

以上の清朝側史料に関連して、かつて矢野仁一氏も、「嘉慶元年即ち西暦一七九六年の上諭の原文はどうも見当らない。東華録にも、聖訓にも、此の年両広総督の任にあった朱珪、吉慶の伝にも見えない」と述べている。[3] そして、筆者が見た限りでも、アヘン戦争前の清朝側史料に「嘉慶元年アヘン外禁」説を裏付ける史料を見いだすことはできないのである。

次にH・B・モース氏の『東インド会社中国貿易編年史』第二巻[4]（以下『編年史』と略称）に依りながら、東インド会社の関連史料を見てみよう。当時、東インド会社のカントン当局者たちは清朝側の動静を注意深く見守っており、アヘン貿易を禁止する上諭が下されたというような重大事を見過ごすはずはない。実際、第一章で引用したように、嘉慶四（一七九九）年の「外禁」を最も詳細に伝える史料は東インド会社の記録であり、『編年史』には、その禁令を行商を介して外国側に伝える粤海関監督の公文が英訳されて収録されている。[5] しかし、この英訳された公文でも嘉慶元（一七九六）年の禁令は全く言及されていない。また、一七九六（嘉慶元）年を扱った

『編年史』の第五十二章にもアヘン禁令のことは何も出てこない。

そして、東インド会社の記録にはさらに決定的な史料がある。一七九八年十二月九日付でカントンの東インド会社管貨人がベンガル総督にあてた報告は、清朝政府がアヘンの輸入を禁止しようとしているという情報を伝えた上で、

　しかし、最近、そうした禁令が出された形跡のないことは確かだ。

と述べているのである。[6] そして、この報告に基づいてモース氏は、

　一七九六年の上諭の発布については、この時期に関する歴史書すべてに記載されているが、これ〔上記管貨人の報告〕によって〔そうした上諭が存在しないことについては〕はっきりしたと言えるだろう。

と述べ、「嘉慶元年アヘン外禁」説を明確に否定した。[7] さらに、このモース氏の指摘に依りながら、D・E・オーウェン氏も、

　彼ら〔東インド会社管貨人〕は、「最近、そうした禁令が出された形跡のないことは確かだ」と断言していた。この言明に基づいてモース氏は、しばしば言及される一七九六年の上諭というものは不確かな神話に過ぎないとみなしている。

と述べている。[8] 以上のように、イギリス東インド会社側の史料から判断しても、「嘉慶元年アヘン外禁」説は成り立たないのである。

第二節　「嘉慶元年アヘン外禁」説の成立過程

このように清朝側、イギリス側、いずれの史料からみても「嘉慶元年アヘン外禁」説が成立しえないことは明らかである。にもかかわらず、モース氏の言うように「嘉慶元年アヘン外禁」説が「この時期に関する歴史書のすべてに記載されている」のはなぜか。その謎を解く鍵を提供してくれるのが、前出オーウェン氏の次のような指摘である。

> そのような公文書〔一七九六年の禁令〕が存在したという憶説は、*Correspondence relating to China, Parliamentary Papers,* 1840, inc. no. 90 に収録されている、皇帝に対するある上奏〔一八三六年十月〕に基づいているようである。(9)

右の引用文中の *Correspondence relating to China* とは、遠征軍の中国派遣に伴う特別財政支出の議案が一八四〇年春に議会で審議された際、イギリス政府が提出した議会文書（*Parliamentary Papers*）である（因みに、この議案が上下両院で可決されて同年七月（西暦）、イギリス遠征軍と清軍との間にアヘン戦争は勃発する）。そして、この議会文書に収録されている「皇帝に対するある上奏」とは、内閣学士兼礼部侍郎朱嶟の上奏を英訳したものである。

この上奏の日付は確定できないが、上奏者が京官であり、上奏に対する上諭が道光十六年八月九日に下されていることから(10)判断すれば、恐らく同日の八月九日にこの上奏は提出されたと推測される。八月九日は西暦では九月十九日にあたる。しかし、オーウェン氏も言うように、議会文書に収録された英訳上奏には西暦で「一八三六年十月」と記されている。この日付のずれについては今のところ詳らかにしえない。

それはさておき、朱嶟のこの上奏は、道光十六年四月二十七日の上奏[11]で太常寺少卿許乃済が提議した「弛禁」論（アヘン貿易の物々交換方式による合法化と国内における罌粟栽培・アヘン製造等の合法化）に対する反論であった。なお、許乃済の「弛禁」論と朱嶟の反論については第五章で詳しく考察したところである。

この朱嶟の上奏をカントンのイギリス当局は入手し、中国文秘書兼通訳（Chinese Secretary and Interpreter）のジョン・ロバート・モリソン（John Robert Morrison）が英訳した。そして首席貿易監督官チャールズ・エリオット（Charles Elliot）がパーマストン（Palmerston）外相にあてた一八三七年二月二日付の報告（上記の議会文書に№90として収録）に、附属文書（Inclosure）の№5として収められたのである。なお、エリオットのこの報告は、前述した許乃済の「弛禁」上奏で明らかになった清朝内部におけるアヘン貿易合法化の動きとその後の推移を伝えるものであり、朱嶟上奏のほか、許乃済、兵科給事中許球、両広総督鄧廷楨らの諸上奏や上諭なども同じくモリソンの手によって英訳され、附属文書№1～8として収録されている。

さて、オーウェン氏が「嘉慶元年アヘン外禁」説の根拠となったと推測するのは、英訳された朱嶟上奏の次の部分である。

And in regard to opium, special enactments were passed for the prohibition of its use in the first year of Kea-king（1796）.

（そしてアヘンについては、嘉慶の第一年（一七九六年）にその使用を禁止する特別な法令が制定された。）

この英訳部分に対応する上奏の原文[12]は次のとおりである。

如鴉片烟一項、嘉慶初年、立禁已有専条。

（鴉片烟の一項の如きは、嘉慶初年、禁を立てて已に専条有り。）

両者を対比すると、原文の「嘉慶初年」が、“the first year of Keaking（1796）”、すなわち、「嘉慶元（一七九六）年」と英訳されている。同様の英訳はこれ以外にも見られ、附属文書の№6に収められた許球の上奏においても、原文[13]の「嘉慶初年、夷人售賣丫〔鴉〕片至澳、不過数百箱。」は、

“In the first year of Keaking, the opium sold by foreigners in Kwangtung did not exceed a few hundred chests.”

と英訳されている。

確かに「初年」は「初元」＝「元年」を意味する場合もあるが、一般に「嘉慶初年」のように元号につく場合には「初期」を意味する[14]。実際、朱嶟と許球の上奏には「道光元年」と記された箇所が各々ひとつあり[15]、両者にあっては「初年」と「元年」は明確に使い分けられている。ちなみに、モリソンは「道光元年」を当然ながら、

“the first year of Taoukwang（1821）”

と英訳している。要するに、モリソンは英訳に際して「初年」と「元年」の区別に気づかず、朱嶟上奏中の「嘉慶初年」を「嘉慶元年」と誤訳した[16]。その結果、「アヘンについては、嘉慶の第一年（一七九六年）にその使用を

禁止する特別な法令が制定された」という、事実に反する記事を含む朱嶟上奏の英訳がまずエリオットの報告に附属文書として収められ、ついで議会文書にも収録されたのである。

なお、朱嶟上奏の「禁を立てて已に専条有り」では、その「専条」の具体的な内容が不明であるが、モリソンはこの部分を「その使用を禁止する特別な法令が制定された」と英訳し、「専条」をアヘンの「使用」、つまり吸飲を禁止する特別な法令とみなした。この英訳に基づいて、アヘン貿易を禁止したという「外禁」説が生まれた事情についてはのちに検討する。

第三節　「嘉慶元年アヘン外禁」説の展開

このように、「嘉慶元年アヘン外禁」説を生み出した、そもそもの原因はモリソンによる「嘉慶初年」の誤訳であった。そして、「嘉慶元年アヘン外禁」説の成立はさらに複雑な展開を見せるのである。

さて、筆者は先にアヘン戦争前の清朝側史料に「嘉慶元年アヘン外禁」説を裏付ける資料を見いだすことはできないと述べた。しかし、アヘン戦争後になると、そうした史料が存在する。これに関連して矢野仁一氏は前述のように「嘉慶元年即ち西暦一七九六年の上諭の原文はどうも見当たらない」とされながらも、魏源の『聖武記』の記事によって「嘉慶元年に至って輸入禁止の上諭が発せらるることになったことは有りさうなことに思はれる」と述べている。(17) そうした矢野氏の推測を導き出した『聖武記』の記事とは、巻十「道光洋艘征撫記」巻上にある、及嘉慶元年、因嗜者日衆、始禁其入口。

（嘉慶元年に及び、嗜む者日び衆きに因り、始めて其の入口を禁ず。）

という記事である。また矢野氏は、『聖武記』のこの記事について「海国図志（夷情備采、華事夷言録要）の乾隆年間、吸食者日多、広督奏請、奉旨厳禁入口、嘉慶年間禁益厳、初枷杖、後軍流の記事などに拠ったものかと思はれる」と述べている[18]。しかし、矢野氏は気づかれなかったようだが、魏源の『海国図志』巻二、「籌海篇」四、「議款」に、

及嘉慶元年、因嗜者日衆、始禁其入口。

と、「道光洋艘征撫記」とまったく同文の記事がある。

さて、『海国図志』初版五十巻の成稿は道光二十二年十二月（刊行は道光二十四年五月）である[19]。また、姚薇元氏によれば、「道光洋艘征撫記」の祖本である「夷艘入寇記」は道光二十二年七月に初稿が成ったとされる[20]。だとすれば、以上の魏源の著作のなかで最も成稿の早いのは「夷艘入寇記」となる。その「夷艘入寇記」上にも[21]、

及嘉慶元年、因嗜者日衆、始禁其入口。

と、「道光洋艘征撫記」『海国図志』とまったく同文の記事がある。

では、一連の魏源の著作にまったく同文で現れる「嘉慶元年、因嗜者日衆、始禁其入口」の記事は何に基づいているのだろうか。

ここで想起すべきことは、魏源による『海国図志』編纂の経緯である。佐々木正哉氏の文章を借りれば、『海国図志』とは、

> アヘン密輸取締りのために欽差大臣に任ぜられて広東に赴いた林則徐が海外事情を知るために飜訳させた西洋人の著作や澳門の新聞記事、その他の文書をもとにして、これに魏源自身が撰した海防論『籌海篇』をはじめ、中国の史書や西洋人宣教師の著書等から抜粋した海外諸国に関する記事を追加して編輯したものである。(22)

すなわち、『海国図志』の編纂に着手した魏源の手元には、欽差大臣林則徐がカントンで中国語訳させた外国新聞紙の記事も含まれていたのである。

翻訳の対象となった外国新聞紙とは、主として『カントン・レジスター』（*Canton Register*）と『カントン・プレス』（*Canton Press*）の二紙、ついで、『シンガポール・フリー・プレス』（*Singapore Free Press*）などであった。中国語訳された英字新聞記事はまず『澳門新聞紙』の名のもとで掲載紙の発行日順に配列され（一八三八年七月十六日から一八四〇年十一月七日まで）、ついで、それらを取捨選択して項目別に整理して『澳門月報』が作成された。この『澳門月報』は『海国図志』（初版五十巻）の巻四十九、「夷情備采」に収録され、また『澳門月報』に収められなかった『澳門新聞紙』のいくつかの記事も『海国図志』に利用されている。(23)

さて、その『澳門新聞紙』の第一冊、一八三九年、新奇坡七月十八日（即中国六月初八日）(24)に、

> 前時、鴉片准納餉進口、至一千七百九十六年（嘉慶元年丙辰）、纔止。（括弧内は割注）

（前時、鴉片、餉を納めて進口するを准すも、一千七百九十六年（嘉慶元年丙辰）に至り、纔かに止める。）

とあり、間違いなくこの記事に基づいて、『澳門月報』三、「論禁烟」（『海国図志』巻四十九、「夷情備采」に所収）にも、

前時、鴉片准納税進口、至一千七百九十六年、纔禁止。（嘉慶元年丙辰）（括弧内は割注）

とある。前掲『澳門新聞紙』の記事中の「新奇坡」とはシンガポールのことであり、この記事は『シンガポール・フリー・プレス』一八三九年七月十八日号の記事を中国語訳したものとされている。

そこで、『シンガポール・フリー・プレス』一八三九年七月十八日号を調べると、そこに「中国（CHINA）」と題された記事があり、それは『カントン・プレス』一八三九年五月二十五日号に掲載された記事の再録であると示されている。そして、記事「中国」の内容は、同年五月二十三日付でカントン在住のイギリス商人たちがイギリスの外務大臣パーマストン卿にあてた請願書である。

当時、アヘン密貿易の断絶のためにカントンに派遣された欽差大臣林則徐が外国のアヘン商人に圧力をかけて二万余箱のアヘンを没収した直後であった。請願書のなかで、イギリス商人たちは林則徐の一連の措置がイギリス臣民の生命・財産を危険にさらしたものと強く非難した上で、中国関係の改善のために積極的な対応を行なうようパーマストン外相およびイギリス政府に要請していた。

この請願書のなかで、イギリス商人たちは「［カントン］地方当局者のあからさまな黙認のもとで」アヘンの流入量が確実に増加してきた経緯を説明した後、

アヘンの中国への輸入はかつて関税の支払いのもと認められていたが、一七九六年に禁止された。
（The importation of Opium into China was at one time allowed on payment of a Duty, but discontinued in 1796.）

と述べている。この英語の文章が、前掲の『澳門新聞紙』に収録されている「前時、鴉片准納税進口、至一千七百九十六年（嘉慶丙辰）、纔止」という中国語訳された記事の原文であることは明らかである。

このように、「嘉慶元年アヘン外禁」説を含むイギリス商人たちの請願書が『カントン・プレス』一八三九年五月二十五日号にまず掲載され、ついで、それが「中国」の題目で『シンガポール・フリー・プレス』同年七月十八日号に再録された。そして、『シンガポール・フリー・プレス』に再録された請願書に含まれる「嘉慶元年アヘン外禁」説の部分が、今度はカントンに派遣された欽差大臣林則徐のもとで中国語訳されて『澳門新聞紙』や『澳門月報』に収められ、その記事に基づいてアヘン戦争後に魏源の一連の著作のなかに「及嘉慶元年、因嗜者日衆、始禁其入口」という同文の記事として現れたものと推察される。

ところで、そうした推察が許されるとしても、また新たな疑問が派生する。すなわち、パーマストン外相あての請願書を作成したイギリス商人たちは「嘉慶元年アヘン外禁」説をどのようにして知りえたのか。

前述したように、「嘉慶元年アヘン外禁」説成立のそもそもの契機はモリソンによる「嘉慶初年」の誤訳であり、その誤訳を含む朱嶟上奏の英訳がイギリス議会文書に収録される形で明らかにされたのは一八四〇年のことである。しかし、請願書の日付はそれに先立つ一八三九年五月二十三日であるから、イギリス商人たちは議会文書とは別の根拠に基づいて「嘉慶元年アヘン外禁」説を知ったと考えなければならない。別の根拠とは何か。

朱嶟が上奏した当時、カントンのイギリス当局はもちろんのこと、カントン在住の外国人たちも清朝内部におけるアヘン貿易合法化をめぐる動向に注目しており、朱嶟上奏など、その英訳がエリオットの報告に収められた一連の清朝側文献は、前出の『カントン・レジスター』（週刊）や『カントン・プレス』（週刊）、そして『チャイニーズ・レポジトリー』（*the Chinese Repository*, 月刊）など、当時、カントンで発行されていた英字の定期刊行物に英訳が掲載されていた。

すなわち、『チャイニーズ・レポジトリー』の第五巻第九号（一八三七年一月）の第二号記事は、朱嶟上奏の英訳であり、しかも訳文は前出のモリソン訳とまったく同じである（つまり、「嘉慶初年」は「嘉慶元（一七九六）年」と英訳されている）。さらに、『チャイニーズ・レポジトリー』には、エリオットの報告に附属文書として収められた他の七件の英訳がすべて同文で掲載されている[25]。

それもそのはず、『チャイニーズ・レポジトリー』の「総索引」に付された「主題別論説一覧」によれば、これらの執筆者はいずれもジョン・モリソン氏とされている[26]。当時、ジョン・モリソンは亡き父ロバート・モリソンのあとを継いで『チャイニーズ・レポジトリー』に寄稿したり、同紙の編集に協力しており[27]、同紙の訳文はすべてエリオットの報告に収められたモリソン訳をそのまま掲載したものである。

『チャイニーズ・レポジトリー』以外では、『カントン・レジスター』の第九巻第四五号（一八三六年十一月八日）に、朱嶟の上奏の英訳が全文掲載されている。上奏の問題の部分は次のように英訳されている。

As to the article of Opium ; in the 1st year of Keaking (1796) prohibitions were established on that especial subject ;

この英訳は明らかにモリソン訳とは異なっており、訳者はモリソンではないだろう。しかし、「嘉慶初年」はやはり同様に「嘉慶の第一年（一七九六年）」と誤訳されている。なお、付言すると、ここの部分に関する限り、モリソン訳よりも『カントン・レジスター』掲載の英訳の方が、朱嶟上奏の原文に忠実に訳されている。

以上のように、誤訳を含む朱嶟上奏の英訳は一八三六年末から翌年初めにかけて『カントン・レジスター』や『チャイニーズ・レポジトリー』に掲載されていた（『カントン・プレス』は未見）が、それらに基づいてイギリス商人たちは「嘉慶元年アヘン外禁」説を知ったのだろう。(28) なお、嘉慶元（一七九六）年の禁止措置については、当初のモリソンによる誤訳では「アヘンの使用を禁止する特別な法令」とされ、『カントン・レジスター』では漠然としたアヘン禁令とされていたが、イギリス商人たちの認識のなかでは、アヘン輸入の禁止＝「外禁」となっている。そうした変化をもたらした理由はよくわからないが、情報が伝達される過程のなかで変化したのだろう。それは、実在する嘉慶四（一七九九）年の「外禁」と混同されたためかもしれない。

おわりに

以上、「嘉慶元年アヘン外禁」説の不当性を明らかにするとともに、この説が成立した経緯とその展開について検討した。やや煩瑣にわたった検討の結果を整理すれば、次のとおりである。

一八三六（道光十六）年、カントンに駐在していたイギリスの首席貿易監督官エリオットは、許乃済の「弛禁」上奏で明らかになった清朝内部におけるアヘン貿易合法化の動きに注目し、これに関連する上奏や上諭などを中国文秘書兼通訳のモリソンに英訳させた。その際、モリソンが朱嶟上奏中の「嘉慶初年」を「嘉慶元（一七九六）年」と誤訳した結果、朱嶟上奏の英訳のなかに「アヘンについては、嘉慶の第一年（一七九六年）にその使用を禁止する特別な法令が制定された」という記述が含まれることになる。この記述を含む朱嶟上奏の英訳は翌一八三七年にエリオットの外相宛の報告に附属文書として収められ、ついで、一八四〇年に議会文書に収録される形で明らかにされる。

他方、一八三六年末から一八三七年初めにかけて、「嘉慶元年のアヘン禁令」という誤訳を含む朱嶟上奏の英訳は『カントン・レジスター』や『チャイニーズ・レポジトリー』など、カントンの英字定期刊行物に掲載された。おそらく、そうしたカントンの英字定期刊行物に掲載された「嘉慶元年のアヘン禁令」記事に基づいて「嘉慶元年アヘン外禁」説がカントン在住のイギリス商人たちの認識のなかに定着した。

そして、イギリス商人たちは一八三九年五月にパーマストン外相に宛てた請願書のなかで「嘉慶元年アヘン外禁」説に言及した。この請願書はまず『カントン・プレス』に掲載された後、『シンガポール・フリー・プレス』一八三九年七月十八日号に再録された。

この『シンガポール・フリー・プレス』一八三九年七月十八日号に掲載されたイギリス商人たちの請願書に含まれた「嘉慶元年アヘン外禁」説は、カントンに派遣された欽差大臣林則徐のもとで今度は中国語訳されて『澳門新聞紙』や『澳門月報』に収められ、結局、アヘン戦争後にこれらの資料を利用した魏源の一連の著作に現れることとなったのである。

こうした経緯・展開を背景に、これまで「嘉慶元年アヘン外禁」説は大きく分ければ、二つの根拠に基づいて唱えられてきた。一つは、朱嶟上奏の英訳を収めるイギリス議会文書という外国側史料である。もう一つは、魏源の一連の著作に現れる記事という清朝側史料である[29]。

また、「嘉慶元年アヘン外禁」説の流布には、前出モース氏の著作の影響が大きかったと考えられる。すなわち、前述したように、モース氏は『編年史』で「嘉慶元年アヘン外禁」説を明確に否定したが、他方『編年史』(一九二六年)に先だって刊行された同氏の『中華帝国の貿易と行政』(一九〇八年)では、

一七九六年に、総督の提議に従い、〔アヘンの〕輸入を完全に禁止する上諭が出された。一八〇〇年にも同様の禁令が再申された[30]。

と述べ、また、同氏の『中華帝国国際関係史』第一巻(一九一〇年)でも、

一七九六年(この年、カントンでは一〇七〇箱のアヘンが輸入された)、皇帝はカントンの総督の上奏に従い、一七二九年以来の禁令をより厳しくして再申した[31]。

と述べていた。これらの著作、特に『中華帝国国際関係史』は今日までよく参照される研究であるから、「嘉慶元年アヘン外禁」説の流布には、これら『編年史』以外のモース氏の著作が大きく貢献したと思われる。

こうして「嘉慶元年アヘン外禁」説は、アヘン戦争前のアヘン問題やアヘン禁令を扱った諸研究で言及される[32]と同時に、現在でも、アヘン戦争や中国近代史に関する概説書や啓蒙書にも記述されているのである[33]。

おわりに

注

（1）中国第一歴史檔案館編『鴉片戦争檔案史料』第一冊、天津古籍出版社、一九九二年（以下、『史料』と略記）、一五八頁。
（2）同右、二〇五―二〇六頁。
（3）矢野仁一「支那の鴉片問題」同『近代支那の政治及文化』イデア書院、一九二六年、四〇四頁。
（4）H. B. Morse, *The Chronicles of the East India Company trading to China 1635-1834*, Oxford : Clarendon Press, 1926, vol. II.
（5）*Ibid.*, pp. 344-346, Appendix M.
（6）*Ibid.*, p. 316.
（7）*Ibid.*, p. 317.
（8）D. E. Owen, *British Opium Policy in China and India*, New Haven : Yale University Press, 1934, p. 64, note 54.
（9）*Ibid.*
（10）大清宣宗成皇帝実録、道光十六年八月庚申の條。
（11）『史料』二〇〇―二〇二頁。
（12）朱嶟上奏の原文は、F. O. 233/180, *Opium Papers* というイギリス外務省文書に「第七号」文件として全文が収録されている。なお、朱嶟と許球の上奏の全文は清朝側史料では見ることができない。國岡妙子氏は「朱嶟・許球の禁煙奏議」（『東洋学報』第四四巻第一号、一九六一年）において、上記のイギリス外務省文書の朱嶟・許球の上奏を全文転載している。同氏はこの外務省文書について「公使館翻訳官 Gutzlaff が広東で入手した漢文公文書類の中から、後年アヘン戦争関係資料を選んで写させたものらしい」（一一二頁）と推測されている。また、佐々木正哉氏は「ギュツラフが『京報』からアヘン貿易関係の資料を抜萃、整理して清書させたものかと思う」と述べられている（「近代中国における対外認識と立憲思想の展開（一）」『近代中国』第一六巻、一九八四年、二四〇頁）。このイギリス外務省文書に収める朱嶟上奏と、モリソンが英訳に際して眼にしたものとの関係については未詳である。
（13）前掲イギリス外務省文書所収の「第八号」文件（許球の上奏）。
（14）羅竹風主編『漢語大詞典』二、漢語大詞典出版社、一九八八年、六一八頁。

(15) 前掲イギリス外務省文書所収の「第七号」文件（朱嶟の上奏）に、

自道光元年、経前両広督臣阮元、査辦屯戸之后、

とあり、また「第八号」文件（許球の上奏）に、

道光元年、有葉恒樹《ママ》稟査、

とある。

(16) これに関連して、モリソンは許乃済の「弛禁」上奏中の「嘉慶初、食鴉片者、罪止枷杖」の部分を、

"In the 1st year of Keaking, those found guilty of smoking opium were subject only to the punishment of the pillory and bamboo."

と英訳し、「嘉慶初」を「嘉慶の第一年」と訳している。アヘン吸飲者に対する刑罰を「枷杖」と明定したのは嘉慶十八年のことであり、十八年を「初め」という許乃済の不正確さも問題であるが、いずれにせよ、これも「初年」と同様、モリソンの誤訳である。また、この誤訳に関連して、モリソンの父ロバート・モリソンが編纂した *A Dictionary of the Chinese Language* (1815~1823年）の「初」の項（Part Ⅰ-vol. Ⅰ, Part Ⅱ-vol. Ⅰ）と "first" "year" の項（Part Ⅲ）を検索したが、「初年」の例は見いだせなかった。なお、*A Dictionary of the Chinese Language* と後出の『海国図志』五十巻本は天理大学附属天理図書館所蔵のものを利用した。その際、同大学の村尾進氏のお世話になった。

(17) 矢野前掲論文、四〇四—四〇五頁。

(18) 同右、四〇四頁。

(19) 佐々木正哉「『海國圖志』餘談」『近代中国』第一七巻、一九八五年、一五七—一五八頁。

(20) 姚薇元「再論《道光洋艘征撫記》的祖本和作者」『歴史研究』一九八一年第四期。なお、「道光洋艘征撫記」の作者、「道光洋艘征撫記」と「夷艘入寇記」の関係などをめぐっては意見が分かれているが、ここでは姚氏の説に従っておく。

(21) 中国史学会主編『鴉片戦争』第六冊、〈中国近代史資料叢刊　第一種〉、神州国光社、一九五四年、一〇五頁。

(22) 佐々木前掲「『海國圖志』餘談」、一四四頁。

(23) 呉乾兌・陳匡時「林訳《澳門月報》及其它」『近代史研究』一九八〇年第三期。

(24) 前掲『鴉片戦争』第二冊、三七一頁。

(25) 附属文書の№1、№2は『チャイニーズ・レポジトリー』第五巻第三号（一八三六年七月）の第八号記事として、以下同様に、№4は第五巻第六号（一八三六年一〇月）の第二号記事、№3、№6、№7、№8は№5（朱嶟上奏）と同じく、第五巻第九号の第一号、第三号、第四号、第七号の記事として掲載されている。

(26) General Index of Subjects contained in the twenty Volumes of *the Chinese Repository*; with an arranged List of Articles, pp. xxv, xxvi, xxix.

(27) 同右の「総索引」所収の「編集者の通告（editorial notice）」には、『チャイニーズ・レポジトリー』編集の協力者としてモリソン父子の名前も挙げられている。また、同じく「総索引」所収の「主題別論説一覧」を見れば、モリソン父子が同紙に寄稿した論説の題目を知ることができる。

(28) 『チャイニーズ・レポジトリー』第五巻第四号（一八三六年八月）の第一号記事「ガンジス川以東におけるヨーロッパ人の定期刊行物(European periodicals beyond the Ganges)」は、『チャイニーズ・レポジトリー』とともに、『シンガポール・フリー・プレス』、『カントン・レジスター』、『カントン・プレス』についても紹介している。

それによれば、『カントン・レジスター』は毎週、約二百八十部がマラッカ海峡、在インド会社の社長、イギリスとアメリカ合衆国のいくつかの主要な商業都市へ発送されていた。また、『チャイニーズ・レポジトリー』は当時、千部が印刷され、中国で二百部、マニラに十五部、サンドウィッチ諸島に十三部、シンガポールに十八部、マラッカに六部、ペナンに六部、バタヴィアに二十一部、シャムに四部、シドニーおよびニュー・サウス・ウェールズに六部、ビルマに三部、ベンガル・ネパール・アッサムに七部、セイロンに二部、ボンベイに十一部、ケープ・タウン（南アフリカ）に四部、ハンブルグに五部、イギリスに四十部、アメリカ合衆国に百五十四部、合計五百十五部が毎月発送されていた。ただ、その約五分の一は、公的機関や定期刊行物出版社などへの寄贈であり、シンガポールへ発送されたもののなかに、シンガポール・フリー・プレス社への寄贈分がふくまれていた可能性はかなり高いと思う。

なお、『チャイニーズ・レポジトリー』には、『カントン・レジスター』と『カントン・プレス』の記事も頻繁に転載されている。

(29) なお、魏源の一連の著作に見られる記事に基づく二次的な史料として、(光緒)広州府志、巻八十一、「前事略」七、(道光)十九年の項に、

嘉慶元年、以嗜者日衆、始禁之。

という記述がある。

(30) H. B. Morse, *The Trade and Administration of the Chinese Empire*, Shanghai : Kelly and Walsh, 1908, p. 329.なお、本書の第二版(一九一三年)の三三八頁では、当該部分は、「一七九六年に、総督の提議に従い、アヘン吸飲に対してより厳しい刑罰を科す上諭が出された。一八〇〇年には、アヘン輸入とケシ栽培を禁止する上諭が出された」と内容が変更されている。

(31) H. B. Morse, *The International Relations of the Chinese Empire*, vol. 1, *The Period of Conflict, 1834–1860*, London : Longman, Green & Co., 1910, p. 175.

(32) (30)(31)のモース氏の著作のほか、主な研究を挙げておく。

于恩徳『中国禁煙法令変遷史』中華書局、一九三四年、二二頁。郭廷以『近代中国史』第二冊、「第二章　禁煙問題」商務印書館、一九四一年、三八―三九頁。蕭致治・楊衛東編撰『鴉片戦争前中西関係紀事(一五一七―一八四〇)』湖北人民出版社、一九八六年、二六〇―二六三頁。Chang Hsin-pao, *Commissioner Lin and the Opium War*, Cambridge, Massachusetts : Harvard University Press, 1964, p. 17.

なお、以上の諸研究はいずれも優れた研究であり、むしろ優れた研究であるがゆえに、「嘉慶元年アヘン外禁」説の流布に貢献していると思われたので、あえて名前を挙げたことを念のために申し添えておきたい。

(33) 筆者がこの論文を最初に発表した一九九四年以降も、「嘉慶元年アヘン外禁」説を掲載する啓蒙書・概説書があとを絶たない。

第六章　「アヘン吸飲者死刑」論

はじめに

清朝の本格的なアヘン政策は嘉慶初め（一八世紀末）に「外禁」政策で始まり、その後、嘉慶十八年からは「内禁」政策も併用されたが、ほぼ一貫して「外禁」を優先させてきた。第五章で考察したように、道光十六年に公然と提案された「カントン・アヘン」論としての「弛禁」論が否定された後も、従来どおり「外禁」を優先することが確認されたのである。

それでは、「外禁」優先のアヘン政策はアヘン問題の解決に効力を発揮していたのだろうか。答えは否である。そのことは何よりもアヘン流入量の増加が物語っている。前述したように、一八二〇年代以降、マルワ・アヘンを中心に急増していたアヘン流入量は一八三八年には約四万箱に達したとも推定されている。一箱がアヘン中毒者百人の一年分の消費量に相当するという見方によれば、四万箱のアヘンは四百万人分となり、当時中国の人口は約四億人と推定されるから、百人に一人の割合でアヘン中毒者がいたことになる。

アヘンはもちろん麻薬であるから健康・衛生上の由々しい問題であるが、それと同時に経済・財政上の大問題となっていた。すなわち、アヘン密貿易の急成長によって一八二七年ごろから銀が中国から流出したからである。銀流出の結果、生じた銀高銅安は納税者の負担を増大させるとともに、清朝の税収を減少させたのである。

こうして、「弛禁」論の提案から約二年経った道光十八（一八三八）年に一人の中央官僚がひとつのアヘン対策論を提議した。従来、「厳禁」論と呼ばれてきたこのアヘン対策論を本章では、前章までの研究成果をもとに検討し直すことにしたい。

第一節　黄爵滋の「アヘン吸飲者死刑」上奏

道光十八年閏四月十日、鴻臚寺卿の黄爵滋（乾隆五十八～咸豊三年。江西省宜黄の人、道光三年の進士）は上奏[1]して、アヘン問題の解決のためにはアヘン吸飲者を死刑にすべきであると提議した。

この上奏で彼はまず、「国用未だ充たず、民生裕かなるは罕なり。情勢は漸を積み、一歳は一歳の比に非ず。その故は何ぞや」と、年々悪化する国家財政と民衆生活の逼迫の原因は何かと問いかけ、その原因が、アヘンの蔓延・アヘン流入量の増加によって、「道光三年自り十一年に至るまで歳ごとに銀一千七、八百万両を漏らす。十一年自り十四年に至るまで歳ごとに銀二千余万両を漏らす。十四年自り今に至るまで、漸く漏れて三千万両の多きに至る。此の外、福建、江、浙、山東、天津の各海口、之を合わすも亦た数千万両なり」という銀の大量流出、それに伴って「近年、銀価が遞増し、銀一両毎に制銭一千六百有零と易える」という銀高銅安にあると答える。

彼は続けて、「各州県の地丁・漕糧、銭を徴するを多と為すも、奏銷を辦ずるに及んで、皆な銭を以て銀に易えれば、折耗に太だ苦しむ。故に此より前、多く盈余有るも、今は則ち賠墊せざるは無し。各省の塩商、塩を売るに、倶に銭文に係るも、課を交たすに尽く銀両に帰す。昔は則ち争いて利藪と為すも、今は則ち視て畏途と為す」と云い、銀高銅安が地丁銀・漕糧・塩課という国家収入の減少や塩商の窮乏化を招いていると述べる。

そして、彼は「若し再三、数年の間、銀価愈よ貴ければ、奏銷、如何に能く辦ぜん。税課、如何に能く清せん。設し不測の用有るも、又た如何に能く支せん。臣、念い此れに及ぶ毎に、輾転として寐ねず」と云い、今後も銀高が続けば国家財政は破綻すると事態の深刻性に警鐘を鳴らした。

このように黄爵滋は、アヘン問題がなによりもアヘン密輸＝銀流出に伴う経済・財政上の大問題であるとの認識を示した上で、続けて当時、唱えられていたアヘン対策をひとつひとつ挙げながら批判していく。第一に、アヘン貿易を取り締まれという意見、つまり「外禁」論に対しては、

無如せん、稽査の員弁、未だ必ずしも悉くは皆な公正ならず。歳毎に既に数千余万の交易有れば、毫釐を分潤するも、亦た数百万両を下らず。利の在る所、誰か敢えて認真に査辦せん。

と云い、取り締まる側の文武の官僚が皆、公正なものとは限らないから、真面目な取り締まりは期待できないことを指摘する。また、「況んや沿海の万余里、随在に皆な出入す可きをや」と述べ、長い海岸線のどこからでも出入りできるから、現実には取り締まりは不可能であると批判する。

第二に、外国貿易断絶論に対しては、

知らざりき、洋夷の載入せる呢羽・鐘表、載出する所の茶葉・大黄・湖絲と、交易を通計するも、千万両に足らず。其の中、沾潤せる利息は、数百万両に過ぎず、尚お貨を以て貨に易えるに係る。之を鴉片の利に較ぶれば、数十分の一に敵わず。故に夷人の著意は、彼に在らずして此に在るを。今、粤海の関税を割棄して通商を准さずと雖も、而れども煙船は本より進口せず、大洋に停泊し、居いて奇貨と為す。内地の食煙の人、

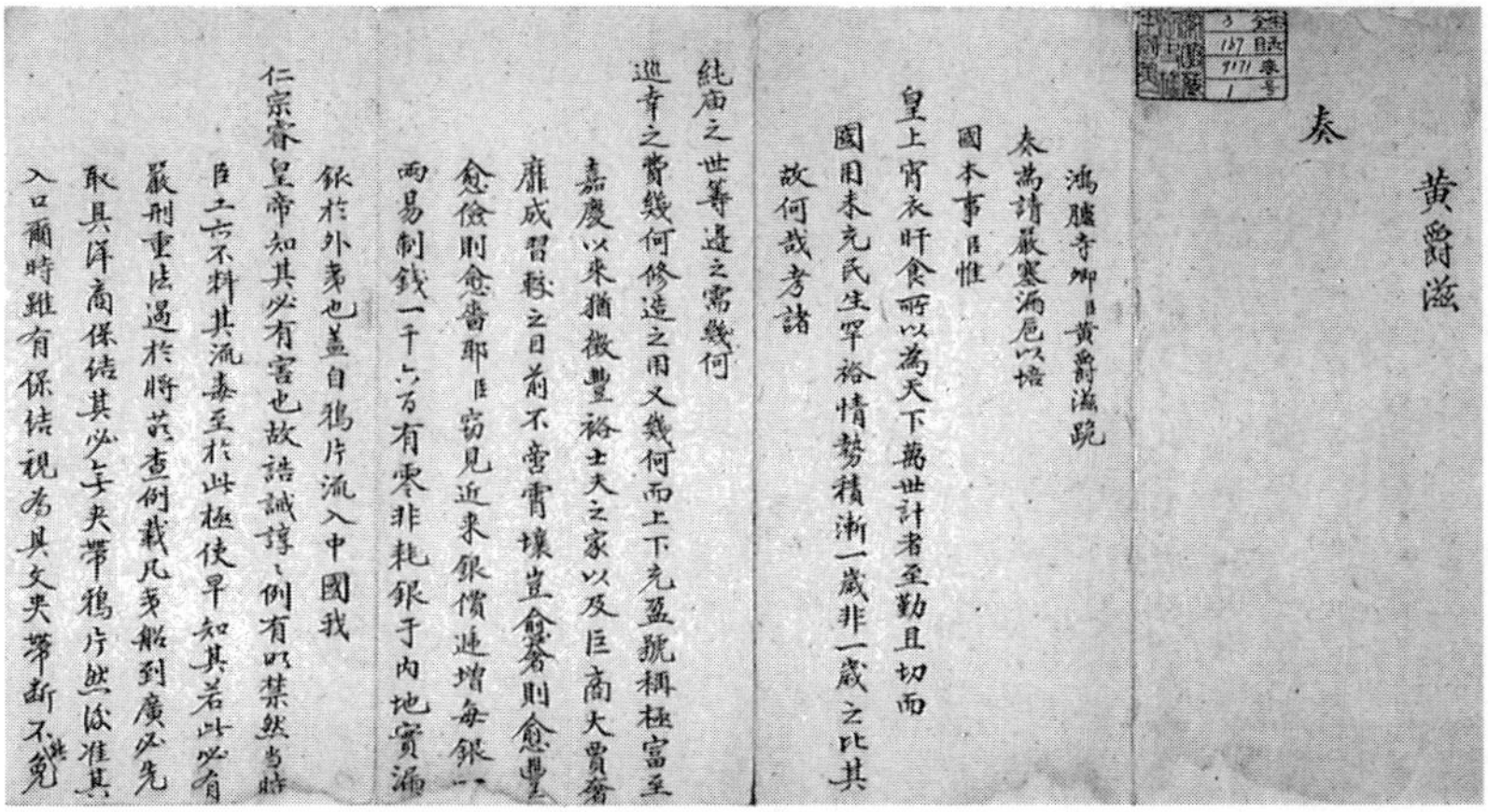
黄爵滋
奏
鴻臚寺卿臣黄爵滋跪
奏為請嚴塞漏巵以培
國本事臣惟
皇上宵衣旰食所以為天下萬世計者至勤且切而
國用未充民生罕裕情勢積漸一歲非一歲之比其
故何哉考諸
純廟之世彛遊之需幾何
道幸之費幾何修造之用又幾何而上下充盈號稱極富至
嘉慶以來猶徵豐裕士夫之家以及臣商大賈奢
靡成習较之目前不啻霄壤豈愈奢則愈豐
愈儉則愈嗇耶臣竊見近來銀價遞增每銀一
兩易制錢一千六百有零非耗銀于内地實漏
銀於外夷也蓋自鴉片流入中國我
仁宗睿皇帝知其必有害也故誥誡諄諄例有明禁然當時
臣工亦不料其流毒至於此極使早知其若此必有
嚴刑重法遏於將萌查例載凡夷船到廣必先
取具洋商保結保其必無夾帶鴉片然後准其
入口爾時雖有保結視為具文夾帶斷不能免

出典：『香港歴史檔案圖録』 p.35（中國第一曆史檔案館所藏）

黄爵滋の「アヘン吸飲者死刑」上奏文

刻も緩む可からざれば、自ら奸人の搬運有り。故に防ぎ難きは夷商に在らずして奸人に在り。

と述べ、そもそも外国人の意図は合法品の貿易にあるのではなく、その数十倍の利益があるアヘン貿易にあること、また、アヘンは洋上に停泊する「煙船」、つまり「躉船」から密輸されているから外国との貿易を断絶しても効果がなく、国内に吸飲者の需要があるかぎりアヘン密輸はやむことがないと反論する。

第三に、アヘンの販売やアヘン窟の経営を厳しく取り締まれという意見、つまり「内禁」論に対しては、

蓋し粤省の鴉片を総辦するの人に縁り、広く窯口を設け、広東自り以て各省に至るまで、沿途の関口、聲勢聯絡す。各省の販煙の人、其の資本重き者、窯口は沿途、包送し、関津の胥吏は容隠して放行し、〔……〕其の府州県の煙館を開設する者、類ね皆な奸猾なる吏役・兵丁なり。故家・大族の不肖の子弟と勾結すれば、素より聲勢有り。重門・深巷の中に於て、衆を聚めて吸食す。地方官の幕友・家丁、半ばは此に溺れれば、未だ其の同好を庇わざるは有らず。

と云い、関所の胥吏が「窯口」、すなわちアヘン輸入業者とぐるになってアヘンの通関を見逃しており、また、アヘン窟経営者はだいたい、ずるがしこい胥吏、衙役、兵隊で、有力な一族の子弟とぐるになっており、取り締まる側の地方官の幕友や家人（「家丁」）もその半分はアヘン吸飲者であるから、結局、充分な取り締まりは期待できないと反論する。

第四に、国内でのアヘン製造を解禁して外国産のアヘンを駆逐せよという意見、つまり国産アヘン解禁論に対しては、

殊に知らざりき、内地の熬る所の煙は、之を食するも過癮する能わざれば、興販の人、用て洋煙を摻和するを以て、重利を希図するに過ぎざるを。

と云い、国内産のアヘンは純度が低くて麻薬としての効き目が不充分だから、結局、販売者が外国産アヘンと混ぜて利益を増そうとするだけで、アヘンの流入を止めることはできないと批判する。

以上のように、四つのアヘン対策論をいずれも批判した黄爵滋は続けて、

然らば則ち鴉片の害は其れ終に禁ずる能わざるか。臣謂うに、禁ずる能わざるに非ず、実は未だ其の禁ずる所以を知らずと。夫れ耗銀の多きは販煙の盛んなるに由る。販煙の盛んなるは食煙の衆きに由る。吸食無ければ自ら興販無く、興販無ければ、則ち外夷の煙自ら来たらざらん。今、罪名を加重せんと欲すれば、必ず先ず吸食を重治す。

と云い、大量の吸飲者がいるから大量のアヘンが販売されて大量の銀が流出しているという認識に基づき、銀の

流出を防止するには、何よりもまずアヘン吸飲者を無くすことが第一であり、そのためにはアヘン吸飲者を重く処罰しなければならないと主張する。こうして黄爵滋はアヘン吸飲者に一年間の矯正期間を認めた上で、

若し一年以後、仍然として吸食すれば、是れ法を奉ぜざるの乱民なり、之を重刑に置くも、平允ならざるは無し。

と述べ、アヘン吸飲者を死刑にすべきことを提議したのである。

ところで、当時、アヘン吸飲に対する刑罰は一般民間人の場合、杖一百・枷号二カ月（但し、アヘンを買った相手を自供しない場合は杖一百・徒三年）であった。そのような「活罪」、つまり活かしたままの刑罰では、非常に苦しい禁断症状（「断癮の苦」）を伴うためにアヘンを止めさせることは難しく、禁断症状より苦しい死刑しかアヘン吸飲を止めさせることはできないと黄爵滋は述べ、死刑提案の理由を説明している。

次に、こうした「アヘン吸飲者死刑」論に対して反論が出されることを予想していた黄爵滋は、この上奏の後半で、予想される反論にあらかじめ答えている。まず、アヘンを吸飲していない無実の者が死刑にされる危険性に対しては、

鴉片を吸食する者、是れ癮有り、癮無しや否やは、官に到りて熬審すれば、立刻に辨ず可し。如し吸食の人に非ざれば、大怨・深仇ありと雖も、良善を誣枉する能わず。果たして吸食に係れば、究に亦た掩飾するに従し無し。故に重刑を用いると雖も、並えて流弊無し。

と説明し、被疑者がアヘン吸飲者かどうかは、じわじわと時間をかけて禁断症状の有無を調べること（「熬審」）

ではっきりするから、アヘン吸飲者でないもの、つまり無実のものを死刑にする心配はないと断言する。ついでオランダの支配下にあるジャワのバタヴィア（「咬𠺕吧」）、イギリス（「暎咭唎」）、ベトナム（「安南」）などの「外夷」ですらアヘン吸飲を死刑で禁止していると述べた上で黄爵滋は、

但だ天下の大計は、常情の及ぶ所に非ざれば、惟だ聖明なる乾綱独断せられ、衆言皆な合うを必せず。

と云い、死刑論に全員の賛成が得られなくとも、道光帝自らが独断されたらよいと進言している。また、

誠に恐るらくは、事を畏れるの人、未だ国の為に怨みに任すを肯んぜず、明らかに、厳刑に非ざれば治まらざるを知るも、言を、吸食の人多く、之を治めること驟かに過ぎれば、則ち決裂の患有りに托さん。今、寛く一年に限れば、是れ緩図なり。

と述べ、死刑を執行して民衆の恨みを買うことを恐れる官僚たちは、吸飲者があまりにも多いので、急に死刑にしたら大変なことになるなどと言うだろうが、自分の案では一年間の猶予期間を設けており、急に死刑にするわけでは決してないと説明する。

結論として黄爵滋は、一番大事なことは吸飲者死刑の命令を下すときに、厳しく法の執行を命ずることであると述べ、次のように続ける。

皇上の旨厳しければ、則ち奉法の吏粛しむ。奉法の吏粛しめば、則ち犯法の人畏る。一年の内、尚お未だ刑を用いざるも、十に已に其の八、九を戒しむ。已に食する者、竟に国法に藉りて以て余生を保ち、未だ食せ

ざる者も亦た、因りて炯戒して以て身命を全うす。此れ皇上の止辟の大権にして、即ち好生の盛徳なり。すなわち、皇帝陛下のご命令が厳しければ、官僚も身を引き締めて法の執行に当たるでしょう。そして、官僚が身を引き締めて法を執行すれば、アヘン吸飲者も恐れるに違いありません。その結果、法の執行を猶予する一年の矯正期間内に十人のうち八、九人はアヘンを断つと思われます。こうして、アヘン中毒者は国法によって余生を保つことができ、まだ吸っていない者もアヘンを遠ざけて自分の生命・健康を全うすることができるのです。これこそは、「死刑とは、死刑に当たるような犯罪行為をさせないために設ける、つまり死刑を設けることによって死刑をなくする」という聖人の御心に適うものであり、人民の生命を大事にされる皇帝陛下の盛んなる徳と申せましょう、と述べて黄爵滋はこの上奏を結んでいる。

第二節　「アヘン吸飲者死刑」論の本質

前節で紹介した黄爵滋の「アヘン吸飲者死刑」論はこれまで「厳禁」論と呼ばれて、二年前の道光十六年に許乃済が提議した「弛禁」論と対立するアヘン論として理解されてきた(2)。もちろん、「アヘン吸飲者死刑」論は「厳禁」論に違いないのであるが、筆者が依拠する「外禁」と「内禁」の視点から見れば、明らかにそれは、国内におけるアヘン吸飲を対象とする「内禁」論である。そのことをどう解釈すべきだろうか。

その点について考える緒口としてまず、同じ黄爵滋が約二年半前の道光十五年九月九日に提出した上奏(3)のなかでアヘン問題の解決に対してどのように献策していたかを見てみたい。同年八月に鴻臚寺卿に任命されたばかり(4)であった黄爵滋は、この上奏で当面する六つの問題を取り上げながらそれぞれに対策案を提議したが、その第六条でアヘン問題について次のように言及している。

国内におけるアヘン取り締まりの実態として、関所の役人がアヘン捜査に名を借りて無実の商人から金銭を巻き上げたり、住所不定の遊民たちがやはりアヘン捜査を口実に財物を略奪したりしていることを彼は指摘し、「是れ禁有るは、禁無きに如かず」と、禁令がない方がましであると述べる。その上で、「其の流れを截たんと欲すれば、但だ其の源を塞ぐのみ」と言い、具体的には「躉船」の取り締まりと、アヘン商人が属する外国の国王にアヘンを持ち込ませないように通知することを彼は要請している。

要するに、この上奏における黄爵滋は、「内禁」論の無効性・有害性を指摘して「外禁」論を主張していたのである。その黄爵滋が二年半後の道光十八年閏四月には一転して「アヘン吸飲者死刑」論という「内禁」論を提案したということになる。何故、彼は「外禁」論から「内禁」論へ転換したのだろうか。

ところで、道光十六年の許乃済の「弛禁」上奏がカントン知識人呉蘭修の「弭害」という論文に基づいていたことは既に述べた。では、道光十八年の黄爵滋の「アヘン吸飲者死刑」上奏はどうだったのか。この「アヘン吸飲者死刑」上奏の原稿作成にかかわったとされる人物についてはいくつかの説があり、張際亮や江開ら、黄爵滋の周辺にいた北京の知識人の名前が上がっているが(5)、そのなかで注目したいのはカントン知識人である温訓の存在である。

温訓(乾隆五十二～咸豊元年)、字は伊初、広東省嘉応直隷州長楽県の人、道光十二年の挙人。彼は呉蘭修と同郷人であり、共に粤秀書院の東斎で学んだ仲である。そして、陳澧の「祭温伊初文」にあるように、呉蘭修が

「弭害」を著した直後に温訓が「弭害続議」を作成して「弭害」を批判したことは、既に第五章で明らかにしたところである。(6)「弭害」は道光十一年春から十二年六月の間に作成されたから、温訓が「弭害続議」を作成したのもほぼ同時期ということになる。また、桂文燦の『経学博採録』巻四によれば、「弭害続議」で温訓は尚書酒誥の「群飲す。汝佚せしむること勿れ。盡く執拘して以て周に帰れ。予其れ殺さん」から「アヘン吸飲者死刑」論を着想したという。(7)

さて、温訓は道光十二年の郷試に合格して挙人となるが、この広東郷試の正考官が程恩沢だったことは第五章で既に述べたとおりである。程恩沢は温訓の答案を絶賛したという。その後、温訓は会試受験のため何度か上京したが、結局合格することはなかった。その間、道光十五年から十八年まで北京に滞在した温訓は、黄爵滋、張際亮らと交際した。(8)そして、前掲の陳澧や譚瑩の『楽志堂文集』巻十一によれば、黄爵滋の「アヘン吸飲者死刑」論は温訓の「弭害続議」に基づくとされているのである。

以上、温訓の身近にいた人達の証言から判断すれば、温訓が呉蘭修の「弭害」を批判する「弭害続議」を著して「アヘン吸飲者死刑」論を唱えたこと、そしてそれが黄爵滋の「アヘン吸飲者死刑」上奏に影響を与えたことは間違いないだろう。ただ残念ながら、呉蘭修の「弭害」とは異なり、温訓の「弭害続議」は、その完全な内容を知ることができず、また黄爵滋の「アヘン吸飲者死刑」上奏についても、その詳しい作成過程を伝える史料がない現状では、上奏が「弭害続議」を下敷きとして作成されたと断定することはできない。

「アヘン吸飲者死刑」論については、のちに黄爵滋の「アヘン吸飲者死刑」論に賛成した上奏のなかで湖広総督林則徐が、「所以に死を論ずるの説、私かに相い擬議する者、未だ嘗て人に乏しからざるも、毅然として上陳する者、独り此の奏有るのみ」と述べたように、毅然と奏請したのは黄爵滋ひとりであったが、(9)「アヘン吸飲者死刑」論自体は当時、決して珍しいものではなかったという。

そうだとすれば、温訓も黄爵滋に影響を与えた「アヘン吸飲者死刑」論者のひとりであったとみなすのが妥当であろうが、彼がアヘン密貿易・アヘン問題の中心地カントンを活動舞台とする知識人であることを考慮すれば、温訓の意見がもった影響力はひときわ大きかったと見て差し支えないだろう。

ところで、カントン知識人温訓の「アヘン吸飲者死刑」論は「カントン・アヘン」論のひとつと見ることもできる。なぜならば、既に確認したように、「アヘン吸飲者死刑」論は「内禁」論だからである。「弛禁」論ほどあからさまにカントンの利益を代弁したものではなかったとしても、「内禁」論である（「外禁」論ではない）ということは、カントンの立場に立った意見である。[10] このことについては、両広総督李鴻賓の「外禁」困難・「内禁」優先論を考察した第三章で詳述したとおりである。

ただ、ここで問題となるのは、黄爵滋ら北京の官僚・知識人も「アヘン吸飲者死刑」論という「内禁」論でカントンの利益を代弁しようとしたのかということである。私見によれば、決してそうではなく、「アヘン吸飲者死刑」論が「内禁」論でカントンにとって好ましい意見であるという認識は彼らにはおそらくなかったと推察される。たとえ、そうした認識があったとしても、それを上回る別のより強い動機が黄爵滋らの「アヘン吸飲者死刑」論者にあったのではないか。そして、そのより強い動機こそは、黄爵滋をして道光十五年の「外禁」論から十八年の「アヘン吸飲者死刑」論という「内禁」論へ転換せしめたのであり、「アヘン吸飲者死刑」論の本質にかかわるものと考えられる。

その動機を明らかにするためには、まず「アヘン吸飲者死刑」論で黄爵滋が特に問題視したアヘン吸飲者とは誰だったかという点に注目する必要がある。結論を先に言うと、彼が特に問題視したのはアヘン吸飲者一般ではなく、官僚層（以下で言う「官僚層」には、文武の現職官僚のほか、官僚に付き従う幕友・家人、「郷紳」などと呼ばれる退職・休職官僚、挙人・生員ら官僚予備軍、衙役・胥吏といった下級役人、兵丁、宦官などをも含む）の吸飲者だったのである。

その検討を黄爵滋の「アヘン吸飲者死刑」上奏に即して行なう前に、アヘン吸飲について清朝は当初から官僚層のアヘン吸飲を特に重大視し、またアヘン吸飲についての議論も官僚層のアヘン吸飲を主な対象として展開されてきたことをまず確認しておきたい。

嘉慶十八年七月に清朝が初めてアヘン吸飲に対する刑罰を明定した際、刑部は「市井無頼の徒」とともに、「侍衛・官員等」の吸飲を「甚だ悪む可きに属す」と重大視し、一般民間人の場合の杖一百・枷号一カ月に対して、「侍衛・官員」の吸飲に対しては「革職」の上、杖一百・枷号二カ月の刑罰を提案して裁可されている。(11)ついで、第三章で既に述べたように、道光十一年六月にアヘン吸飲に対する刑罰が厳しくされた際、そのことを提案した劉光三は同年五月十五日の上奏(12)で「士大夫」の証言を引いて、

現今、直省地方、倶に鴉片煙を食するの人有り、而して各衙門、尤も甚だしと為す。約計するに督撫以下、文武衙門の上下人等、絶えて鴉片煙を食する無き者、甚だ寥寥たるに属す。

と云い、地方衙門の官僚層によるアヘン吸飲を問題視していた。そして、この劉光三の提案が同年六月十六日の上諭で裁可されてアヘン吸飲に対する刑罰が厳しくされ、一般民間人の場合、杖一百・枷号二カ月（但し、アヘンを買った相手を自供しない場合は杖一百・徒三年）となったことは既に触れたが、その際、「侍衛・官員等」については一般民間人より「一等を加えて治罪」するとされた。(13)また、第五章で既に述べたが、同日の上諭は督撫以下

の地方官僚に対して署内にアヘン吸飲者がいないという誓約書を提出させた上で、その調査結果を毎年末に上奏するよう督撫に命じたのである。(14)

次に、第三章で既に述べたように、道光十二年八月に御史馮賛勲は「外禁」優先を提議した上奏で、「猺族」の反乱を鎮圧できなかった広東省の兵丁を例に挙げながら、広東・福建両省の武官・兵丁におけるアヘン吸飲の蔓延を指摘し、アヘン吸飲による清朝軍事力の弱体化に警鐘を鳴らしたのである。(15)

ついで第五章で述べたように、「弛禁」論の正式提案に有利な政治状況が生まれつつあるなかで、道光十五年末に道光帝は、毎年末に地方督撫に義務づけられていた管轄省内における罌粟栽培・アヘン製造と官僚のアヘン吸飲に関する調査結果の上奏を、今後はするに及ばないと命じた。(16) そして、翌十六年三月にまず御史王玥が一般民間人によるアヘン吸飲の解禁を求める上奏を行ない、(17) ついで同年四月の「弛禁」上奏のなかで許乃済は同様に、一般民間人による吸飲の解禁を提案したが、官僚層の吸飲については従来どおり厳禁するとした。しかし、アヘン吸飲について一般民間人の解禁と官僚層の厳禁は矛盾すると朱嶟らが批判したことも、既に見たとおりである。

以上のように、アヘン吸飲については一貫して官僚層の吸飲が特に争点になっていたのであるが、実際、当時、アヘンの吸飲は各階層に広く普及しながらも官僚層において特に盛んであった。そのことに触れる史料は少なくないが、たとえば道光十八年四月に給事中陶士霖はアヘン吸飲に対する刑罰を重くすることを要請した上奏で、(18)

凡そ各署の胥吏、各営の弁兵、其の中に沈溺するは十に八、九有り。

と云い、また同年八月に湖広総督林則徐は黄爵滋の「アヘン吸飲者死刑」論に賛成する上奏(19)のなかで、蓋し以うに、衙門の中、吸食最も多く、幕友、官親、長随、書辦、差役の如きは、鴉片を嗜む者は十の八、九なり。

と云い、そうした現状認識を踏まえて同年十月十九日の上奏[20]で工科給事中況澄は、

文武職官、私かに吸食を行ない、以て軍民人等、皆な援いて口実と為すを得るを致せば、尤も風俗人心に於て大いに関碍有り。

と云って、「文武職官」のアヘン吸飲をより厳しく処罰することを奏請した。さらに同年十一月十七日の上諭[21]も御史万超の奏請を受けて、

近来、鴉片煙、流毒日び深く、特に軍民人等、共に相い吸食するのみならず、即ち現任の職官も亦た多く悪習に染まれば、殊に痛恨に堪えん。

と述べた上で、アヘン吸飲の属員を「指名参奏」することを厳命した。そして、官僚層のアヘン吸飲者の逮捕・処罰を伝える史料は枚挙に暇が無いほどである[22]。

以上のように、アヘン吸飲は官僚層で盛んであり、また当初から官僚層のアヘン吸飲が特に問題視されて論議の対象とされてきたのだが、そのことを次に、「アヘン吸飲者死刑」論を提議した黄爵滋の上奏[23]に即して考察したい。

彼は「上、官府・縉紳自り、下、工・商・優隷、以及《およ》び婦女・僧尼・道士に至るまで、随在に吸食す」と述べ、

アヘン吸飲が官僚層を含め広範に普及していることを指摘する。

また、黄爵滋の上奏は官僚層に対する不信感に満ち満ちていた。アヘン禁止策はいずれも官僚層の腐敗によって有名無実化し、アヘン窟経営者も胥吏、衙役、兵隊であり、幕友もその半分はアヘン吸飲者であると言う。さらに、「アヘン吸飲者死刑」論に対して官僚から反対論が巻き起こることを彼は予想して、皇帝の独断に期待し、皇帝の命令が厳しければ、官僚も身を引き締めて法の執行に当たるだろうとも述べていたことは、既に第一節で見たとおりである。こうして黄爵滋は官僚のアヘン吸飲に対して、

現任の文武大小の各官、如し限を逾えて吸食する者有れば、是れ法を奉ずるの人を以て、甘んじて法を犯すの事を為せば、応に常人に照らして等を加うべし。本犯官は治罪するを除くの外、其の子孫は考試を准さず。

と云い、違反した官僚を死刑にすると同時に、その子孫の科挙受験を認めないことを提案している。続けて、「失察処分」問題を取り上げた第四章でも既に言及したように、

其の地方官署内の官親・幕友・家丁、仍お吸食して獲えらる者有れば、本犯は治罪するを除くの外、該本管官、厳しく議処を加う。各省の満漢営兵、伍毎に結を取り、地方官の保甲に照らして辦理し、其の管轄失察の人、地方官衙門に照らして辦理すれば、軍民一体に、上下粛清するに庶幾からん。

と述べ、身近にいる親戚・幕友・家人のアヘン吸飲に対する地方官の「失察」（監督不行き届き）を厳しく行政処分すること、武官と兵隊についても文官の場合と同様に対応することが提案されている。

このように、上奏のなかで黄爵滋は官僚層のアヘン吸飲を指摘しながら、「アヘン吸飲者死刑」の提案に際し

て官僚層に対しては一般民間人より厳しい対応を要求し、さらに子孫の科挙受験を認めないという提案さえしていた。また、アヘン吸飲に関する官僚の「失察」に対しても厳しい行政処分を提案している。明らかに、彼の「アヘン吸飲者死刑」論は官僚層のアヘン吸飲者を主たる対象としていたのである。

それでは、官僚層を主たる対象とする「アヘン吸飲者死刑」論の動機は何だったのか。もちろん、公然と表明されている動機はアヘン問題の解決であるが、それと同時に、あるいはそれ以上の隠された動機があったのではないか。それは、清朝支配体制を弛緩させつつあった官僚層の腐敗を是正するという内政上の動機と考えられる。(24)

この官僚層の腐敗については、本章の射程を遥かに超える問題であるので、ここでは詳論せず、当時、そうした問題が最も典型的に表面化していた地域であり、またのちに林則徐との関係で言及することになる地域でもある江蘇省の実態を概述するに止めたい。

当時の江蘇省は特に「河工」、「漕運」、「水利」、「塩政」に大きな問題を抱えており、それらの問題は互いに密接に関連しながら、全体として行財政上の大問題となっていた。いずれの問題でも原因の大半は腐敗した官僚層にあり、彼らは既得権益の維持・確保に汲々として改革を阻んでいた。(25) したがって、改革を目指す「経世済民」型官僚・思想家（以下、「経世官僚・思想家」と呼ぶ）にとって、改革のためにはそれを阻んでいる腐敗した官僚層の排除がまず当面の課題となっていた。江蘇省において、そうした課題に取り組んでいた経世官僚・思想家の指導的立場にいたのが、両江総督陶澍と江蘇巡撫林則徐だったのである。

他方、「アヘン吸飲者死刑」論を上奏した黄爵滋は、北京における経世官僚・思想家の中心的人物であり、「アヘン吸飲者死刑」論の成立に関係した可能性があるとして前節で名前を挙げた張際亮や江開も、程恩沢、徐宝善、龔自珍らとともに北京在住の経世官僚・思想家であった。彼ら北京の経世官僚・思想家が林則徐ら江蘇省の経世官僚・思想家と交流していたことは、のちに林則徐のところで述べることにしたい。

ともあれ、内政上の諸問題を解決するために諸改革に取り組んでいた経世官僚・思想家にとって、現状維持を図って諸改革を阻んでいた官僚層の腐敗を排除することは最重要課題であった。このような状況のもと、アヘン問題は官僚層の腐敗を排除する突破口と位置づけられ、そのことを主たる動機として、「アヘン吸飲者死刑」論は江蘇省を始めとする地方の経世官僚・思想家との連携のもと、北京の経世官僚・思想家の中心的人物であった黄爵滋によって上奏されたのである。

第三節　「アヘン吸飲者死刑」論をめぐる論議

道光十八年閏四月十日に黄爵滋の「アヘン吸飲者死刑」上奏を受理した道光帝は、同日の上諭[26]で、

黄爵滋、厳しく漏卮を塞いで以て国本を培うの一摺を奏請す。盛京、吉林、黒龍江の将軍、直省の各督撫に著し、各の所見を抒べ、章程を妥議し、迅速に具奏せしめよ。

と云い、「アヘン吸飲者死刑」論に対する意見具申を各地方大官に命じたのである。

その結果、同年五月から九月にかけて地方大官による意見具申の上奏が続いたが、そのことについては、アヘン戦争直前の「アヘン論議」として、これまでにかなりの研究蓄積がある。

しかし、序章でも述べたように、黄爵滋の上奏とそれに続く「アヘン論議」を従来の研究は一八世紀末（嘉慶

初め）以来のアヘン政策（問題）史の経過のなかで把握せず、せいぜい道光十六（一八三六）年の許乃済による「弛禁」上奏との関連だけで検討したため、黄爵滋の上奏や「アヘン論議」に対する理解に誤りや不正確な点が多々あったのである。

まず第一に、従来の研究には、道光十八年の黄爵滋による上奏を、十六年の許乃済による「弛禁」上奏と対立する「厳禁」上奏として把握した上で、あたかも十八年段階で「厳禁」論と「弛禁」論がするどく対立していたかのように理解するものがあった[27]。

出典：『香港歴史問題檔案圖録』p．34（中國第一曆史檔案館所藏）

道光帝（1782—1850）像

この点については既に「弛禁」論を考察した第五章で明らかにしたように、「カントン・アヘン」論としての「弛禁」論は道光十六年に許乃済によって正式に提案されたものの、カントン官僚以外の賛成を得ることができず、一連の反対上奏によって既に葬り去られたのであり、黄爵滋が上奏した道光十八年段階において清朝は従来どおり「外禁」を優先する禁止政策を採っていた。したがって、黄爵滋の上奏は「厳禁」論であるからには当然ながら

なかった。

「弛禁」論を批判してはいるが、既に検討したように「弛禁」論批判を主たる目的に提議された「厳禁」論では

そして第二に、従来の研究には、黄爵滋に反対した地方大官を「弛禁」論者とみなすものがあった[28]。この点は第一に指摘した点と密接に関連するが、黄爵滋の提案を「弛禁」論と対立する「厳禁」論と把握した結果、黄爵滋＝「厳禁」論者に反対する地方大官は「弛禁」論者とみなされてしまった。既に指摘されたように、黄爵滋に賛成した者はもちろんのこと、反対した者も含めて、すくなくとも答申上奏のなかでは地方大官は全員、「厳禁」を唱えていたこと、反対論者が反対したのは、あくまでも禁止の手段としての「アヘン吸飲者死刑」論に対してであった。

以上のように、従来の研究における「アヘン論議」の理解には重大な誤りが存在した。繰り返しになるが、そうした誤りを生んだ最大の原因は「アヘン論議」を一八世紀末以来のアヘン政策史のなかで理解しなかったことにある。

それでは、一八世紀末以来のアヘン政策史を視野に入れるとき、「アヘン論議」はどのように理解すべきだろうか。

まず、従来の研究が不充分なのは、黄爵滋の提案を単純に「厳禁」論と把握してしまった点である。既に本章で検討してきたように、黄爵滋は上奏で「アヘン吸飲者死刑」論を具体的に提案したのである。したがって、道光帝の命を受けて続々と上奏された地方大官の意見は、なによりも「アヘン吸飲者死刑」論に対する各々の考えであった。

そして、既に本章第二節でも述べたように筆者の視点に立てば、「アヘン吸飲者死刑」論は「内禁」論である。

したがって、以下の考察で明らかになるように、「アヘン吸飲者死刑」論をめぐる論議のなかで、事実上、「内禁」論と「外禁」論の論争が展開されていたのである。

さて、道光帝の命を受けた地方大官の答申は、道光十八年五月二日の山西巡撫申啓賢を皮切りに、同年九月二十五日の署四川総督蘇廷玉まで、合計二十九名から上奏された。そのうち、黄爵滋の「アヘン吸飲者死刑」論に賛成したのは、上奏の日付順に以下の八名である。

① 湖南巡撫銭宝琛（五月十八日）
② 湖広総督林則徐（五月十九日）
③ 安徽巡撫色卜星額（五月二十四日）
④ 河南巡撫桂良（六月十日）
⑤ 両江総督陶澍（六月十九日）
⑥ 江蘇巡撫陳鑾（七月十一日）
⑦ 河東河道総督栗毓美（七月二十二日）
⑧ 署四川総督蘇廷玉（九月二十五日）

ところで、「アヘン吸飲者死刑」論の賛成者は八名であるが、賛成者それぞれに若干、意味合いの相違も見られる。たとえば、①は「今、既に吸食の犯を将て、重きに従って擬するに死罪を以てするを請えば、自ら応に一併に興販の犯を将て煙館を開設する絞罪の上に於て、加重して問擬すべくんば、情・法、両つながら其の平らかなるを得るに似たり(29)」と云って、アヘン吸飲と同時にアヘンの「興販」つまり販売も死罪とすることを提案したが、同様に②、③、⑤、⑥もアヘン販売の死罪を同時に提案している(30)。

次に、後述する点にも関係するが、例えば④が「アヘン吸飲者死刑」論に賛成した上で、黄爵滋の「原奏の無き所と為る者」として、カントンにおける「躉船」の取り締まりなど、「外禁」を主とする十カ条の提案を行なったように、[31]③、⑥、⑧も「外禁」の同時強化を主張している。[32]また、⑤は「外禁」強化に直接言及はしていないものの、「鴉片を吸食するに至りては、既に加重して死に至れば、則ち凡そ情として吸食より重き者は、自ら応に一律に加重し、以て来源を絶つべし」と云って八カ条の提案を行なったが、そのなかでは、前述のアヘン販売とともに、一万両以上の「紋銀」持ち出しも死刑とすることが提案されている。[33]

そして、以上の八名を除く、以下の二十一名が「アヘン吸飲者死刑」論に反対の立場をとった（上奏の日付順）。

（一）山西巡撫申啓賢（五月二日）
（二）山東巡撫経額布（五月七日）
（三）盛京将軍宝興（五月七日）
（四）護理湖北巡撫張岳崧（五月十九日）
（五）貴州巡撫賀長齢（五月二十日）
（六）黒龍江将軍哈豊阿（五月二十二日）
（七）吉林将軍祥康（五月二十四日）
（八）陝西巡撫富呢揚阿（五月二十四日）
（九）署理直隷総督琦善（五月二十六日）
（一〇）江西巡撫裕泰（五月二十六日）
（一一）漕運総督周天爵（五月二十八日）

（一二）浙江巡撫烏爾恭額（六月六日）
（一三）雲貴総督伊里布（六月九日）
（一四）広西巡撫梁章鉅（六月二十二日）
（一五）陝甘総督瑚松額（六月二十四日）
（一六）江南河道総督麟慶（六月二十五日）
（一七）福建巡撫魏元烺（六月二十八日）
（一八）閩浙総督鐘祥（七月十四日）
（一九）雲南巡撫顔伯燾（七月十六日）
（二〇）両広総督鄧廷楨（八月二十一日）
（二一）広東巡撫怡良（八月二十二日）

彼ら二十一名は「アヘン吸飲者死刑」論に反対したわけだが、反対の理由は結局、二点に集約できる。第一の理由は、アヘンを吸飲しただけで死刑ということになると、他の極悪犯罪に対する刑罰との区別がなくなり、また、「五刑」（笞、杖、徒、流、死）の刑罰体系においても均衡を欠くことになるという、法律論的な理由である。たとえば、（4）は、アヘンの害は「邪教もて人を惑わす」犯罪行為と「情」が同じとする立場から、「請うらくは、吸食する者を将て、各教会の名目もて経巻を収蔵する例に比照し、辺遠充軍に擬せんことを」と、アヘン吸飲者を死刑ではなく「発辺遠充軍（辺遠に発して軍に充つ）」に処することが適当ではないかと提案している。(34)

（九）も「自ら其の自残に止まり、並えて人を侵損するに非ざるを以て、罪、死を致さざるは、本より情を衡りて法を定めるに係り、各律の意と互いに相い覚通す」と述べ、アヘン吸飲が吸飲者自身の健康・生命を危険にさらすことはあっても他人に危害を加えるわけではないとの理由から、従来、吸飲者に対する刑罰が比較的軽かったことについて、その法律論的妥当性を主張している。(35)（二〇）も「鴉片を吸食するは、罪、強盗に浮くに非ざるなり。乃ち皆な之を死刑に置かんと欲すれば、原づく可きの劇盗に比すを得ず」と云い、「強盗」より犯罪性の低いアヘン吸飲を死刑にすることの不当性を指摘している。(36)

「アヘン吸飲者死刑」論に反対する第二の理由は、大量のアヘン吸飲者を死刑にできないという現実論的な理由である。たとえば、（二）は「恐るらくは吸食する者衆ければ、誅するも誅するに勝えざらん」(37)と云い、（一四）も「之を要するに、吸食し即ち之を死地に置けば、誅するも誅するに勝えざるを恐る」と云って、大量の吸飲者を死刑にできはしないと述べている。(38)（五）は「若し煙を食するに因りて之を死に置けば、特だに情に於て未だ協わざるのみならず、兼ねて行ない難きこと有るを恐る」と云い、法律論的な理由とともに、「行い難きこと有る」現実をも指摘する。(39)

このように「アヘン吸飲者死刑」論に反対する地方大官たちは、死刑論そのものに対しては法体系・刑罰体系を乱すという法律論的な理由と、大量の吸飲者を死刑にできないという現実論的な理由から反対した。しかし、そのこと以上に反対者たちが問題にしたのは、そもそもアヘン問題をアヘン吸飲者に対する取り締まり強化という「内禁」論を優先して解決しようとする姿勢であった。

それはたとえば、（二）が「其の流れを治めて其の源を澄まさざるを惜しむ」(40)と云い、（二）も「夫れ為政の道は、譬えば猶お水を治めるがごとし。其の流れを遏めんと欲すれば、当に其の源を塞ぐべし」(41)と云い、（九）が「第だ立法は情を平かにするを貴びて、懲悪は首を誅するに在り。天下、未だ其の源を清くせずして能く其の流れを遏む者有らず、亦た未だ其の本を正さずして能く其の末を治む者有らず[42]」と云って、「流れ」ではなく、「源」をこそ「澄」ましたり、「塞」いだり、「清」くしたりすべきと異口同音に主張する。

そこで言われる「流れ」とは、「内禁」の対象となる国内におけるアヘン関連諸行為、特にこの場合は「アヘン吸飲」を指している。そして、「流れ」よりも「源」への取り組み、すなわちカントンにおけるアヘン密輸の禁絶＝「外禁」をこそ優先すべきであると彼らは主張したのである。

「アヘン吸飲者死刑」論に反対した二十一名の地方大官のうち、天津と盛京の海港でのアヘン取り締まりを優先すべきであると主張した（一一[43]）、アヘンの販売の方をより厳しく罰すべきであるとして「アヘン吸飲者死刑」論に反対した（一三[44]）の二人を除き、十九名が「アヘン吸飲者死刑」論に反対した上で、カントンにおけるアヘン密輸の取り締まり、つまり「外禁」の実施を優先的に提案している。以下、順に関係部分の史料を列記する。

（一）応に請うらくは、嗣後、奸民の夷船に向かいて煙土を買運する者、即ち米を運びて出洋して匪を済く例に照らし、絞立決に擬すべし[45]。

（二）如し果たして海関の員弁、実力に稽査すれば、則ち外に偸越の路無く、各省の地方、認真に訪辦すれば、則ち内に転販の人無からん[46]。

（三）煙船は縦い海口由り明らかに入らざるも、停泊に必ず一定の馬頭有り、卸載に一定の店口有れば、捜拿し易し。吸煙の衆く、各省に散処し、稽査に難きに同じに非ざること、知る可し[47]。

（四）応に旨を請うらくは、厳しく督撫及び海関監督を飭し、凡そ夷舡、粵に到れば、即ち催促して進口せしめ、外洋に在りて停留して剥載するを許す毋く、以て偸越を杜ぐべし。違う者は開艙して售貨するを准さず、亦た置貨して帰国するを准さざれば、彼れ必ず畏惧せん。鴉片躉に至りては、毎に数舡、終年、零丁洋に泊する者有れば、厳しく、帯する所は何の貨か、何に因りて久しく泊するかを査らべ、駆逐して開行せしむ。(48)

(五)我が朝は最も海防を重んずれば、平時は宵小の出没も、猶お須らく加勤して巡査すべきがごとし。況んや銀出で煙入り、害を為すこと甚だ巨きをや。即ち煙を載す船、海口に進まざれば、洋面は皆な員弁の游巡有り。(49)

(六)洋船の出入、沿海の武職大員に責成して副参等の官に遴委し、厳しく海口を巡り、扒龍・快蟹を訪拿し、夷船を盤査せしむ。如し鴉片煙を夾帯する者有れば、立即に外洋に駆逐し、入口を准さず。(50)

(七)首めは力めて来源を絶つに在り。〔……〕飭して零丁洋の中に於て、夷船の停泊を禁止す。其の扒龍・快蟹等の船は、尽く査拿を行ない、以て偸運を杜ぐ。(51)

(八)応に請うらくは、首めに海口の禁を厳しくして以て其の源を杜ぎ、次は興販及び開館の罪名を加えて以て其の流れを遏め、再に吸食の人を懲らして以て其の沈迷を警すべし。(52)

(九)今、鴉片を以てして論ずるに、若し外洋自り販せざれば、各省、何に従りてか吸食せん。〔……〕外夷と交渉する所の者は、粤東の囤販のみ。其の煙土を取り、以て各省に転售し、其の紋銀を出だし、以て外洋に偸漏す。此れ鴉片の来源なれば、厥の罪は魁首為り。〔……〕（中略）扼要の策は、当に厳しく囤販を拿え、重法もて懲辦し、以て根株を絶つべきに似たり。(53)

(一〇)方今、鴉片の患は、海口で透漏し、奸商が接引するに在り。来たる者日び多く、食する者日び衆し。当に先ず其の出入の路を杜ぎ、販する者をして托足するに従し無からしむべくんば、則ち食する者は禁ぜずして自ら絶つに似たり(54)。

（一三）天下の鴉片有るは、皆な広東自り来るなり。夷人と交通する者有り、之を窯口と謂い、多く勢豪・巨棍に属す。其の重資を出だし、成総に包售し、以て各路に分銷す。其の交易は多く伶仃等処の洋面に在り、快蟹等項の匪艇、代わりて搬運を為すこと有り。〔……〕竊かに謂うに、情を準りて罪を定めれば、厳治は当に広東の私かに外夷と通ずる者自り始むべし(55)。

（一四）吸食の人、仍お尽くは絶つ能わざるは、則ち其の故は煙館に在らず、亦た興販にも在らずして実は広東の窯口に在り。〔……〕之に加えて外、夷人と通じ、内、国用を耗らせば、即ち私かに煙館を開くの絞候の例の上に従い、加えるに絞立決を以てするも、亦た法、情より重きに至らざれば、之を専ら吸食者に厳しくするに核べて、尤も要領を得るに似たり(56)。

（一五）査するに、鴉片の来路は、必ず海口に由る。夷船一たび到れば、例として応に官由り船を按じて査験し、内地の商人が先に接買を行なうを准さず、並えて進口せる漁船、貨物を装載するを准さず、以て夾帯・影混するを杜ぐべし。〔……〕此くの如く力めて禁塞を為せば、内地の商民をして既に煙を運びて進口する能わざらしむ。又た豈に能く銀を運びて出洋せん(57)。

（一六）若し禁煙を以てして論ずれば、計は惟だ本例に就いて厳を加えるのみ、而して煙を運びて入口し、銀を運びて出洋する者は、実に首悪為れば、罪は赦さざるに在り(58)。

（一七）此の外、竟に殷実なる巨奸有り、毎に重貲を用て人を雇いて出洋せしめ、夷船と勾結して大夥に販売し、并びに受雇されて包運する者有り。此れ誠に鴉片の首禍にして、亦た即ち耗財の病根なるも、定例、未だ備わざる所有り。今、重く吸食の人を治めんと欲すれば、応に厳しく科条を定めるに、先ず大夥に販売するの罪を治め、以て其の余に及ぶべきに似たり。[59]

（一八）閩浙の煙土の来路の如きは、多く広東に由る。〔……〕庶わくは漸く陸路の煙土を興販するを絶たんことを。〔……〕庶わくは水路の私かに煙土を販するを杜ぐ可きを。[60]

（一九）如し果たして地方官、実力に奉行し、法を設けて査禁し、務めて来源尽く遏まるを期せば、流弊日び除かれん。〔……〕之を久しくすれば禁ずるを待たずして自ら絶え、外夷の煙は闌入するを致さず、内地の銀も亦た消耗するを致さざらん。[61]

（二〇）斯れ民の嗜欲は深しと雖も、設し窯口の販煙・入口するに非ざれば、何に従りてか之を購いて之を食さん。〔……〕若し積年、窯口を開設し、或るいは日久しく本を合わせて朋開し、外夷と勾結して出洋・販運すること多次なるに係れば、即ち匪党・渠魁に属す。煙数の多寡を論ずる無く、均しく当に擬するに絞決を以てし、仍お財産を将て査抄して入官せしめ、以て国憲を彰らかにして人心を快くすべし。[62]

（二一）査するに奸匪、窯口を設立し、鴉片を販運するは、都て沿海の海口に在り。〔……〕其の流れを旁潰の余に遏めるは、其の源を濫觴の地に絶つに若かざるなり。[63]

以上の検討結果を整理すると、まず、具申上奏した地方大官二十九名中、「アヘン吸飲者死刑」論の賛成者は八名と少数であった。この点は従来の研究でも既に指摘されていたが、次の点はこれまで指摘されてはいない。すなわち、黄爵滋の「アヘン吸飲者死刑」論に無条件に賛成したのは⑥の栗毓美ひとりであり、彼は死刑論の実施に際して「保甲」制を活用すべきことを述べてはいるが、それ以外の提案はしていない。しかし、彼以外の七名は「外禁」の同時強化や、アヘンの「興販」、つまり販売も死刑にすることも提案している。そして、八名中、四名（③、④、⑥、⑧。なお、⑤も含めてよいとすれば五名となる）が「外禁」の同時強化を主張していたことに注意を促しておきたい。

次に、「アヘン吸飲者死刑」論の反対者は二十一名と多数であった。この点も従来から指摘されていたが、そのうち十九名が同時に「外禁」優先を主張していたことはこれまで特には注目されてこなかった。しかも、反対者中の十九名だけでなく、前述のように賛成者中の四名も「外禁」の同時強化を提案していたことを考慮すれば、全二十九名中、二十三名が「外禁」政策を優先・重視していたことになる。

このように整理すると、黄爵滋の上奏に始まる今回の「アヘン論議」が「厳禁」論と「弛禁」論の論争でなく、「アヘン吸飲者死刑」論の是非をめぐる論争であったことはもちろんのこと、その論争を通じて対立していたのは、結局、「内禁」論と「外禁」論だったと見ることができる。そして、その論争において圧倒的多数は当時、清朝政府が採っていた「外禁」優先を支持していたのである。

おわりに

道光十八年閏四月十日、鴻臚寺卿の黄爵滋は上奏して、なによりも経済・財政問題であるアヘン問題の解決策として「アヘン吸飲者死刑」論を提議した。従来から「厳禁」論と呼ばれてきた黄爵滋のアヘン対策論は、「アヘン吸飲者死刑」論という「内禁」論だったのである。

黄爵滋の「アヘン吸飲者死刑」論の下敷きになったと言われるものに、カントン知識人温訓の「弭害続議」がある。この「弭害続議」は、許乃済の「弛禁」論の下敷きになったカントン知識人呉蘭修の「弭害」を批判したものであるが、「内禁」論である、つまり「外禁」論でないという意味では、「カントン・アヘン」論に属するとみなすことができる。

しかし、温訓の意図はさておき、これを取り上げて上奏した黄爵滋にはまた違った狙いがあったと考えられる。黄爵滋が問題視したアヘン吸飲者とは、アヘン吸飲者一般ではなく、官僚層の吸飲者であった。黄爵滋ら経世官僚・思想家は動揺しつつあった清朝の支配体制を再建するためには、まず、諸改革を阻んでいる官僚層の腐敗を排除しなければならないと考えていた。そして、官僚層を主たる対象とする「アヘン吸飲者死刑」論はかかる官僚層の腐敗を排除するための突破口と位置づけられたのである。

黄爵滋の上奏を受けて道光帝は「アヘン吸飲者死刑」論に対する意見具申を地方大官に命じた。こうして、所謂るアヘン戦争直前の「アヘン論議」が開始されるが、従来の諸研究では、黄爵滋のこの上奏を「厳禁」上奏と呼んで、二年前の許乃済の「弛禁」上奏と対立するものとして理解するという誤りを犯してきた。「弛禁」論は既に葬り去られており、黄爵滋の上奏が特に「弛禁」論だけを意識した「厳禁」上奏であるとみなすのは適当でない。

また関連して、従来、黄爵滋に反対した地方大官を「弛禁」論者のように理解する研究もあったが、これも明らかな誤解である。「アヘン論議」の争点は「アヘン吸飲者死刑」論の是非であり、非とする者が二十一名であったのに対して、是とする者は八名と少数であった。反対した地方大官はあくまでも禁止の手段としての「アヘン吸飲者死刑」論に反対したのであって、上奏を見るかぎり二十九名全員が「厳禁」論者である。

さらに、この論議を筆者の視点、つまりアヘン禁止政策を「外禁」と「内禁」に区別する視点から考察すると、

「アヘン吸飲者死刑」論は言うまでもなく「内禁」論であり、反対者のほとんどが「外禁」優先の立場から反対していたことがわかる。しかも、賛成者のなかにも「外禁」強化を同時に提唱するものが少なくなかったのである。

要するに、今回の「アヘン論議」を通じて結局、対立していたのは「内禁」論と「外禁」論であり、圧倒的多数は当時、清朝が採っていた「外禁」優先を支持していたのである。

注

（1）本章において、この黄爵滋上奏の引用は、『黄爵滋奏疏』巻八（『黄爵滋奏疏・許乃済奏議合刊』中華書局、一九五九年、六九―七二頁）所収のものによる。なお、この上奏は中国第一歴史檔案館編『鴉片戦争檔案史料』第一冊、天津古籍出版社、一九九二年（以下、『史料』と略記）、二五四―二五七頁にも収録されている。

（2）蕭致治主編『鴉片戦争与林則徐研究備覧』湖北人民出版社、一九九五年、八三―八九頁を参照。

（3）以下、この上奏の引用は、前掲『黄爵滋奏疏』巻五、四三―四九頁所収のものによる。

（4）来新夏『林則徐年譜新編』南開大学出版社、一九九七年、二二八頁。

（5）田中正美「危機意識・民族主義思想の展開――アヘン戦争直前における」野沢豊他編『講座中国近現代史』一、東京大学出版会、一九七八年、七七―八〇頁。村尾進「カントン学海堂の知識人とアヘン弛禁論、厳禁論」『東洋史研究』第四四巻第三号、一九八五年、一〇七―一〇九頁。なお、黄細嘉「《請厳塞漏卮以培国本》作者異説考辨」『清史研究』一九九八年第四期、を参照。

（6）村尾前掲論文、一〇八頁。

（7）同右、一〇九頁。

（8）同右、一〇七―一〇九頁。

（9）『史料』、二七〇頁。
（10）本書第五章第一節で述べたように、呉蘭修の「弭害」と同様に、温訓の「弭害続議」も、広東郷試の正考官として道光十二年夏にカントンを訪れた程恩沢の意見を求めるために作成されたと推測される。許乃済の「弛禁」論の下敷きになった呉蘭修の「弭害」が「カントン・アヘン」論であることは言うまでもないが、それを批判した温訓の「弭害続議」も本章で指摘したように「内禁」であるという点では、「カントン・アヘン」論とみなすことができる。村尾前掲論文、一一二―一一三頁を参照。なお、道光十二年以降のカントンにおける両者の論争については、朱新鏞「論鴉片戦争時期広東士人抵抗派」『広東社会科学』一九九〇年第二期、鍾賢培他主編『広東近代文学史』広東人民出版社、一九九六年、一五二―一五三頁を参照。
また、ポラチェック氏は、温訓を含めて、カントンに「学海堂」の反対勢力が形成されており、彼らは黄爵滋、張際亮、徐宝善ら北京のグループ（ポラチェック氏のいう「春禊サークル」）と連携していたとされる。政治勢力としての彼らは、大学士の潘世恩（江蘇省呉県人、乾隆五十八年状元）を支援しており、そのために潘とライバル関係にあった阮元の影響力を弱めようとしたとされる。カントンの学海堂が阮元の指導で設立され、そこに阮元を支持するカントン知識人が結集していたことは、既に補論一や第五章で述べたとおりである。J. M. Polacheck, *The Inner Opium War*, Cambridge, Massachusetts: Harvard University Press, 1992, pp.123-124.
なお、ポラチェック氏の上記著書の研究史上における位置づけ・評価については同書の拙評（『東洋史研究』第五二巻第三号、一九九三年）を参照。
（11）『史料』、五―七頁。
（12）同右、七九―八〇頁。
（13）同右、八九頁。
（14）同右。
（15）同右、一二三―一二四頁。
（16）たとえば、同右、一九三頁。
（17）蒋廷黻編『籌辦夷務始末補遺』道光朝、北京大学出版社、一九八八年（以下、『始末補遺』と略記）、第二冊、三五五頁。

(18)『史料』、二五三―二五四頁。
(19)同右、三五八―三六一頁。
(20)同右、四一一―四一二頁。
(21)同右、四三一―四三二頁。
(22)たとえば、『史料』について、黄爵滋上奏以降の道光十八年分を見る限りでは、三四三―三四四、三八九、四一四、四一七、四二一、四三五、四四三、四五五、四六五の各頁にある。
(23)以下、黄爵滋の上奏の引用は注(1)に同じ。
(24)Polacheck, *op. cit.*, pp. 131-132. なお、王開璽「黄爵滋禁烟奏疏平議」(『近代史研究』一九九五年第一期)を参照。
(25)【河工の問題】河工とは、河川の氾濫を防止するために行なわれた河川の浚渫や堤防の強化・修復などの工事のことである。そして、歴代王朝と同様に清朝が最も頭を悩ませた河川は黄河であった。当時の黄河は現在とは違って、その下流においては河南省を東流した後、山東の山岳地帯を南に迂回して流れ、淮水と合流して江蘇省の北部で海に注いでいた。そのため、黄河の氾濫は河南、山東、江蘇の三省で発生していた。河工の宿弊は河工担当官僚の腐敗である。彼らの多くは河工を陞官発財の機会とし、工事費を着服して私腹を肥やしながら、工事が完成すると功績があったとして出世できた。

【漕運の問題】清朝は「漕糧」を徴収して大運河で輸送していたが、この漕糧は全国一律に課されたのではなく、江蘇、浙江、安徽、江西、湖北、湖南、山東、河南の八省を対象に原則として現物の米が徴収された。漕運とはこの漕糧を大運河で通倉(通州に設置された倉庫)と京倉(北京に設置された倉庫)まで輸送することである。漕運の諸問題も一言でいえば、河工と同様に官僚層の腐敗に尽きる。すなわち、漕運に関係する官僚たち(その下にいる胥吏や衙役も含めて)は漕運の各段階で自分たちの私腹を肥やすことに汲々としていたのである。その結果、そのしわ寄せは最終的には漕糧の納税戸である糧戸に転嫁されたから、漕運の問題は税制上の問題ともなっていた。

【水利の問題】江蘇省、特に長江以南の江南地方は大小の河川や運河が縦横に走る水郷地帯であり、水利行政は農業生産、水害・干害の防止、大運河の維持・管理などとも密接に関係する重要な部門であった。道光期に入ると、江蘇省、特に江南はしばしば大雨による水害に見舞われ、その救援・復興事業が行なわれた。その際、担当の官僚や胥吏・衙役が巧妙な手段を駆使して事業費を着服したり、被災地や被災民の側では被災と偽ったり、被災の程度を過大に申請したり、事業に関わった「土棍」（ごろつき）や生員らが中間搾取を行なったりするなどの弊害が見られた。

【塩政の問題】「塩課」（塩税収入）は国初には歳入総額の半分、道光期においても四分の一にあたり、清朝財政に重要な位置を占めていたが、その塩課のなかで全体の四分の一を占めたのが、江蘇省の淮北塩と淮南塩からなる両淮の塩課であった。アヘン貿易の急成長で銀が流出し、銀高銅安になって塩商の税負担を重くしたことに加えて、官僚層が塩商を搾取した結果、塩商は経営に苦しみ、塩課は減少した。

以上についての詳細は、拙著『林則徐』（〈中国歴史人物選〉第十二巻、白帝社、一九九四年）の第二章を参照されたい。なお、以下の諸研究を参照した。

安部健夫『清代史の研究』創文社、一九七一年。鈴木中正『清朝中期史研究』愛知大学国際問題研究所、一九五二年。星斌夫『明清時代交通史の研究』山川出版社、一九七一年。佐伯富『清代鹽政の研究』東洋史研究会、一九五六年。同『中国塩政史の研究』法律文化社、一九八七年。大谷敏夫『清代政治思想史研究』汲古書院、一九九一年。同『清代政治思想と阿片戦争』同朋舎出版、一九九五年。森田明『清代水利社会史研究』国書刊行会、一九九〇年。来前掲書。林崇墉『林則徐伝』（普及本）、台湾商務印書館、一九七六年。楊国楨『林則徐伝』（増訂本）、人民出版社、一九九五年。林慶元『林則徐評伝』河南教育出版社、一九九〇年。魏秀梅『陶澍在江南』中央研究院近代史研究所、一九八五年。喩松青他主編『清代全史』第六巻、遼寧人民出版社、一九九一年。

(26)『史料』、二五八頁。

(27)(2)と同じ。

(28)同右。呉義雄「関于一八三八年禁烟争論的再検討」『福建論壇』（文史哲版）一九八五年第六期。朱金甫・酈永慶「第一次鴉片戦争期間禁烟問題新探」『人民日報』一九八六年一月六日。酈永慶「有関禁烟運動的幾点新知識——従檔案記載看鴉片戦争期間的禁烟運動」『歴史檔案』一九八六年第三期。林敦奎・孔祥吉「鴉片戦争前期統治階級内部闘争探析」『近代史研究』一九八六年第三期。蕭致治「論一八三八—一八四〇年的反鴉片闘争」『武漢大学学報（社会科学版）』一九九〇年第三期（同『鴉片戦争与近代中国』湖北教育出版社、一九九九年に再録）。張玉芬「鴉片戦争前清政府禁烟述評」『遼寧師範大学学報』（社会科学版）一九九〇年第四期、を参照。
(29)『史料』、二六九頁。
(30)同右、二七二、二八七、三一〇、三三五の各頁。
(31)同右、三一二―三一六頁。
(32)同右、二八七、三三四―三三五、三九五の各頁。
(33)同右、三一八、三三一頁。
(34)同右、二七八頁。
(35)同右、二九四頁。
(36)『籌辦夷務始末』道光朝、巻五。
(37)『史料』、二六三頁。
(38)同右、三三四頁。
(39)同右、二八一頁。
(40)同右、二六〇頁。
(41)同右、二六四頁。
(42)同右、二九三頁。
(43)同右、三〇一頁。
(44)同右、三一二頁。
(45)同右、二六一頁。
(46)同右、二六四頁。
(47)同右、二六七頁。
(48)同右、二七九頁。
(49)同右、二八一頁。

(50) 同右、二八四頁。
(51) 同右、二八九頁。
(52) 同右、二九一頁。
(53) 同右、二九三頁。
(54) 同右、二九七頁。
(55) 同右、三〇四頁。
(56) 同右、三一二―三一三頁。
(57) 同右、三一六頁。
(58) 同右、三一八頁。
(59) 『籌辦夷務始末』道光朝、巻四。
(60) 『史料』、三三六頁。
(61) 同右、三三九頁。
(62) 『籌辦夷務始末』道光朝、巻五。
(63) 『史料』、三八三頁。

終章　「外禁」政策の断行

第一節　「アヘン吸飲者死刑」論に対する林則徐の賛成上奏

林則徐（乾隆五十年～道光三十年）は福建省侯官の人、字、元撫（のちに少穆、石麟）、嘉慶十六年の進士。翰林院編修、江南道監察御史、杭嘉湖道を経て、道光二年からほぼ一貫して江蘇省の地方官僚を歴任した。(1)特に道光十二年から十七年に湖広総督に昇進するまでの約五年間、江蘇巡撫の任にあった林則徐は、前述したように、経世官僚として両江総督陶澍とともに「河工」「漕運」「水利」「塩政」などにかかわる江蘇省の行財政改革に積極的に取り組んだ。(2)

そして、林則徐を始めとする江蘇省の経世官僚・思想家は北京の経世官僚・思想家と交流していた。たとえば、陶澍の幕友で林則徐の友人でもある魏源（湖南省邵陽の人、道光二十五年の進士）は上京した際には黄爵滋らと交遊している。(3)また、黄爵滋の「アヘン吸飲者死刑」上奏の作成にかかわった可能性がある人物のひとりとして既に名前が挙がった張際亮（福建省建寧の人）は林則徐と同郷の友人であり、程恩沢（安徽省歙県の人、嘉慶十六年の進士）も林則徐の同年の友人であった。(4)

道光十年、父の喪が明けて上京した則徐は、黄爵滋、龔自珍と会っている。(5)湖広総督を拝命することになる道光十七年正月の上京に際して、(6)則徐が北京で誰と会ったかはわからない。しかし、既に見たように、当時は道光十六年四月に許乃済によって提議された「弛禁」論が一連の反対上奏によって葬り去られた直後でもあり、アヘン問題の解決策をめぐって道光帝から則徐に下問があったり、則徐と北京の経世官僚・思想家との間で話し合いがなされたりしたことは当然、予想される。

こうして前章で述べたように、湖広総督に在職中の道光十八年閏四月十日に北京における経世官僚・思想家の中心的人物である黄爵滋が「アヘン吸飲者死刑」論を上奏し、道光帝はそれに対する意見具申を各地方大官に命じたのである。

これに対して林則徐の対応は極めて早かった。というのも、当時、彼の長男汝舟は会試受験のため北京に滞在しており（なお、汝舟はこの試験に合格して進士となる）、閏四月十日に提出された黄爵滋の「アヘン吸飲者死刑」上奏とそれに対する上諭の内容を、則徐は汝舟からの手紙で同月二十七日には知ったと思われる。[7]

意見具申を命じた上諭を林則徐は正式には五月二日に受け取ったが、既に提出すべき答申の内容を十分に検討していた則徐は、五月四日に奏稿を起草し始め、七日には賛成上奏を発送している。[8] その一週間後の十四日には、北京から漢口にやってきた張際亮と会っている。[9]

出典：『清代學者象傳合集』 p.353

林則徐（1785—1850）像

以上のように、北京と地方を代表する経世官僚・思想家の連携のもと、「アヘン吸飲者死刑」論が主として官僚層の腐敗を排除するという内政上の動機から上奏され、賛成されたことは既に前章で述べたところである。

次に、五月十九日に受理された林則徐の賛成上奏[10]の内容を詳しく見ることにしたい。上奏で彼はまず、これまで「アヘン吸飲者死刑」論が公然と提議されなかった理由を二つ挙げている。第一の理由として、「若し径ちに死罪に坐せしむれば、是れ十悪と区別する所無く、即ち五刑に於て、未だ協中せざるを恐る」と云い、アヘン吸飲者を死刑にすると、他の極悪犯罪との区別がなくなり、また、「五刑」（笞刑、杖刑、徒刑、流刑、死刑）の刑罰体系においても均衡を欠くことになるという、法律論的な理由である。

第二の理由として、「犯す者太だ多ければ、勝げて誅す可からざるの勢い有り。若し刑を議すこと重きに過ぎれば、則ち法を弄びて奸を滋くし、恐るらくは訐告・誣報・賄縦・索詐の風、因りて愈よ熾んならん」と云い、大量の吸飲者を死刑にすることは現実的に不可能であり、また、刑罰を厳しくしすぎると、かえって無実の者を罪に陥れたり、官僚が賄賂を取って見逃したりする弊害がより悪化するという、現実論的な理由である。

法律論的な理由に対して彼は、アヘン問題のような重大な問題は法律の観点からではなく、国家統治という高い観点から対策を考えるべきであり、「常薬は既に以て病いに勝つに足らざれば、則ち攻破の峻剤も亦た時有りて用いざる能わざるなり」と云い、重病患者には副作用を覚悟してきつい薬を投与しなければならないように、アヘン問題の解決にも厳法で臨まなければならないと言う。

その際、アヘン吸飲を止めさせるには、アヘン吸飲を禁止する「法」を犯すような「心」を「革」めさすことが必要であり、そのためにはそうした「心」を脅かす「法」、つまり死刑を設けざるをえないと主張する。

次に現実論的な理由に対しては黄爵滋と同様に、一年間の猶予（矯正）期間の設定に言及して反論している。すなわち、一年間の猶予期間をアヘン吸飲者にとっての「転移の機」（改心の機会）にさせて吸飲者数を減らすことが重要であり、そのためにも、一年後には吸飲者を死刑にするという厳しい法律が必要であると主張する。

このように「アヘン吸飲者死刑」論に賛成した上で、彼は死刑論実施に伴う細則六カ条（「章程六条」）を提案する。その内容を簡単に紹介すると、第一条では、アヘン吸飲用のキセル（「煙具」）の没収について述べられている。第二条では、一年間の猶予期間をさらに三カ月ごとの四期に分け、各期間内における自首者に対する取り扱いなどを提案している。第三条では、吸飲者死刑に伴って、アヘン窟経営、アヘン販売、吸飲用キセル製造などに対する刑罰をこれまでよりも厳しくすることが提案されている。前章でも触れたように、特にアヘン販売（「興販」）については、「若し限を逾えて発覚すれば、亦た応に死を論ずべし」とあり、（三カ月の）猶予期間をこえて検挙された場合は死刑とすることが提案されている。

ついで第四条では、文武の官僚などの吸飲に関して、その上司の「失察」に対する「處分」の仕方を提案している。第五条では、農村部においては「地保」「牌頭」ら村落自治組織の指導者に取り締まりの責任を負わせることが提案されている。そして、第六条では、アヘン吸飲の被疑者に対する「熬審」という取り調べ方法が具体的に提案されている。

なお、この上奏の最後で則徐は、アヘン吸飲の習慣を断つ上で有効な漢方薬の処方箋（「戒煙方」）をいくつか挙げて詳しく説明している。

第二節　欽差大臣林則徐のカントン派遣

黄爵滋の「アヘン吸飲者死刑」論に対する地方大官からの意見具申がほぼ出そろった道光十八年九月、道光帝はアヘン対策の強化を決意し、まず六日に内閣大学士らに禁煙章程の検討・作成を命じ(11)、また八日にアヘンを吸飲していた荘親王ら皇族の爵位を奪って処罰した。[12] ついで十一日、先に「弛禁」上奏を行なった許乃済を降級処分した上で離職させた。[13] そして、二十三日、湖広総督林則徐に入京・謁見が命ぜられたが、[14] その結果、彼は欽差大臣（特命全権大臣）に任命され、アヘン問題の解決のためにカントンに派遣されることになるのである。

そうした事態の進展に関して、次にいくつかの疑問について検討することにしよう。まず第一の疑問は、なぜ林則徐が欽差大臣に起用されたのかということである。

前章で明らかにしたように、「アヘン吸飲者死刑」論に賛成した地方大官は、二十九名中、八名と少数であり、林則徐はその少数派の一人であった。では、少数派に属する林則徐の起用は、道光帝があえて少数派である「アヘン吸飲者死刑」論の方に軍配を挙げたことを意味するのか。後述するように、道光帝の対応から判断すると、そうではないと考えられる。私見によれば、林則徐の起用は、「アヘン吸飲者死刑」論に対する賛成・反対に関係なく、アヘン問題に対する林則徐の取り組み姿勢、結局は林則徐に対する道光帝の信頼によって決定された。

さて、従来から林則徐に対する道光帝の信頼は厚かったが、[15] 彼の賛成上奏を読んだ道光帝は林則徐がアヘン問題に真面目に取り組んでいることを確信したに違いない。というのも、彼は上奏でアヘン問題の実態について極めて具体的に説明しており、そのことがアヘン問題に対する彼の真摯な姿勢を伝えていた。

たとえば、賛成上奏[16]で提案された六カ条の施行細則の第一条は吸飲用キセルの没収に関するものだが、かれは次のように吸飲用キセルについて実に事細かに解説している。

査するに、吸煙の竹杆、之を槍と謂う。其の槍頭の煙を装して点火するの具、又た細泥を須ちいて焼成し、名づけて煙斗と曰う。凡そ新槍・新斗は、皆な口に適わず、且つ過癮し難ければ、其の素より習用する所の具を必す。煙油、其の中に漬たる者有り、愈よ久しければ愈よ之を宝とし、骨肉と雖も軽がるしくは相い譲らず。

また、第三条でも吸飲用キセルの製造について次のように詳しく述べている。

煙具を製造するの人に至りては、近日、愈よ夥し。煙槍の如きは固より多く竹を用い、亦た間ま木を削りて之を為ること有り、大抵、皆な煙袋鋪の製する所なり。其の槍頭は則ち裹つむに金・銀・銅・錫を以てし、槍口も亦た飾るに金・玉・角・牙を以てす。閩粤の間、又た一種の甘蔗槍有り、漆して之を飾り、尤も若輩の重んずる所と為る。其の煙斗の広東自り来たる者は、洋磁を以て上と為し、内地に在りて製する者は、宜興を以て高と為す。其の屢ば焼いて裂け易きを恐れるや、則ち亦た包むに銀・錫を以てし、而して発藍点翠し、各の其の工を極む。其の屢ば吸いて塞ぎ易きを恐れるや、則ち又た通ずるに鉄条を以てし、而して矛・戟・錐・刀、其の状、一つならず。手芸の人、其の售り易きを喜び、奇技・淫巧、競いて相い伝習す。例に照らして懲辦すと雖も、而れども製造すること故の如し。

このように、林則徐の賛成上奏はアヘン吸飲の実態を具体的に踏まえた内容となっている点において二十九名の上奏中、出色のものであり、当然ながら道光帝に注目されたことと思われる。

さらに林則徐は、ただちに管轄下の湖北・湖南両省においてアヘンの取り締まりに乗り出し、わずか一カ月の間に一万二千余両のアヘンと吸飲用キセル千二百余本を没収するという実績を挙げた(17)。こうしたアヘン問題に対する彼の真面目で積極的な姿勢も道光帝の眼に止まったに違いない。

そして、彼は道光十八年八月に再び「アヘン吸飲者死刑」論に賛成する上奏[18]を行なったが、林則徐の起用を最終的に道光帝に決断させたと考えられるこの上奏は次のように締めくくられていた。

鴉片が未だ盛行せざるの時に当たりては、吸食する者、害は其の身に及ぶに過ぎず、故に杖・徒は已に辜を蔽うに足る。毒を天下に流すに迨べば、則ち害を為すこと甚だ巨きく、法は当に厳に従るべし。若し猶お泄泄として之を視れば、是れ数十年後の中原をして、幾んど以て敵を禦す可きの兵無く、且つ以て餉に充つ可きの銀無からしめん。思いを興して此に及べば、能く股慄する無からん。

このように林則徐は述べて、アヘン問題をこのまま放置したならば、将来、中国には敵を防ぐ兵隊も、軍事費に当てる銀もなくなってしまうであろうと強く警鐘を鳴らし、アヘン吸飲を重く処罰することを改めて要請したのである。

以上のように、林則徐がアヘン問題に対して真面目に、かつ積極的に取り組んでいる姿勢に道光帝は注目して彼の起用を決断したのであって、彼が「アヘン吸飲者死刑」論に賛成したことは、彼の欽差大臣起用と直接の関係はなかったと考えられる。

ところで、入京・謁見を命ぜられた林則徐は十一月十日に北京に到着したが、翌十一日から十八日まで合計八回にわたって道光帝に謁見した[19]。その間、十五日に実施された五回目の謁見に際して、道光帝は上諭[20]を発し、

湖広総督兼兵部尚書銜林則徐、著して欽差大臣の関防を頒給し、馳駅して広東に前往し、海口事件を査辦せしむ。所有る該省の水師、兼ねて節制に帰せ。

と云い、林則徐は欽差大臣に任命され、カントンに赴いて海港事件を調査・処理すること、広東省の水師（海軍）は彼の統制下に入ることが命ぜられたのである。

道光十八年十一月十八日に道光帝への最後の拝謁を終えた欽差大臣林則徐は、同月二十三日に北京を発ち、翌十九年正月二十五日にカントンに到着した。(21) 早速、彼は両広総督鄧廷楨、広東巡撫怡良と連携しながらアヘン禁止活動を開始した。

まず、「内禁」、つまり国内的なアヘン関連諸行為の禁止としては、着任まもない二月初めに一連の告諭を出している。広東省の民間人に対してはアヘンの吸飲を速やかに断ち、アヘンと吸飲用のキセルを提出するよう諭し、府州県学の教官に対しては生員の吸飲の有無を厳しく調査することを命じ、兵士に対しては吸飲の取り締まり規則を発布し、農村部に対しては「保甲」制を活用する吸飲の取り締まりを命じた。(22) また、「禁煙章程」十条を発布し、(23) 大仏寺に「収繳煙土・煙槍総局」を設置してアヘンとアヘン吸飲用キセルの没収事務を統括させた。(24)

こうした「内禁」実施の結果、着任後、わずか二カ月の間に広州地区において違反者千六百人を検挙し、アヘン四十六万余両（約二九〇箱分）・アヘン吸飲用キセル四万二千余本を没収するという成果を挙げたのである。(25)

次に「外禁」、つまりアヘン密輸の取り締まりであるが、後述するように、そもそも道光帝が欽差大臣をカントンに派遣した意図は「外禁」の断行にあった。したがって、当然のことながら、林則徐は「内禁」と同時に「外禁」にも積極的に取り組むことになる。

彼は道光十九年二月四日に「外禁」に関わる二件の告諭を発した。一件の告諭は外国商人に対する二つの要求に関するもので、第一に、洋上の「躉船」に貯蔵しているアヘンを三日以内にすべて提出することが要求されていた。第二に、今後永久にアヘンを中国に持ち込まないこと、もし持ち込みが判明したら、アヘンは没収され、違反者は死刑にされても異存はないという誓約書を提出することが要求されていた(26)。

他の一件の告諭は行商に対するもので、以上の外国商人に対する告諭を外国商人に伝えて順守させることを命じたものである。その際、外国商人に順守させられないときには、伍紹栄ら指導的立場にいる行商の処刑と財産没収を上奏するつもりであると林則徐は行商に圧力をかけた(27)。

こうして、カントンにおいて欽差大臣林則徐による「外禁」活動は開始されたのだが、ここにもうひとつの疑問が生まれる。すなわち、既に見てきたように、そもそも林則徐は黄爵滋によって提案された「アヘン吸飲者死刑」論という「内禁」論に賛成したのである。しかし、林則徐も前掲の行商に対する告諭のなかで、「現在に至りては先ず、鴉片を断絶するを以て首務と為す(28)」と述べているように、欽差大臣としてカントンに派遣されて行なったことは、主として「外禁」、つまりアヘン密輸の取り締まりであった。このことはどのように理解したらよいのだろうか。

その謎を解く鍵は道光帝の意向にあったと推測される。八回に及んだ謁見の際に道光帝と林則徐の間でどのような話しが交わされたかについては、残念ながら史料が残っていない。しかし、謁見後に則徐が友人にあてて書いたいくつかの書簡の内容から、ある程度推測することはできる。たとえば、同郷（福建省閩県）の先輩で姻戚関係にもあった葉申薌（号、小庚、嘉慶十四年の進士、当時は河陝汝道）に宛てた書簡(29)（道光二十年十一月二十九日付）に、

侍、戊冬、京に在りて命を被る。原より此の役は乃ち湯火を蹈むを知る。而して固辞するも獲ず。只だ貿然として来たるを得るのみ。早に已に禍福・栄辱を度外に置く。惟の時、聖意は亟やかに鴆毒を除き、務めて

力めて来源を杜がしめんとす。所謂る来源なる者は、固より暎咭唎より甚だしきは莫きなり。

とあり、どうやら道光帝は始めから林則徐にアヘンの「来源を杜がしめん」としていた、つまり「外禁」を行なわせるつもりであったらしい。

もともと「アヘン吸飲者死刑」論という「内禁」論に賛成した則徐にとっては、こうした道光帝の意向は予想外であったに違いない。上掲の書簡にもあるように、彼は再三、欽差大臣の拝命を「固辞」した。

アヘン貿易を禁絶しようとすれば、イギリス（暎咭唎）との間に紛争が生じ、武力衝突にエスカレートするかも知れない。そういう見方は当時かなり有力であった。しかも、彼は道光十八年十一月に入京する直前に保定の近くで直隷総督の琦善に会ったが、そのとき、琦善からも「辺釁を啓く無かれ」との警告を受けたばかりである(30)。しかし、道光帝はそうした危険性をある程度は承知の上で「外禁」断行の決意を固めていたようである。

前掲の書簡は続けて、

侍思うに、一たび措手を経れば、議論する者、即ち辺釁を以て之を阻ばむと。嘗て此の情を将て重畳に面陳するも、諭を奉じたるに断じて遥制せしめずとあり(31)。

とあり、謁見に際して林則徐は、辺境において武力衝突が発生する危険性を理由とする「外禁」断行への妨害が予想されるとの懸念を繰り返し表明したが、道光帝は遠くから口を挟んで邪魔させることは決してないと保証したというのである。

ここで想起すべきことは、清朝がほぼ一貫して「外禁」政策を優先させてきたことである。その理由がカントンン体制という外国貿易管理体制にあったことも既述のとおりである。欧米諸国船の来航をカントン一港に限定し、そこでの貿易を官僚制と行商（保商）制の二本柱でヒトとモノの両面から管理しようとした清朝は、当然ながらカントンから流入するアヘンというモノを管理＝禁止する「外禁」政策を採った。

こうして清朝のアヘン禁止政策は嘉慶四年の「外禁」政策で始まり、同十八年から「内禁」政策が併用されてからも「外禁」政策が優先された。道光十年から約一年間、両広総督の「外禁」困難・「内禁」優先論が受け入れられて一時的に「内禁」政策が優先されたこともあったが、それもすぐに「外禁」優先に回帰した。道光十六年の許乃済による「弛禁」論が葬り去られた後も、清朝は従来どおり「外禁」政策を優先させていた。

そして、前章で考察したように、道光十八年に黄爵滋が提出した「アヘン吸飲者死刑」上奏をめぐって行なわれた地方大官による論議に際して、二十九名の地方大官のうち、「アヘン吸飲者死刑」論という「内禁」論に賛成したのは、わずか八名にすぎなかった。残りの二十一名は反対者で、そのうち十九名は「外禁」優先を主張していた。しかも、賛成者のうち四名も「外禁」の同時強化を主張していたのである。

このように、黄爵滋の「アヘン吸飲者死刑」上奏を契機として始められた論議において、地方大官の圧倒的多数は当時、清朝が採っていた「外禁」優先の政策を支持していた。そうした論議の状況を踏まえて道光帝は、一方では賛成が少なかった「アヘン吸飲者死刑」論を若干修正して採用するなど、「内禁」政策の強化[32]も同時に図りながら、アヘン政策全体における「外禁」優先というこれまでの基本方針を変更することはなかったのである。

そこで道光帝は、アヘン吸飲者死刑を含む強化された「内禁」政策が実施に移される前に、優先すべき「外禁」政策を断行しようとした。ただ、「外禁」断行をカントン官僚に期待することはもはや道光帝にはできなかった。というのも、カントン官僚は当初、自己保身のために「外禁」を唱えるだけで積極的に対応しようとせず、保商制を口実として「外禁」政策の最終的責任を行商（保商）に転嫁した。ついで、一方で外国貿易断絶論に反論しながら、他方ではアヘン取引の所謂る零丁洋時期が到来して「外禁」政策の責任を行商に転嫁できなくなると、「外禁」困難・「内禁」優先論を唱えてカントン官僚が負うべき責任をできるかぎり軽減しようと努めた。そして、道光十六年にはついに「弛禁」論を唱えてアヘン貿易の合法化さえ公然と提案・賛成したのである。

このようにアヘン問題の解決において、欧米諸国に開かれた唯一の貿易港カントンの利益を第一に置くアヘン対策論、つまり「カントン・アヘン」論を提唱しつづけてきた両広総督を始めとするカントン官僚には、もはや「外禁」政策の断行を期待できないと道光帝は最終的に判断した。

その結果、彼が到達した結論は、「外禁」政策の断行のために皇帝の名代として欽差大臣を派遣することであった。そして、その欽差大臣の候補者として道光帝は林則徐に白羽の矢を立てたのである。

既に述べたように、道光帝が林則徐を起用したのは、彼が「アヘン吸飲者死刑」論に賛成したからでは必ずしもない。あくまでも道光帝は優先すべき「外禁」政策を断行するつもりであり、その遂行者として、従来から信頼を寄せ、しかもアヘン問題の解決に真面目に、かつ積極的に取り組んでいる林則徐を起用しようとしたのである。

したがって、道光帝は則徐の辞退を許さず、辺境での紛争発生を懸念するものたちに口を挟ませるようなことはないとまで彼に保証した。こうして、もはや固辞することができないと観念した林則徐は、カントンにおいてアヘン問題を解決するという欽差大臣の任務を果たした暁には、江蘇省における未完の改革を推進するために両江総督に任命されることをおそらく期待して、欽差大臣を拝命した(33)。

本書の冒頭で述べたように、カントンに派遣された欽差大臣林則徐は、道光帝の期待を裏切ることなく「外禁」政策を断行し、外国のアヘン商人から二万余箱という大量のアヘンを没収して化学的に焼却処分した。繰り返し言及したように、「外禁」政策はカントン体制から必然的に導き出されるものである。その意味で、「外禁」政策の断行は清朝中枢部によるカントン体制護持の表明でもあった。また、本書の序章で説明したように、アヘン貿易を禁止しようとする「外禁」政策は本来的に、貿易の一方の当事者である外国（人）と関係を持ち、ひいては外交問題・武力衝突に発展する可能性を潜めた禁止政策である。

果たせるかな、欽差大臣林則徐が「外禁」政策を断行すると、イギリスとの関係は緊張の度を増し、アヘン戦争勃発に向かって事態は急展開していったのである。

注

（1）『清史稿』巻三六九、列伝一五六。『清史列伝』巻三八。来新夏『林則徐年譜新編』（南開大学出版社、一九九七年）を参照。
（2）本書第六章の注（25）を参照。来前掲書、一七一―二四四頁。
（3）王家倹『魏源年譜』中央研究院近代史研究所、一九六七年、四七頁。黄麗鏞『魏源年譜』湖南人民出版社、一九八五年、八九頁。李柏栄『魏源師友記』岳麓書社、一九八三年、六七―六八頁。
（4）林則徐と張際亮の関係については、来前掲書、一六五頁。同じく程恩沢との関係についても、同書一六二―一六三頁を参照。
（5）来前掲書、一五一―一五二頁。
（6）同右、二四二―二四六頁。
（7）同右、二六八―二六九頁。
（8）同右。

注

（9）同右、二六九—二七〇頁。
（10）以下、林則徐のこの上奏の引用は、中国第一歴史檔案館編『鴉片戦争檔案史料』第一冊、天津古籍出版社、一九九二年（以下、『史料』と略記）二七〇—二七七頁に収録のものに拠る。
（11）『史料』、三八八頁。
（12）同右、三八九頁。
（13）同右、三九一頁。
（14）同右、三九四頁。
（15）たとえば、来前掲書、一一三、一七三、二四四—二四五頁を参照。
（16）注（10）に同じ。
（17）道光十八年八月二日の林則徐の上奏（『史料』、三五七頁）
（18）『史料』、三五八—三六一頁に所収。
（19）来前掲書、二七八頁。
（20）『史料』、四二四頁。
（21）来前掲書、二九〇頁。
（22）「暁諭粤省士商軍民人等速戒鴉片告示稿」「札各学教官厳査生員有無吸煙造冊互保」「頒発査禁営兵吸食鴉片規条稿」「札発編査保甲告示条款転発衿耆査照辦理」（『林則徐集』公牘、中華書局、一九六三年、五一—五六頁、に所収）。
（23）梁廷枏『夷氛聞記』巻一（〈清代史料筆記叢刊本〉、中華書局、一九八五年）。
（24）「会諭収繳鴉片増設紳士公局示稿」前掲『林則徐集』公牘、七七—七八頁。
（25）道光十九年五月二十五日の林則徐の上奏（『史料』、六〇八—六〇九頁）。
（26）「諭各国商人呈繳煙土稿」前掲『林則徐集』公牘、五八—六〇頁。
（27）「諭洋商責令外商呈繳煙土稿」前掲『林則徐集』公牘、五六—五八頁。
（28）同右、五八頁。

（29）楊国楨編『林則徐書簡』福建人民出版社、一九八一年、一五六頁。
（30）雷瑨輯『蓉城閒話（選録）』中国史学会主編『鴉片戦争』第一冊、神州国光社、一九五四年、三三六頁。
（31）前掲『林則徐書簡』、一五六頁。
（32）前述のように、また、本書第四章で「失察處分」との関係で既に触れたように、道光帝は道光十八年九月六日の上諭で内閣大学士らに禁煙章程の検討・作成を命じていた。その結果、翌十九年五月二日に大学士らによって「查禁鴉片煙章程三十九條」が答申され、それが同年同月五日の上諭で裁可され、ついで『欽定厳禁鴉片煙條例』として発布された。
　この『條例』は清朝のアヘン禁令史上、最も厳しい禁令であり、黄爵滋によって提議され、林則徐ら八名の賛成しか得られなかった「アヘン吸飲者死刑」論も、第一四条として『條例』に盛り込まれた。ただ、黄爵滋の原案では一年とされた執行猶予（矯正）期間が『條例』では「一年六個月」に延ばされた。なお、この『條例』は、前掲『鴉片戦争』第一冊、五五七―五八〇頁、に収められている。
（33）J. M. Polacheck, *The Inner Opium War*, Cambridge, Massachusetts : Harvard University Press, 1992, p.134. ポラチェック氏は、病気のため離任が予想されていた陶澍の後任として両江総督に任命されて、江蘇省における未完の諸改革、とりわけ漕運改革を実現したいという内政上の動機から、林則徐は欽差大臣を拝命したと主張される。確かに同氏も指摘されるように、欽差大臣を拝命することになる道光十八年十一月の謁見に際して、林則徐は「直隷水利時宜十二條」を面奏し、持論である直隷省における水田稲作構想を提案している。また、道光十九年三月九日に陶澍が病気のため辞職すると、当時、カントンで「外禁」を断行していた林則徐は後任の両江総督に任命された。その知らせは同年四月六日に林則徐のもとに届いた。彼は四月十二日の上奏のなかで、「外禁」断行という欽差大臣の使命を完了してから、道光帝に拝謁し、直接指示を受けてから赴任したいと述べている。しかし、「外禁」断行の結果、イギリスとの関係が緊迫化してアヘン戦争が勃発するという事態の急展開のもとで、林則徐は結局、両江総督に就任することはなかったのである。
　既に第六章で述べたように、筆者も「アヘン吸飲者死刑」論を提議・賛成した経世官僚・思想家の動機は、内政上の諸改革を阻んでいる官僚層の腐敗を排除することにあったと考えており、内政上の動機を重視する点においてポラチェック氏の見方に基本的に同意したい。

なお、啓蒙書ではあるが、そうした観点に立って林則徐とアヘン戦争の関係を従来の評価とかなり異なる形で素描した拙著に、『林則徐』〈中国歴史人物選〉第十二巻、白帝社、一九九四年、がある。

清代アヘン政策略史（アヘン戦争まで）

＊年月日の表記は、年については便宜上、西暦で、月日については中国の暦で行なった。

一六〇〇年　イギリス東インド会社設立。
一六四四年　清軍、北京入城（明清交替）。
一六七三年　三藩の乱（～一六八一）。
一六八四年　海禁解除（粤海関など設置）。
一六九九年　東インド会社、カントンにファクトリーを開設し、中国貿易を定期的に開始。
一七〇九年　合同東インド会社誕生。
一七二九年　清朝、初めてのアヘン禁令（アヘン販売とアヘン窟経営を禁止）。
一七五七年　清朝、ヨーロッパ船の来航をカントン一港に限定（カントン体制の成立）。
一七五九年　「防範外夷規條」制定。
一七七三年　東インド会社、ベンガル・アヘンの専売化。
一七八〇年代　ベンガル・アヘン、中国への組織的な輸送開始。
一七八五年　イギリス、減税法を実施（茶税大幅削減）。
一七九三年　イギリス、マカートニー使節団を中国へ派遣。
一七九六年　白蓮教徒の反乱（～一八〇五年）。

一七九九年　一月　嘉慶帝の親政始まる。
十月二十六日　カントンの外国貿易に関する上諭。
十一月十一日　アヘン貿易に対する禁令発布（「外禁」）。

一八〇二年　二月十五日　イギリス、マカオの占領を企図。
一八〇七年　十月二十六日　御史鄭士超の上奏（広東省におけるアヘン問題を提起）。
十一月二十一日　アヘン貿易に対する禁令を再申（「外禁」）。
十二月七日　白鉛の最大輸出量七十万斤に制限。
一八〇八年　八月二日　イギリス、マカオの占領を再企図。
一八〇九年　四月二十日　「民夷交易章程」制定（百齢）。
六月二十日　百齢、アヘン貿易に対する禁令を再申（外禁）。
一八一三年　七月十日　アヘン吸飲に対する刑罰を初めて制定（内禁）。
一八一五年　一月十日　興亮事件の報告。
二月二十一日　マカオ事件（マカオで朱梅官ら逮捕）の報告。
三月二十三日　「査禁鴉片煙章程」制定（二月、蒋攸銛の奏請）。
一八一六年　イギリス、アマースト使節団を中国へ派遣。
一八一七年　六月六日　ウォーバッシュ号事件の報告。
七月二十六日　福建茶の寧波出港禁止。
一八一八年十一月　『広東通志』の編纂開始。
一八一九年十一月十日　御史黄大名の上奏（広東省におけるアヘン問題を提起）。
一八二〇年　包世臣、外国貿易断絶論を主張。粤秀書院の修築（程含章の指導下）。李兆洛、

来粤。新疆でジハンギールの反乱（～一八二八年）。

一八二一年　このころ、程含章、「論洋害」を主張。
一八二一年　春　呉蘭修ら、希古堂を結成。
一八二〇年代　マルワ・アヘン、中国への流入量急増。
一八二二年　七月　葉恒澍事件（一八二二年三月に両広総督阮元報告）。
　　十二月　零丁洋時期の開始。
一八二二年十二月八日　御史尹佩棻、雲南省でのケシ栽培・アヘン製造を報告。
一八二三年　八月二日　『失察鴉片煙條例』を制定。
一八二四年　アヘン、インド棉花を抜き、イギリスの対中国輸出額で首位に。
一八二六年　呉蘭修、学海堂の初代学長の一人に選出される。
一八二七年　このころから、輸入超過によって中国から銀の流出始まる。
一八二九年　一月二十四日　御史章沅、アヘン貿易による銀流出に初めて上奏で警告。
　　六月一日　李鴻賓、「査禁官銀出洋及私貨入口章程」を上奏。
一八三〇年　五月十日　李鴻賓、「査禁紋銀偷漏及鴉片分銷章程」を上奏。
　　十二月十八日　ケシ栽培・アヘン製造に対する刑罰を制定（「内禁」）。
一八三一年　三月十六日　「防範夷人章程」（李鴻賓）。
　　四月十二日　道光帝長男、アヘン吸飲が原因で死亡か。
　　五月十五日　給事中劉光三、アヘン吸飲の刑罰加重を奏請（「内禁」）。
　　五月十六日　アヘン吸飲用キセルの製造・販売に対する刑罰を制定（「内禁」）。
　　五月二十四日　御史馮賛勲、「外禁」優先を奏請。
　　五月二十五日　李鴻賓への寄信上諭（「外禁」実施を厳命）。

六月十六日　アヘン吸飲の刑罰を加重、署内にアヘン吸飲者がいないという「甘結」の年末提出を命ず。

六月二十六日　省内におけるケシ栽培・アヘン製造状況調査結果の年末報告を命ず。

十二月二十四日　李鴻賓、上奏で「弛禁」論を紹介。

一八三一年春（～一八三二年六月）　呉蘭修「弭害」、温訓「弭害続議」作成。

一八三二年　三月　広東省連州「猺族」反乱。

六月　白鉛の輸出を全面禁止。

七月十一日　「弭害」に関する「呉蘭修自記」執筆。

八月一日　程恩沢、広東郷試正考官として来粤。

八月二十日　李鴻賓、革職交部治罪。

八月二十六日　御史馮賛勳、「外禁」実施を奏請。

八月二十七日　道光帝、「外禁」優先を厳命。

十月　シルフ号北上（この頃からアヘン船の北上活発化）。

一八三四年　三月十四日　東インド会社の中国貿易独占権撤廃。

五月二十二日　零丁洋でのアヘン取引実態を報告する上奏。

六月十九日　貿易監督官ネーピア、許可を得ないで「夷館」立ち入り（ネーピア事件）。

九月九日　ネーピア、マカオで病死。

九月十日　盧坤、カントン「弛禁」論を紹介。

一八三五年　一月三日　曹振鏞、死去。

一月二十八日　「防範外夷章程」（盧坤）。

二月二十五日　阮元、体仁閣大学士に任命。

六月一日　道光帝、「夷書」に警告。

十二月十七日　ケシ栽培・アヘン製造、署内アヘン吸飲に関する年末報告を停止。

一八三六年　三月二十六日　御史王玥、民間人のアヘン吸飲に対する解禁を奏請。

四月二十七日　許乃済、「弛禁」上奏。

四月二十九日　道光帝、両広総督鄧廷楨に「弛禁」論の検討を命ず。

七月二十七日　鄧廷楨、「弛禁」論に賛成する上奏（九月二日受理）。

八月九日　朱嶟、許球、「弛禁」論を批判する上奏→鄧廷楨に検討を命じる。

十月四日　御史袁玉麟、「弛禁」論を批判する上奏。

一八三七年　六月十一日　給事中黎攀鏐、「弛禁」論を批判する上奏で「外禁」優先を奏請。

一八三八年閏四月十日　黄爵滋、「アヘン吸飲者死刑」上奏→地方大官に検討を命じる。

五月二日　山西巡撫申啓賢の上奏（以後、九月二十五日の署四川総督蘇廷玉まで合計二十九名の地方大官から「アヘン吸飲者死刑」論に対する答申の上奏）。

五月十九日　湖広総督林則徐、「アヘン吸飲者死刑」論に賛成上奏。

八月　林則徐、再び「アヘン吸飲者死刑」論に賛成上奏。

九月六日　上諭、禁煙章程の強化を命ずる。

九月八日　アヘン吸飲の皇族を処罰。

九月十一日　許乃済を離職処分。

九月二十三日　林則徐に入京・謁見を命ずる。

十一月十日　林則徐、入京。

十一月十一日　林則徐、謁見（以後、十八日まで八回謁見）。

十一月十五日　林則徐、欽差大臣に任命され、アヘン問題の解決のため、カントンへ派遣される。

十一月二十三日　林則徐、カントンに向けて北京を出発。

一八三九年　一月二十五日　林則徐、カントン到着。

二月四日　林則徐、外国商人に対してアヘンと誓約書の提出を要求（「外禁」の断行）。

三月九日　林則徐、両江総督に任命される（未就任）。

四月二十二日　林則徐、没収アヘンの処分を開始（～五月十一日）。

五月二日　『欽定厳禁鴉片煙條例』の制定。

五月二十七日　林維喜殺害事件発生。

六月八日（7月18日）　『シンガポール・フリー・プレス』、イギリス商人の請願書を再録。

十二月一日　林則徐、両広総督に任命される。

一八四〇年　一月十一日　全皇后、死去。

五月二十九日　イギリス遠征軍、カントン海上封鎖を宣言（アヘン戦争勃発）。

一八四二年　七月二十三日　徳川幕府、薪水給与令。

七月二十四日　南京条約締結（アヘン戦争終結）。

十二月　魏源『海国図志』初版五十巻成稿（一八四四年に出版）。

あとがき

アヘン問題に出会ったのは、もう四半世紀以上も前のことで、レイ・オズボーン艦隊事件に関する修士論文と取り組んでいたときのことである。このレイ・オズボーン艦隊事件というのは、一八六二（同治元）年に清朝が西洋式艦隊を太平天国の反乱の鎮圧に投入しようとした計画に端を発した事件で、従来は洋務運動史上の失敗事例としか見られていなかった。修士論文では、この事件に関わった総理衙門や総税務司が果たした役割を第二次アヘン戦争後におけるイギリスの新しい中国政策との関係のなかで考察して事件の外交史上の意義を解明した。のち、この修士論文をもとに「レイ・オズボーン艦隊事件の外交史的意義について」（『東洋史研究』第三四巻第二号、一九七五年）を発表した。

ところで、この西洋式艦隊の編制に際して、当面の財源となったのが、天津条約（一八五八年）で合法化されたばかりのアヘンに課された輸入税だった。修士論文と前掲拙稿では、その事実に触れただけであったが、その後、アヘン貿易合法化の経過について考察し、「清代咸豊期のアヘン問題について――特に咸豊八（一八五八）年におけるアヘン貿易の合法化をめぐって」（『史林』第六〇巻第三号、一九七七年）を発表した。

この拙論で一八五〇年代におけるアヘン貿易合法化の過程を検討しているうちに、合法化以前、つまりアヘン貿易が禁止されていた時期について、アヘン戦争以前にまでさかのぼって調べてみる必要を感じるようになった。

そこで従来の研究史を整理したところ、序章でも述べたように、これまでの研究は「アヘン禁令の変遷」についてアヘン戦争直前を主たる対象時期として考察してきたに過ぎないことが明らかになった。こうして、清朝のアヘン政策史の全過程を、単なる「アヘン禁令の変遷」ではなく、「アヘン政策史」として解明しなければならないという問題意識に駆られて、いつの間にか、アヘン政策（問題）史研究の「中毒」となっていったのである。

その後、これも序章で述べたように、魏源『海国図志』の「鴉片を禁ずるの議に二有り。一は内禁、一は外禁なり」から示唆を得て、アヘン禁止政策を「内禁」と「外禁」に区別するという独自の視点から、清朝が本格的にアヘン問題と取り組むようになった一八世紀末（嘉慶初め）以来、アヘン戦争勃発に至るアヘン政策史の全過程を解明するために、いくつかの論文を発表したが、それらをまとめて平成十二年度に京都大学に提出した学位請求論文『清代アヘン政策史の研究―アヘン戦争前における』が本書のもとになっている。

本書を構成する各章のもとになった既発表論文等は次のとおりである。

序章のはじめに
内容の一部は、「アヘン戦争史研究の新段階」『東方』（東方書店）第一六八号、一九九五年に発表。

序章の一
内容の一部は、拙著『林則徐』〈中国歴史人物選〉第十二巻、白帝社、一九九四年に発表。

序章の二
「カントン体制とアヘン『外禁』政策」河内良弘編『清朝治下の民族問題と国際関係』（科研報告書）、一九九一年。

第一章
「清代嘉慶期のアヘン問題について——嘉慶期前半のアヘン禁令を中心として」『島根大学法文学部紀要・文学科編』第四号-I、一九八一年。
第二章
「清代嘉慶・道光期のアヘン問題について」『東洋史研究』第四一巻第一号、一九八二年。
補論一
「呉蘭修とカントン社会——特に嘉慶末・道光初期において」谷川道雄編『中国士大夫階級と地域社会との関係についての総合的研究』（科研報告書）、一九八三年。
第三章
「両広総督李鴻賓のアヘン政策論」『研究年報（奈良女子大学文学部）』第三五号、一九九二年。
第四章
「清代道光期のアヘン問題について——『失察處分』問題を中心に」『東洋史研究』第四六巻第四号、一九八八年。
第五章
「アヘン弛禁論の形成について」『東洋史研究』第五五巻第三号、一九九六年。
補論二
「『嘉慶元（一七九六）年アヘン外禁』説辨誤」中塚明編『古都論——日本史上の奈良』柏書房、一九九四年。
第六章・終章

書き下ろし（内容の一部は、前掲拙著『林則徐』に発表。）

あとがき

さて、本書の刊行によって研究生活はひとつの節目を迎えるが、この間を振り返るとき、実に多くの人たちに導かれ、支えられてきたことを痛感する。その中でも京都大学文学部・文学研究科に在籍した当時、指導教官だった佐伯富先生から今日まで受けた学恩の大きさは筆舌に尽くしがたいものがある。本書をもって先生から受けた学恩に万分の一でも報いることができたとすれば、望外の喜びである。

また、本書が成るにあたっては、京都大学文学研究科の礪波護教授（現名誉教授）、夫馬進教授、藤井譲治教授から種々ご示教を賜った。夫馬教授には東洋史研究会会長として、本書を東洋史研究叢刊の一冊に推薦いただく労もお取りいただいた。

最後に、本書の刊行まで編集作業などで大変お世話になった小野利家氏を始めとする京都大学学術出版会の方々に感謝申し上げる。なお、本書の出版にあたり、日本学術振興会平成十五年度科学研究費補助金（研究成果公開促進費）の交付を受けており、日本学術振興会並びに関係各位に厚くお礼申し上げる。

平成十五年十二月十七日

井上　裕正

Contents

Introduction **3**

1 British Trade with China 13

2 Canton System 23

Chapter 1 *Waijin* Policy during the First Half of Jiaqing Period **33**

1 *Waijin* Policy in 1799 35

2 *Waijin* Policy in 1807 41

3 *Waijin* Policy in 1809 45

Chapter 2 Priority to the *Waijin* Policy and the Formatin of the Opium Policy in the Interest of Canton **57**

1 The Establishment of *Chajin yapianyan zhangcheng* 60

2 Ye Hengshu Incident 66

3 The Opium Debate between Bao Shichen and Cheng Hanzhang 76

Supplement 1 Wu Lanxiu and the Canton Society **93**

1 Wu's Career and Scholarship 94

2 Wu and Liangguang Governor-General Li Hongbin 95

3 Wu's Role in the Opium Debate during the late Jiaqing and the early Daoguang 98

Chapter 3 The Anti-Opium Policy advocated by Liangguang Governor-General Li Honbin **105**

1 Li's Advocate of the Priority to the *Neijin* Policy 107
2 Li's Failure to advocate the Priority to the *Neijin* Policy 118

Chapter 4 The Anti-Opium Policy and the Question of Punishing Neglect **137**

1 The Question at Issue 139
2 The Establishment of the Regulation for Punishing Neglect of the Opium Prohibition 142
3 The Question of Punishing Neglect just before the Opium War 153

Chapter 5 The Idea to legalize the Opium Trade **169**

1 The Formation of the Idea to legalize the Opium Trade 171
2 The Memorial of the Idea to legalize the Opium Trade 183

Supplement 2 Did the Qing Government really prohibit the Opium Trade in 1796 ? **222**

1 Nonexistence of the Fact that the Qing Government prohibited the Opium trade in 1796 223
2 The Formation of the Opinion that the Qing Government prohibited the Opium Trade in 1796 226
3 The Development of the Opinion that the Qing Government prohibited the Opium Trade in 1796 229

Chapter 6 The Idea to impose Capital Punishment on Opium Smokers **243**

1 Huang Juezi's Memorial proposing Capital Punishment on Opium

Smokers 245

2 The Aim of the Idea to impose Capital Punishment on Opium Smokers 251

3 The Debate on the Idea to impose Capital Punishment on Opium Smokers 260

Conclusion Commissioner Lin Zexu's Enforcement of *Waijin* Policy in Canton **279**

1 Lin Zexu's Memorial to approve the Idea to impose Capital Punishment on Opium Smokers 280

2 Dispatch of Commissioner Lin to Canton 283

A Brief Chronological Table of the Anti-Opium Policy in the Qing Dynasty (before the Opium War) 297

Postscript 303

Index 316

Chinese Abstract 325

《清代鸦片政策史的研究》提要

绪论

导言

一　英国的对中贸易

二　广东体制

清代道光19(1839)年4月，为了禁止鸦片贸易，派钦差大臣林则徐到广州收缴了以英国为首的外国商人的鸦片2万多箱并销毁处理为直接起因，英国政府派遣远征军到中国，翌20年(1840)年5月和清朝中国之间爆发了鸦片战争。鸦片战争一般作为中国近代史的开端，其历史意义得到了高度评价。为了正确理解有关鸦片战争的历史意义，清朝对于战争的原因鸦片问题的对策，换言之弄清清朝的鸦片政策是极为重要的研究课题。本书主要是对鸦片战争爆发为止的清代鸦片政策史进行阐述。

在绪论中，作为本书考察的前提，概观了包括鸦片交易在内的英国对中国的贸易，对清朝的鸦片政策的先行研究成果进行了整理、探讨，从而明确了先行研究中未能解决的两个问题。

第一个问题，清朝从 18 世纪末正式取缔鸦片问题起到鸦片战争的爆发，尽管鸦片政策有近半个世纪的历史，先行研究因受史料的限制，有关鸦片政策的研究集中在鸦片战争之前道光16年以后。本书参考新出版的『鸦片战争档案史料』，阐述了到鸦片战争为止的鸦片政策史的全过程。

第二个问题，先行研究几乎不过是对清朝颁布的鸦片禁令「变迁史」的整理，对鸦片问题的政策史没有充分的探讨。因此在本书中把以前的「鸦片禁令变迁史」的研究提高到「鸦片政策史」的研究水准。

因此在本书中，立于区分清朝的鸦片政策所谓的「外禁」和「内禁」的具有不

同性格的两政策的观点。「外禁」是指禁止鸦片交易的政策，「内禁」是指禁止国内的和鸦片相关的各种行为(兴贩、吸食、烟馆经营、吸食鸦片用的烟袋的生产·贩卖、罂粟种植·鸦片的生产等)的政策。因为「外禁」是禁止鸦片交易的政策，有同交易的一方的当事者外国(人)相关的可能性。进一步的来讲，是理应具有外交问题化、爆发战争的可能性的政策。另一方面，「内禁」始终是国内的措施。在当时外国人到内地旅游未被认可，这个政策和外国人相关的可能性理应没有。另外，鸦片当时在允许欧美船只来航的唯一港口广州周围走私，「外禁」是由广东官僚执行，负责。「内禁」不只是限于广东，是由全国官僚一同执行，负责。

在本书中，为了解决在先行研究中窥见出的两个问题，立于区分鸦片政策的「外禁」和「内禁」的观点，阐述 18 世纪末到鸦片战争为止的鸦片政策史的全过程为主要目的。

第一章　嘉庆前半期的「外禁」政策

导言

一　嘉庆四年的「外禁」

二　嘉庆十二年的「外禁」

三　嘉庆十四年的「外禁」

结语

本章主要对嘉庆前半期实施的「外禁」政策进行考察。清朝在嘉庆 4(1799)年初实施「外禁」后，于 12 年，14 年也同样实施了「外禁」。当时实施的「外禁」，是在对欧美船只开放的唯一港口广州。「外禁」的规定全都是由在广州独揽和欧美各国贸易的特许商人行商中介向外商传达。另外，行商作为「保商」包揽了承保的外国船只的全部责任。再加上由于 14 年实施的「外禁」，要求行商(保商)向外国来船规定必须提交不夹带鸦片的保证书。这样，在保商制下，「外禁」的实施，行商(保商)肩上的担子非常重。其次，嘉庆前半期的三个「外禁」，与其说是为了禁止鸦片交易而积极实施的话，不如说是以两广总督为首的广东官僚为了自我保身而实施的。

禁止鸦片的原有目的几乎没有收到成效。相反，被有关人员的任意运用的可能性极强。

第二章　「外禁」优先和「广东·鸦片」论的诞生

导言

一　「查禁鸦片烟条规」的颁布

二　叶恒澍事件

三　包世臣和程含章的鸦片论争

结语

在本章中，主要考察嘉庆后期到道光前期的鸦片政策。这个时期清朝认识到鸦片问题是「风俗人心」上的问题。嘉庆18(1813)年制定了吸食鸦片的刑罚之后，把原有的「外禁」和「内禁」一同并用。然而与「内禁」相比，清朝优先实施了「外禁」。其原因可以考虑为「广东体制」。也就是说，所谓广东体制是把欧美来船限制在广州一港，由广东官僚和行商管理在此贸易的人员(外商)和货物(进出口品)的制度。因此，清朝优先实施的管理鸦片、禁止鸦片的「外禁」，是从广东体制中必然导致出的政策。

其次，道光初期的叶恒澍事件为契机而实施的「外禁」，其结果鸦片交易改在零丁洋海域进行。从印度运来鸦片的外国船只，将鸦片卸到停泊在零丁洋的趸船上，然后只带上合法的货物驶进黄埔港。这样入港的外国船只，和行商(保商)提交的保证书的要求相符，没有夹带鸦片，所以广东官僚不能把责任转嫁给行商(保商)，不得不只好象以往一样自身负起「外禁」的责任。

另外，1820年左右，把鸦片问题视为经济问题，对广东官僚抱有不信任感的包世臣主张除根塞源，断绝同外国贸易。对此广东官僚程含章认为外国贸易的存在双方互益，代辩了广东官僚和行商的立场，批判了断绝外国贸易的论调。适合广东社会利益的鸦片论「广东·鸦片」论，首先是以批判断绝外国贸易论的形式出现。

补论一　吴兰修和广东社会―以嘉庆末· 道光初期为中心

导言

一　吴兰修的经历和学问

二　吴兰修和两广总督阮元

三　吴兰修和嘉庆末· 道光初期鸦片论争

在补论一中，主要考察代表广东的知识分子的吴兰修在广东社会发挥作用中的其中之一，在嘉庆末· 道光初期进行的鸦片论争中所起的重要的作用。吴兰修出生于嘉应州。虽只拥有终生、举人的资格者，但学问渊博，是代表广东社会知识分子的其中一人。特别是通过参加『广东通志』的编纂和协助学海堂的建立构思，获得两广总督阮元知遇，从而在广东社会确立了其知识分子地位。

在「广东・鸦片」论形成期，嘉庆末· 道光初期展开的鸦片论争中，吴兰修是广东知识分子的代表。当代表程含章的「论洋害」的「广东・鸦片」论发表意见的同时，以包世臣为代表的外国贸易断绝论起到了回应的作用。吴兰花修在后来写成的称为「弭害」的「广东・鸦片」论，在鸦片战争之前的鸦片论争中起了很大的影响。嘉庆末· 道光初期阶段已间接的干预了鸦片论争。

第三章　两广总督李鸿宾的鸦片政策观

导言

一　李鸿宾的「外禁」困难· 「内禁」优先论

二　「内禁」优先论的挫折

结语

本章主要对鸦片交易的所谓零丁洋时期，身肩执行「外禁」政策重任的广东官僚的对策，两广总督李鸿宾的鸦片政策观为中心进行考察。他为了减轻广东官僚的责任，提出了所谓的「外禁」困难· 「内禁」优先的「广东· 鸦片」论调。一时被清朝中枢部门认可。结果，清朝的鸦片政策从「外禁」优先转为「内禁」优先，实施了一系列的「内禁」政策。

然而，大约在 1 年后御史详细地说明了零丁洋鸦片交易的实际情况，并奏请「外禁」优先，清朝的鸦片政策回到了「外禁」优先上。接着广东省连州的叛乱难以镇压的原因，是因为广东兵丁吸食鸦片，此事也被暴露，李鸿宾被追究责任罢免官职。这样清朝深感由于吸食鸦片，军力的下降的危机，严厉命令新任的两广总督卢坤实施「外禁」。

第四章　鸦片政策和「失察处分」问题

导言

一　问题的关键

二　『失察鸦片烟条例』的制定

三　鸦片战争前的「失察处分」问题

结語

本章着眼于执行政策的官僚的责任问题的重要性，考察执行鸦片政策官僚的「失察处分」，即监督疏忽者的行政处分的问题。清朝为了确保官僚认真地执行鸦片政策，规定了和鸦片政策有关「失察处分」和「议叙」。特别是「失察处分」的规定，除嘉庆 20 年到道光 3 年的免除期外，道光 3 年制定了『失察鸦片烟条例』以后，得以逐渐地加强完善，鸦片战争前制定的『钦定严禁鸦片烟条例』作为行政法规基本完成。然而、法规虽完备，可是在现实世界的另一面，各个官僚为了逃避「失察处分」，没有积极地投入鸦片政策的执行。结果、清朝鸦片政策无奈更是变得有名无实。

第五章　鸦片「弛禁」论

导言

一　「弛禁」论

二　「弛禁」的奏请

结語

本章主要考察作为「广东·鸦片」论的「弛禁」论上奏的经过、「弛禁」论的本质、对于「弛禁」论批判。道光 11 年中期前后，根据在广东展露头角的广东知识分子吴兰修的「弭害」论文而整理完成的「弛禁」论（以货易货的鸦片交易、民间吸食鸦片、国内栽种罌粟・鸦片生产的合法化论）是和广东有密切关系的阮元，在中央政界得势的道光 15 年以后的政治形势中，和阮元亲近并和广东关系密切的许乃济在道光 16 年上奏的。「弛禁」论是正在驰缓广东体制的重建为目标的「广东·鸦片」论。另外清朝的中枢部门也意识到了鸦片船北上的危险，期待着能阻止它，对「弛禁」论积极地进行了研讨。然而，对上奏「弛禁」持赞成意见的仅仅是两广总督等广东官僚，其他人全部指出了其问题点和矛盾，严厉地批判了「弛禁」论。其结果，「弛禁」论受折。因此可以确认清朝鸦片政策是和原来一样以取缔趸船交易为中心的优先「外禁」政策。

补论二「嘉庆元(1796)年鸦片外禁」观点的辨误

导言

一　「嘉庆元年鸦片外禁」观点的不合理性

二　「嘉庆元年鸦片外禁」观点的成立过程

三　「嘉庆元年鸦片外禁」观点的展开

结语

在补论二中，主要明确「嘉庆元年鸦片外禁」观点即嘉庆元(1796)年清朝实施「外禁」观点的不合理性。同时考察其观点的成立·流传的背景。在嘉庆元年的史料中找不到依据的这个观点，是 1836 年驻在广东的英国翻译官馬礼逊在译成英文的清朝官僚上奏文中的颁布鸦片禁令的「嘉庆初年」译成「嘉庆的第 1 年」，即误译成「嘉庆元年」。其结果，诞生了此说法。第 2 年，包括误译在内的报告书，送到了英国外交部，之后 1840 年有关英国派遣远征军（其结果爆发了鸦片战争）的议会文件里也收录了这个误译。因此，流传了此观点。

另一方面、上述误译也被登载在广东的英文定期刊物上，据此在英占领的新加坡发行的新加坡· 自由报纸 1839 年 7 月 18 日号上，登载了「嘉庆元年鸦片外禁」的观点。这篇新闻报道在被派往广东的钦差大臣林则徐手中又被译为汉语，收藏在『澳门新闻报』等里面。结果鸦片战争后，由于魏源利用这些资料所写成的一系列的著作的出现，此说法便流传开来。

第六章「鸦片吸食者死刑」论

导言

一　黄爵滋上奏「鸦片吸食者死刑」

二　「鸦片吸食者死刑」论的本质

三　围绕「鸦片吸食者死刑」论的论争

结语

本章主要考察道光 18 年黄爵滋上奏的「鸦片吸食者死刑」论和其后的「鸦片论争」。黄爵滋所提及的鸦片吸食者问题是指官僚层的吸食者。为了重建正在动摇的清朝统治机构，经世官僚· 思想家们把排除官僚层的腐败作为突破口，提倡了以官僚层为主要对象的「鸦片吸食者死刑」论。道光皇帝命地方大官对「鸦片吸食者死刑」论各抒己见。地方大官 29 名中，21 名反对，8 名赞成。 关于这点，把持反对意见的 21 名看作是「弛禁」论者的先行研究是有误的，包括反对者在内全员是「严禁」论者。反对者是反对把「严禁」作为手段的「鸦片吸食者死刑」论。再加上其中的 19 名是以「外禁」优先的立场，反对作为「内禁」论的「鸦片吸食者死刑」论。另外，赞成者 8 名中的 4 名也同时主张加强「外禁」。总之、「鸦片论争」的结果、相对立的是「内禁」观和「外禁」观。在地方大官压倒多数的当时、清朝优先支持了「外禁」政策。

终章「外禁」政策的实行

一　林则徐复奏「鸦片吸食者死刑」论

二　派遣钦差大臣林则徐赴广东

终章主要考察湖广总督林则徐被任命为钦差大臣派往广东，清朝断然实行「外禁」的原委。18 世纪末以来，清朝对欧美各国利用广东体制开始了正式解决鸦片问题。管理=禁止鸦片的「外禁」政策几乎一贯优先。并且在道光 18 年黄爵滋上奏的「鸦片吸食者死刑」为契机而展开的「鸦片争论」中，压到多数的地方大官支持「外禁」优先。眼见此般状况的道光皇帝决意实行「外禁」，同时认定已不可能期待着两广总督为首广东官僚执行「外禁」。也就是说当初、广东官僚为了自我保身只是高喊「外禁」而不积极的响应，以保商制为借口把「外禁」政策的最终责任转嫁给了行商（保商）。紧接着一方面反驳对外贸易断绝论，另一方面到了鸦片交易的所谓零丁洋季节，「外禁」的责任不能转嫁给行商时，便主张「外禁」困难·「内禁」优先论来减轻广东官僚所应负担的责任。并且终于在道光 16 年，为了重建广东体制，高呼「弛禁」论，公然地提出了鸦片贸易的合法化。这样在解决鸦片问题上，把向欧美各国开放的唯一的港口广州的利益放在第一的广东官僚继续主张「广东·鸦片」论。因此道光皇帝决定实行「外禁」任务的不是广东官僚，而是委任作为皇帝使臣的钦差大臣。起用林则徐为钦差大臣，不是因为他赞成「鸦片吸食者死刑」论，而是他对鸦片问题认真积极的态度深得道光皇帝的信赖。就这样钦差大臣林则徐被派往广州，断然实行了「外禁」，其结果爆发了鸦片战争。

索　引

あ行

愛国主義 ……………………………………5
アシー…………………………………………67
アヘン吸飲 ……16, 18, 35, 37, 42, 58, 59, 61, 117, 126～129, 143, 153, 159, 180, 190, 191, 193, 204, 206, 208, 214, 216, 250, 251, 255～259, 263, 265, 266, 282, 283, 285～287
「アヘン吸飲者死刑」上奏……245～252, 253, 255, 260, 280, 281, 290
アヘン窟…………………………………………42
アヘン窟経営……34, 35, 52, 142, 247, 283
アヘン窟経営者 ………………………248
アヘン製造……29, 30, 117, 118, 133, 146, 151～153, 180, 190, 191, 193, 207, 218, 248, 256
アヘン戦争 ……5～8, 11～13, 19, 20, 22, 23, 28, 59, 108, 153, 226, 292, 294
『鴉片戦争前中西関係紀事（一五一七―一八四〇）』 …………………29, 150
『鴉片戦争檔案史料』 ……………………8
アヘン販売 ………34, 35, 39, 52, 61, 115, 142, 247, 263, 264, 283
アヘン貿易 ……11, 12, 22, 34, 36, 39, 40, 45～49, 51, 52, 62, 68, 78, 80, 82, 85, 108, 109, 123, 139, 142, 172, 174, 175, 178, 180, 193, 199, 203, 204, 207, 218, 222, 224, 229, 246, 247, 289, 292
アポツ……………………………………………60
アマースト訪中使節団……………………86
アメリカ合衆国 ……………………21, 23
アメリカ船…………………………………73
アメリカ手形 …………………21, 22, 108
アモイ（厦門） ……………14, 27, 60, 123
アロー号事件 ……………………………7
阿勒清阿 …………………………………192
按察使…………………………25, 173, 192
アントニー……………………………………61

夷館（ファクトリー）……14, 26, 27, 74, 110, 185
『夷氛聞記』……171～174, 176, 179, 183, 187, 212
イギリス（人） ……4～6, 13～16, 19, 21～24, 28, 35, 46, 66, 81, 108, 123, 178, 185, 189, 195, 200, 226, 232, 250, 289, 292, 294
イギリス東インド会社 ……13～15, 18～22, 34, 46～48, 52, 60, 61, 66, 69, 73, 86, 108, 172, 173, 185, 193, 201, 224, 225
　合同東インド会社…………………………13
　新東インド会社……………………………13
　東インド会社管貨人………………………35
　『東インド会社中国貿易編年史』 …… 175, 224
イギリス綿製品……………………………22
夷書 ………………………………201, 202
「夷艘入寇記」……………………230, 239
夷狄……………………………………………23
伊里布（?-1843） ……………………265
怡良（?-1863） ……………………265, 287
怡和行…………………………………………26
インド ……………………14～16, 18～23
インド・キャラコ…………………………15
インドネシア…………………………………16

インド棉花 ……………………………21, 79
尹佩棻…………………145～147, 151, 152

ウォーバッシュ号………………………88
ウォーバッシュ号事件…………66, 69, 70
ウオーラーステイン, イマニュエル
　…………………………………134
于恩徳……………………………………10
烏爾恭額（？-1842） …………………265
烏土 ……………………………………174
雲南省 ……………146, 147, 151, 152, 218

『英吉利人品国事略説』………………201
永保………………………………………47
奕緯（1808-1831）……………………180
粤海関………………25, 195, 196, 198, 219
粤海関監督……25, 36, 41, 43～45, 47, 48,
　68, 71, 185, 192, 224
粤秀書院……83, 94, 95, 99, 174, 189, 213,
　252
エミリ号…………………………………72
エリオット, C.………192, 195, 196, 200,
　202, 214, 227, 229, 234
エリザベス一世（1533-1603） ………13
塩課 …………………………245, 276
煙館 …………………………147, 151
袁玉麟 ………………………206, 208
煙具 ……………………117, 180, 283
塩商 …………………………245, 276
塩政………………………76, 259, 276, 280

オーウェン, D. E.…………49, 225～227
王植（1792-1852）…………………173
王青蓮 ………………………………192
王玥 …………………………191, 256
大谷敏夫…………………………………77
岡本隆司…………………………………30
オランダ（人）………………14～16, 250
オルランド号……………………………66
温訓（1787-1851） ……97, 182, 215, 252
　～254, 274

か行

快鞋 ……………………………………110
快蟹 …………………………110, 185, 186
「外禁」……11～13, 29, 30, 36, 40, 41, 45,
　48～50, 52, 58～60, 62, 67, 68, 73, 74,
　77, 84, 85, 106, 111, 113～115, 118,
　120～122, 124, 125, 128～130, 143,
　150, 154, 179, 180, 181, 186, 187, 194,
　197, 209, 210, 212, 218, 222, 224, 246,
　252, 256, 261, 263, 264, 267, 270, 271,
　287～292, 294
「外禁」困難・「内禁」優先論………115,
　116, 122, 125, 126, 128, 135, 179～
　181, 254, 290, 291
「外禁」困難論………………113, 114, 122
「外禁」優先論……………………118, 119
「華夷交易章程」 ………………………48
『海国図志』 ……………11, 230, 231, 239
外国貿易断絶論……85, 93, 101, 177, 178,
　246, 291
回賜………………………………………23
「華夷（中華）」思想……………………23
海賊 ……………………49, 51, 60, 61
会党………………………………………51
械闘………………………………………51
『海録』…………………………………100
ガヴァナー・フィンドレー号………201,
　220
カウンター・ボンド……………………73
嘉応州 …………………………94, 97
加級 ……………………………………140
科挙…………………………………98, 258
華僑 ………………………………18, 51
客家 ………………………………51, 94
革職 ……………………………………140
郭廷以……………………………………29
嘉慶帝（1760-1820）……37～40, 44, 45,
　48, 145, 148, 152

河工……………………………76,259,275,280
家人（家丁） ……71,139,156,160,204,
248,255,258
何太青 …………………………174,179,213
賀長齢（1785-1848）…………………264
学海堂……………94,96,98,178,213,274
学海堂グループ …………………194,199
片貿易 ………………………………16,19
カトリック教……………………………62
河南島……………………………………27
衙役 ……43,139,157,160,248,255,258,
275
カルカッタ…………………………18,19,46
漢奸………………………………………51
宦官　→太監（宦官）
官罪 ……………………………………140
ガンジス川……………………………18,240
官親 ………………………………147,156,160
監生 ……………………………………178
カントン（広州）……4,5,7,12,14,23～
27,35,45,59,93,94,96,97,99,100,
119,129,130,146,171,177～180,182
～185,191,192,197～199,203,214,
215,225,227,231～234,254,267,
274,284,287,288,290～292,294
「カントン・アヘン」論……85,101,131,
178,181,183,187,199,212,254,261,
274,291
カントン官僚 ……12,13,25～28,44,50,
59,62,70,73,74,76,83,85,93,99,
106,111,113～116,125,129,134,
135,138,143,149～152,172,173,
179,192,194,196,198,199,208,209,
290,291
広東郷試 ………………182,216,253,274
カントン財務局 ……………………19,21
カントン「弛禁」論 …………………124
広東巡撫 ………25,36,47,48,83,85,99,
107,184,185
広東省 ………16,18,42～44,51,94,107,
124,173,256,287
カントン体制……23～26,28,31,59,134,
185,196～199,203,289,292
カントン知識人 ………98,100,171,178,
181,182,188,252,254,274
『広東通志』…………95,98,100,178,213
広東提督…………………………………25
『カントン・プレス』……231,233～235,
240
『カントン・レジスター』 ……192,218,
231,234,235,240
顔伯燾（?-1855） ……………………265
咸豊帝（1831-1861）……………6,7,217

禧恩（1784-1852）……………………126
虧空 ……………………………………141
祁墳（1777-1844）………………184,185
魏源（1794-1856） ……11,12,30,229～
231,233,241,280
魏元烺（?-1854） ………………159,265
儀克中（1793-1834）…………………184
希古堂………………………………96～98
議敍 ……65,140,144,147,149,150,152,
163
琦善(?-1854) ……7,156,157,160,264,
289
吉慶（?-1802） ………………36,38～40
佶山 ………………………………36,41
裘元俊 …………………………………153
九龍半島 …………………………………4
ギュツラフ,カール………………201,238
龔自珍（1791-1841）……………259,280
郷紳 ……………………………………255
況澄 ……………………………………257
許球……203,205,206,208,209,221,227,
228,238
挙人……94,97,98,100,178,182,252,255
許乃済 ………6,7,98,132,155,171,173,
174,183,187,189,191～193,195,
198,203,206,213,214,218,227,239,

251, 252, 256, 261, 274, 280, 284, 290
キリスト教 ……………………200, 202
紀録 ………………………………140
金安清 ……………………………188
「禁煙章程」 ………………………287
欽差大臣………4, 284, 286〜289, 291, 294
『欽定厳禁鴉片煙條例』 …………160, 294

國岡妙子 …………………………238
苦力…………………………………51
軍機大臣 …………………………188

『経学博採録』 ……………………253
経額布（?-1853） ………………157, 264
京察 ……………………………121, 140
経世官僚・思想家……259, 260, 280, 281, 294
敬敏 ………………………………160
桂文燦 ……………………………253
桂良（1785-1862） ………………158, 263
毛織物……………………………14〜16
罌粟…………………………………16
罌粟栽培……30, 117, 118, 133, 146, 151〜153, 180, 190, 191, 193, 207, 218, 256
阮元（1764-1849） ……67〜69, 71, 72〜74, 85, 95, 96, 98, 100, 107, 146, 178, 180, 184, 187〜190, 194, 218, 274
阮光纘………………………………38
減税法………………………………15
乾隆帝（1711-1799） ……………………37

ゴア…………………………………18
考課 ………………………………138
黄河 ………………………………275
江開 ……………………………252, 259
江海関………………………………25
降級 ………………………………140
考功清吏司 ……………………140, 141
公罪 ………………………………140
黄爵滋（1793-1853） ……8, 155, 156, 158〜160, 183, 245, 246, 248〜254, 256〜264, 270〜274, 280〜283, 288, 290, 294
杭州…………………………………98
広州将軍……………………………25
広州駐防八旗………………………25
行商（保商、洋商） ……26, 28, 36, 39〜41, 45, 48〜50, 59, 69〜72, 74, 76, 81〜83, 85, 93, 108, 115, 134, 177, 179, 181, 192〜194, 196, 199, 218, 224, 288, 291
行商（保商）制 ……………………290
康紹鏞（1770-1834） ……………………99
『皇清経解』 …………………………98
「庚辰襍著二」 ………………76, 80, 82, 83
黄子高………………………………97
貢生 ………………………………178
抗租・抗糧闘争……………………51
江蘇巡撫 …………………………280
江蘇省 ………259, 260, 275, 280, 291, 294
黄大名………………………………70
黄中模………………………………78
合同東インド会社　→イギリス東インド会社
江南 ……………………193, 219, 275
黄培芳………………………………97
紅皮 ………………………………174
黄埔………36, 40, 66, 67, 72, 76, 110, 111, 179
哈豊阿（?-1840） ……………………264
興亮 ………………………………144
洪亮吉（1746-1809） ……………………53
呉栄光（1773-1843） ……………………190
呉応逵………………………………97
五刑 ……………………………265, 282
詁経精舎……………………………98
湖糸…………………………………27
伍紹栄（1810-1863） ……………………288
瑚松額（?-1847） ……………………265
胡調徳………………………………97

伍敦元（1765-1843）…………69～72, 74
戸部……………………………………25
虎門……………………………………4, 27
呉熊光（1750-1833）……41, 44, 46～48, 78
呉蘭修（1789-1837）………93～95, 97～100, 171, 172, 174～179, 181～184, 188, 193, 195, 198, 213, 215, 252, 274
「呉蘭修自記」……176, 177, 182, 183, 215

さ行

「查禁鴉片煙章程」……………………60
「查禁鴉片煙章程三十九條」…………160
「查禁紋銀出洋、鴉片分銷各弊、並会議章程」……………………………154
「查禁官銀出洋及私貨入口章程」……110
「查禁紋銀偷漏及鴉片分銷章程」……115
佐々木正哉…………………216, 231, 238
冊封……………………………………23
三角貿易……………………………19, 23
産業革命………………………………16
散商……………………………………72

色卜星額（?-1839）…………………263
「弛禁」上奏……6～8, 98, 155, 171, 191～195, 198, 203, 214, 218, 227, 239, 256, 261, 284
私罪…………………………………140
時代区分………………………………28
失察…………………140, 142, 145, 283
『失察鴉片煙條例』……76, 142, 143, 145, 148, 150, 151, 153, 155, 160, 162
失察處分……52, 64, 65, 74, 76, 139～145, 147～163, 165, 258, 294
私貿易…………………………………13
ジャーディン=マセスン商会……20, 198
邪教…………………63, 64, 165, 202
謝清高………………………………100
謝念功…………………………………97
シャム……………………………114, 123
謝蘭生……………………………95, 97
ジャワ（島）…………………16, 250
収繳煙土・煙槍総局………………287
周鎬（1754-1823）………………141
周天爵（?-1853）…………………264
自由貿易………………14, 172, 185
朱珪（1731-1806）…………………76
朱桂楨（1767-1839）………………107
珠江…………………4, 26, 27, 76, 86, 179
朱嶟……203, 205, 206, 208, 209, 221, 226～229, 233～235, 238, 256
朱梅官…………………………………61
巡船…………………………………108
鍾英……………………………………70
照会…………………………………185
章沅………………79, 109, 110, 178, 179
常顕……………………………………41
祥康（?-1843）……………………264
蔣攸銛(1766-1830)……61～65, 74, 144, 145, 149, 152, 157
祥紹…………………………………144
蕭昌（?-1828）……………………144
鐘祥（?-1849）……………………265
邵正笏……………117, 118, 153, 180
昭槤……………………………40, 107
徐栄（1792-1855）…………………97
職方清吏司…………………………140
處分………………140～142, 145, 283
徐宝善（1790-1838）……………259, 274
胥吏（書吏）……43, 139, 157, 160, 248, 255, 258, 275
シルフ号……………………………198
シンガポール………………………232
『シンガポール・フリー・プレス』……231～233, 240
申啓賢（?-1839）…………157, 263, 264
愼皇后………………………………189
『清代外交史料』………………………9
新東インド会社→イギリス東インド会社

『水窗春囈』……………………………188
水利 …………………………259, 275, 280
スウェーデン…………………………15
スティーヴンス, エドウィン…………201
ストーントン, G. T. …………………86

生員 ………97, 98, 100, 178, 255, 276, 287
成格 ……………………………………107
『聖武記』…………………………229, 230
「世界システム」論……………………135
浙海関……………………………………25
浙江省 …………………………………174
全皇后（1808-1840）………189, 190, 217
銭宝琛（1785-1859）…………………263

漕運…………………76, 259, 275, 280, 294
曾釗 ……………………………96, 97, 215
総商………………………………………72
荘親王 …………………………………284
曹振鏞（1755-1835）…………………188
漕糧 ……………………………245, 275
蘇州………………………………………77
蘇廷玉 …………………………………263
蘇楞額（? -1827）……………………78
孫玉庭（1753-1834）………………41, 44

た行

大運河 …………………………………275
太監（宦官）……………58, 161, 181, 255
大計 ……………………………………140
大黄………………………………………28
第二次アヘン（アロー）戦争 …………7
体仁閣大学士 …………………………188
大仏寺 …………………………………287
『タイムズ』……………………………189
台湾 ………………………14, 16, 24, 35, 142
多角貿易構造……………………………23
達三 ……………………………………146
田中正美 …………………………127, 139
タバコ……………………………………16
ダマーン…………………………………18
譚瑩（1800-1871）……………………253
蛋民 ……………………………………51, 88

知県………………………………………25
地丁銀 …………………………………245
知府………………………………………25
地保 ……………………………………283
地方貿易 …………………………14, 18
地方貿易商人……18～22, 47, 66, 108, 123
『チャイニーズ・レポジトリー』……188, 192, 234, 235, 240
『中華帝国国際関係史』………………237
『中華帝国の貿易と行政』……………237
『中国禁煙法令変遷史』………………10, 11
中国近代史……………………………5, 28
中国茶 ……………………………14～16, 22
中祥 ……………………………134, 185
『籌辦夷務始末（道光朝）』 ……………6
『籌辦夷務始末補遺』 …………………29
張維屏（1780-1859） …………………97
張鵬展 …………………………………141
張岳崧（1773-1842）…………………264
趙金龍 …………………………………126
朝貢………………………………………23
朝貢・冊封体制…………………………24
張際亮（1799-1843） ……252, 253, 259, 274, 280, 281, 292
張杓………………………………………97
張保（仔） …………………………60, 87
調用 ……………………………………140
「直隷水利時宜十二條」………………294
陳五………………………………………67
陳黄………………………………………38
陳康祺 …………………………………140
陳鑾（1786-1839）……………………263
陳澧（1810-1882）……………252, 253

通事……………………………………26, 115

程恩沢（1785-1837）　……182,183,253,
259,274,280,292
程含章（1762-1832）……78,80～83,85,
91～93,99,100,177,178
鄭氏 ……………………………………14,24
鄭士超……………………………41～45
抵銷 ……………………………………140
デヴィッドソン=デント商会 …………20
殿試 ……………………………………191
天主教 ……………………………62,64
天津 ……………………………………123
添弟会……………………………………40
伝道パンフレット………………200～202
デント商会………………………………20
デンマーク………………………………15
天理教徒の反乱…………………………63

道員……………………………………25,173
道光帝(1782-1850) ……4,6,7,109,112,
115,116,119,121,125,146,148,152,
156,160,180,184,188,191,201,203,
205,206,210,250,260,262,263,281,
283～292,294
陶士霖 …………………………………256
陶澍（1779-1839）……76,259,263,280,
294
鄧淳……………………………………97
銅銭 ……………………………………109
鄧廷楨（1775-1846）　……39,191～195,
198,203,205,206,208～210,223,
227,265,287
東南アジア………………………………16
同文行……………………………………26
土棍 ……………………………………276
都察院左都御史 ………………………190
特権貿易…………………………………13
トルコ・アヘン …………………174,175
ドルリー提督……………………………46
躉船………74,76,110,119,124,150,155,
179,185,196,198,205,209,210,212,
247,252,264,287

な行

「内禁」……11～13,29,30,35,52,58,59,
66,73,113～115,117,118,120,124,
154,180,186,191,209,247,251,252,
254,262,263,267,271,274,287～290
「内禁」「外禁」併用時代…………………58
「内禁」優先論………………114,117,120
内務府……………………………………25
中江健三…………………………………46
長崎貿易…………………………………82
ナポレオン戦争…………………………46
南京条約…………………………………23

新村容子………29,30,52,132～134,166,
218
寧波……………………………………25,123

ネーピア，ウイリアム ………………185
ネーピア事件………28,185,186,196,216

は行

パーマストン ……200,214,227,232,233
牌頭 ……………………………………283
買弁……………………………………26,115
白皮 ……………………………………174
幕友………77,99,139,147,156,160,204,
248,255,258
バタヴィア ……………………………250
扒龍 ……………………………………110
罰俸 ……………………………………140
馬蹄銀 …………………………………109
バブーム…………………………………48
馬福安……………………………………97
番銀　→洋銀（番銀、洋銭、スペイン・
ドル）
潘紹光……………………………………72
潘世恩（1770-1854）……………………274
潘致祥……………………………………41

潘長耀……………………………………48

「弭害」……98, 171～177, 179, 181～185, 188, 193, 195, 198, 213, 215, 252, 253, 274
「弭害続議」…………………182, 253, 274
東インド会社管貨人　→イギリス東インド会社
『東インド会社中国貿易編年史』　→イギリス東インド会社
東インド会社　→イギリス東インド会社
百齢(1748-1816)……26, 45, 47～49, 61, 76
白蓮教徒の反乱…………………………37
ヒューロン号 …………………………201
票単 ……………………………………110
稟………………………………27, 185
閩海関……………………………………25
閩浙総督…………………………………60

フーグリ号………………………………72
馮賛勲………118, 126, 132, 151, 181, 185, 256
浮収………………………………………42
府城………………………………………77
布政使 ……………………25, 38, 192
福建省………………5, 16, 18, 35, 142, 280
富呢揚阿 ……………………158, 264
武弁 ……………………………………147
フランス…………………………………46
聞嘉言……………………………………38
文祥 ……………………………………192

米英戦争…………………………………86
閉関………………………………………31
ヘイスチングズ, W.……………………18
兵丁……126, 127, 129, 139, 147, 156, 157, 204, 214, 255, 256
ベトナム…………………38, 114, 123, 250
ベンガル・アヘン………18～21, 46, 174, 175
ベンガル総督…………………36, 225
「辺境化」論……………………………135

宝興（1777-1848）……………………264
包世臣（1775-1855）……76～83, 85, 91, 93, 99, 100
「防範夷人章程」………26, 196, 197, 198
「防範外夷規條」 ……………………26
包攬…………………………………42, 146
穆彰阿（1782-1856）……………………7
鋪戸 ……………………………………193
「保甲」制……………………270, 287
保商　→行商（保商、洋商）
ポラチェック, J.M.……………274, 294
ポルトガル（人）……14, 18, 27, 46, 47, 61～63, 66, 68
香港返還 …………………………………5
本籍回避 ………………………………100
本智 ……………………………………144
ボンベイ ……………………………20, 46

ま行

マカートニー使節団 ………………24, 52
マカオ（澳門）……14, 18, 27, 36, 40, 46, 47, 60～64, 66～68, 70, 111
『澳門月報』 ……………………231～233
マカオ事件 ……………………60～62, 74
『澳門新聞紙』 …………………231～233
マカオ占領事件 ……………28, 45, 47, 48
マセソン, J.………………………………72
マニャック, C.……………………………70
マニャック商会…………………………20
麻薬汚染問題 ……………………………5
マルワ・アヘン ………18, 20, 21, 46, 47, 108, 174, 175, 178
マルワ・シンジケート…………………20
万超 ……………………………………257

「民夷交易章程」 ………………………26

明山（?-1834）……………146, 147, 151
メドハースト, W. ……………………201
メロープ号……………………………72
綿工業…………………………………21

モース, H. B. ………48, 175, 213, 224～226, 237, 241
モリソン, J. R. ………227～229, 233～235, 238, 239
紋銀……38, 48, 49, 78, 109, 110, 113, 115, 185, 207, 209, 264

や行

矢野仁一…………34, 35, 80, 224, 229, 230

ユージニア号…………………………72
熊景星…………………………97, 184
裕泰（1788-1851）………………158, 264

洋貨店 ………………………………193
洋銀（番銀、洋銭、スペイン・ドル）………38, 61, 67, 78, 110, 113, 203, 204
楊遇春（1761-1837）…………………117
窯口 …………………………………248
葉恒澍…………………………………68
葉恒澍事件 ………………67～74, 76, 179
楊時済…………………………………97
洋商　→行商（保商、洋商）
葉申薌 ………………………………288
猺族 …………126, 130, 204, 208, 214, 256
姚薇元 ………………………230, 239
楊炳南…………………………97, 215

ら行

来新夏 ………………………………139
『楽志堂文集』………………………253

李可蕃…………………………………63
陸有仁（?-1802）……………………36, 38
李鴻賓（?-1846）……26, 107～109, 112, 113, 117, 119～121, 124～127, 132, 151, 154, 155, 179～182, 184, 186, 188, 194, 214, 254
李之芳（1622-1694）…………………141
李清華…………………………………95
李兆洛（1769-1841）……………99, 100
栗毓美（1889-1840）……………263, 270
李奉広…………………………………88
劉光三 …………………117, 153, 180, 255
劉天恵…………………………………97
劉東……………………………………72
留任 …………………………………140
劉彬華…………………………………95
梁嘉彬…………………………………41
両広総督 ……25, 36, 45～48, 60～62, 67, 74, 95, 96, 107, 113, 126, 132, 154, 178, 184, 185, 187～189, 191, 192, 194, 290, 291, 294
両江総督 ……………………291, 294
梁章鉅（1775-1849）…………………265
梁廷枏（1796-1861）……………171, 179
李耀……………………………………86
緑営……………………………………25
林維喜 …………………………………4
麟慶（1791-1846）……………………265
林汝舟 ………………………………281
リンゼイ, H. …………………………201
林則徐（1785-1850）……4, 5, 7, 87, 159, 160, 190, 219, 231～233, 253, 256, 259, 260, 263, 280, 281, 284～289, 291, 292, 294
林伯桐（1775-1844）……………………97

零丁洋……72～74, 76, 110, 111, 113, 116, 118～120, 122～125, 128, 132, 150, 151, 154, 179, 181, 185, 187, 196～198, 208
零丁洋時期………67, 72～74, 76, 85, 151, 179, 194, 196, 198, 291
『嶺南文鈔』…………………………176

黎攀鏐 ……………………………………209

ロード・アマースト号 …………………201
盧坤（1772-1835）……26, 107, 130, 155, 184〜187, 191, 194, 196, 216, 223
盧棣栄………………………………………72
ロバーツ，J．W．…………………………46
ロンドン ……………………………19, 22, 108
ロンドン国際金融市場……………21〜23
「論洋害」……………80, 83〜85, 92, 177

わ行

和珅（1750-1799）…………………………37

著者略歴

井上　裕正（いのうえ　ひろまさ）

奈良女子大学文学部教授

一九四八年　横浜市生まれ。

一九七七年　京都大学大学院文学研究科博士課程（東洋史学専攻）単位取得満期退学。

一九七八年　島根大学法文学部講師。

その後、島根大学法文学部助教授（一九八二年）、奈良女子大学文学部助教授（一九八四年）を経て、一九九六年から現職。

主要著書等

『林則徐』〈中国歴史人物選〉一二（白帝社、一九九四年）『中華帝国の危機』〈世界の歴史〉一九（共著、中央公論社、一九九七年）　フォーゲル著『内藤湖南　ポリティックスとシノロジー』（訳書、平凡社、一九八九年）など。

東洋史研究叢刊之六十三（新装版　1）

清代《しんだい》アヘン政策史《せいさくし》の研究《けんきゅう》

二〇〇四年二月十五日　第一刷発行

著　者　井《いの》上《うえ》裕《ひろ》正《まさ》

発行者　阪　上　孝

発行所　京都大学学術出版会

〒606-8305 京都市左京区吉田河原町一五-九京大会館内

電話〇七五(七六一)六一八二　FAX〇七五(七六一)六一九〇

URL　http://www. kyoto_up. gr. jp/

印刷所　亜細亜印刷　株式会社

定価はカバーに表示してあります

ISBN4-87698-520-0　C3322

ORIENTAL RESEARCH SERIES No.63

A Study for Anti-Opium Policy of the Qing Government before the Opium War

By
Hiromasa Inoue

Kyoto University Press
2004